刑事政策をつかむ

松原英世
Hideyo Matsubara

平山真理
Mari Hirayama

森久智江
Chie Morihisa

前田忠弘
Tadahiro Maeda

著

Getting the Hang of
Criminal Justice Studies

法律文化社

はしがき

　犯罪の嫌疑がある場合に捜査が始まる。それは，次に続く（かもしれない）裁判のための準備作業である。裁判では，有罪か無罪か（すなわち問題とされた行為が犯罪か否か）が判断され，有罪と認定されれば，刑が量定される。捜査や裁判の手続については刑事訴訟法の講義で，犯罪が成立するための条件については刑法の講義でもっぱら講じられる。

　では，裁判で犯罪をしたとされた人はその後どのように扱われるのだろうか（そして，どうなっていくのだろうか）。そもそもどうしてそんなことをしたのだろうか。これを講ずるのが刑事政策である。そして刑事政策は，こうしたことを含めて，犯罪という問題にどのように対応すればいいかを検討する。

　本書の特徴は，そのさいに「社会」に注目するというものである（たとえばそれは，「刑事制度はAに対して何ができるのだろうか」（7頁）との問いや，それに対応するChapter 7，Chapter 8 の記述に表れている）。法学はもっぱら問題を個人化してとらえる（個人に帰責させて問題を解決するといってもいいだろう）。刑法はその典型である。しかしながら，犯罪は社会にある。その原因は社会にあるし，それゆえ，その解決策も社会にある（と，私たちは考えている）。だとすれば，個人にその問題を押しつけても犯罪という問題は解決しないだろう。犯罪を作り出している社会を変える必要があるからである。そもそも，どのような行為を犯罪とするか／誰を犯罪者とするかを決めるのも社会である。社会が変わればそうした定義も自ずと変わるだろう。

　したがって，犯罪を捜査の開始や刑罰を科すための条件としてとらえるだけでは足りない。そもそも，そのような視点だけでは，自分が勉強していることがどういうことなのか，どのような意味をもつのかがわからないだろう。

　　学生として法律を勉強する上で一番苦労するのは，実際に物事がどう動いているの

か判らないのに，法律や法理論を学ばなければいけないことです。想像力を逞しくして，無味乾燥な条文から実際の姿を伺うしかないのです。しかし，刑事法には，ありがたいことに刑事政策という学問分野があり，刑事法が対象としている世界がどのようなものであり，どのように動いているかを教えてくれるのです。司法試験の科目でない，という理由で刑事政策の勉強を怠っている人がいるとすれば，とてももったいないことをしているのです。刑事司法の実務の姿を学び，理解と関心を更に深めていただければ幸いです。

（小津博司 (2014)「刑事司法と検察はどのように変わってきたか：法律を学ぶ人たちへ」法学教室 403 号 179 頁）

　というわけで，刑事政策の学習は刑法，そして，刑事訴訟法の学習にも役立つのである。

　本書は，2003 年に出版された『刑事政策のすすめ』にその源流がある。その担当箇所を執筆していた当時の私は，まだ大学に職を得ておらず，頭の中だけで講義の内容を考えていた。それゆえ，私が書いたものは，頭でっかちで，理屈っぽいものになっていたかもしれない。本書の内容（とりわけ私の担当箇所）が少しでも地に足のついたものになっているならば，この間，私の拙い講義を受講してくれた学生諸君のおかげであり，また，それに続く『刑事政策がわかる』を共に執筆させていただいた前野育三先生，前田忠弘先生，平山真理先生のおかげである。なお，本書から，新しい共著者として森久智江先生に加わっていただいた。本書が「社会」という文脈をより重視できているとすれば，それは彼女のおかげである。

　本書の出版にあたっては，法律文化社編集部の八木達也氏をはじめ，多くの方々のお世話になった。この場を借りて，心より感謝申し上げたい。

2024 年 7 月

松原英世

目　　次

はしがき

Chapter1　刑事制度

1　刑務所への道のり ……………………………………………………… 001

警察による犯罪対応／検察における犯罪処理／裁判による犯罪処理／刑罰の執行

2　ダイバージョン ………………………………………………………… 008

犯罪対応の量的把握／ダイバージョンの意義／ダイバージョンの問題点

3　犯罪対策 ………………………………………………………………… 013

刑務所に入るのは誰か／犯罪対策は暴力である／対策の統制／広義の犯罪対策

4　刑事制度の目的 ………………………………………………………… 016

刑事制度の作動とあるべき刑事制度／刑事制度の目的と犯罪処理の指導理念／医療モデル／正義モデル／威嚇・抑止モデル

Chapter2　犯罪という現象

1　犯罪統計 ………………………………………………………………… 024

発生件数／認知件数／検挙率／受刑者数／刑務所に入るのは誰か

2　犯罪現象 ………………………………………………………………… 030

犯罪はそこにあるか／犯罪とはどのようなものか／法執行による犯罪化／立法による犯罪化

3　犯罪の原因 ……………………………………………………………… 036

社会解体論／学習理論／緊張理論／統合理論／新しい理論／新古典派犯罪学の理論

4　犯罪をみる視点 ………………………………………………………… 048

刑事政策学は誰の側に立つべきか／刑事政策は犯罪ゼロを目指すべきか

iii

Chapter3　刑罰制度

1　犯罪と刑罰，そして罪刑法定主義 ………………………………………… 051

2　刑罰の本質を考える ……………………………………………………………… 051

3　刑罰の本質と目的：何のために刑罰を科すのか ……………………… 052

　　古典学派と応報刑論／近代学派と目的刑論

4　国家刑罰権の成立 ……………………………………………………………… 053

　　封建制度下の刑罰／拘禁刑の出現／監獄改良運動

5　刑罰の種類 ………………………………………………………………………… 057

　　死　　刑／死刑存置論 vs 死刑廃止論／国際社会と死刑：死刑制度存置は
　　メジャーかマイナーか／死刑と民意／被害者遺族と死刑／裁判員制度と
　　死刑：全員一致でなくても OK?／死刑と代替刑／自由刑／自由刑をめぐ
　　るいくつかの議論／財産刑／執行猶予／刑罰に類似の制裁／刑罰の付随
　　効果：いつまでスティグマは残る？

Chapter4　犯罪をした人への処遇

1　犯罪をした人への「処遇」についての考え方 ……………………… 078

　　「処遇」とは何か／「処遇」は本人を社会復帰させうるか／社会復帰する
　　のは誰か：処遇論の変遷と発展

2　施設内処遇 ………………………………………………………………………… 083

　　刑事施設の概要／日本の刑務所被収容者の生活／受刑者の法的地位／個
　　別処遇の原則と矯正処遇（作業，改善指導，教科指導）の概要／矯正処
　　遇の法的性格／「規律秩序」の維持と受刑者の権利の制約

3　社会内処遇 ………………………………………………………………………… 091

　　更生保護に関する法律と理念の変容／「改善更生」の目指すところと更
　　生保護の歴史／更生保護の位置付けと対象者の法的地位／更生保護の抱
　　える葛藤：保護観察における「有権的ケースワーク」／保護観察の概要
　　／保護観察中にとることのできる措置／協働態勢下における保護観察官
　　と保護司の役割分担／保護観察官や保護司をめぐる課題／仮釈放制度の
　　概要／仮釈放率の低下と仮釈放の意義：仮釈放の積極化の必要性

4　近時の日本における刑罰改革の動き ……………………………………… 104

Chapter5　犯罪被害者

1　被害者の登場：その歴史的意義 …………………………………………… 106

被害者とは誰か／被害者の扱われ方

2 わが国における被害者保護を概観する ……………………… 108

犯罪被害者等給付金制度の創設／刑事手続における被害者支援／犯罪被害者保護のための法的整備

3 発展する被害者保護政策：犯罪被害者基本法と基本計画 ……………… 114

被害者の損害回復支援／被害者のPTSDとその精神的支援／被害者参加制度：「当事者」化する被害者／強制起訴につながる検察審査会：被害者にとっての頼みの綱？／弁護士による被害者支援／被害者情報の秘匿と被疑者被告人の防禦／公訴時効の廃止：もはやタイム・リミットはなし？

4 被害者支援を多角的に考える ……………………………… 123

マスコミと被害者／地域で行う細やかな被害者支援の実現：被害者支援条例／被害者の声を反映した立法：大きく変わった性犯罪をめぐる法律／被害者の回復を支える社会

Chapter6 非行少年に関わる司法制度と処遇・支援

1 少年非行 ……………………………………………………… 128

非行少年の定義／少年非行の動向と社会的背景

2 少年法の理念と少年司法制度の特徴 ……………………… 131

少年法の理念／非行少年に対する介入を正当化する考え方／少年司法制度の根幹となる特徴

3 少年法改正 …………………………………………………… 134

改正前史／2000年改正／2007年改正／2008年改正／2014年改正／2021年改正

4 少年審判手続 ………………………………………………… 138

少年非行と警察／少年審判の機能／少年審判の方式

5 少年刑事事件の手続 ………………………………………… 144

刑事処分相当性の判断基準／刑事処分の選択可能性の拡大／少年刑事手続と健全育成／少年に対する刑罰の特則

6 非行のある子どもに対する支援・処遇 ………………… 148

非行のある子どもの地域での支援／非行のある子どもと児童福祉／非行のある子どもの矯正施設での支援・処遇／非行のある子どもの更生支援

7 少年犯罪被害者の支援 ……………………………………… 157

少年矯正における被害者の参加／少年更生保護における被害者の参加

Chater7　刑事司法と犯罪の原因・背景となりうる社会課題へのアプローチ

1　「犯罪」という現象の理解と社会課題 ……………………………………… 159

2　ファミリーバイオレンス ………………………………………………… 160

児童虐待／ドメスティックバイオレンス（Domestic Violence：DV）／家族・家庭の問題への社会の関わり方：「介入」と「支援」をめぐって

3　社会における貧困と犯罪 ………………………………………………… 165

絶対的貧困と相対的貧困／日本における「相対的貧困」／「相対的貧困」と「社会的排除」

4　犯罪対応とコミュニケーション：犯罪から学ぶ社会のあり方 ………… 170

当事者間のコミュニケーション：Therapeutic Community（治療共同体）による対話／社会と当事者間のコミュニケーション：Restorative Justice（修復的司法）／RJの理念に基づく多様な実践／コミュニティ・ジャスティス（Community Justice）とRJ：地域を変える裁判所のあり方／RJの理念やその実践に今学ぶべきこととは

Chapter8　罪を犯した人への支援の理論と実践

1　刑事司法と福祉 …………………………………………………………… 181

刑事司法と福祉の連携・協働／刑事制度における福祉支援

2　犯罪をした人への福祉支援 ……………………………………………… 187

格差社会と刑事政策／犯罪をした精神障害者の支援／犯罪をした高齢者の支援／犯罪をした外国人の支援

3　社会福祉における更生支援の取組みと課題 …………………………… 194

再犯防止推進計画の展開／支援における専門職と民間活動の担い手／刑事制度から離脱した人々の支援

文献案内　206

事項索引　211

chapter **1**

刑事制度

1 | 刑務所への道のり

　日本で，犯罪とされる行為をしたらどうなるのだろうか。どのような対応が待っているのだろうか。まずは，架空の事例に沿って犯罪対応の制度（刑事制度）を概観しよう。

警察による犯罪対応

　① A（65歳男性）は，自宅近くの駐車場で，女性が鍵をかけずに車から離れたのを見届けると，運転席の横においてあった財布の入ったバッグをつかんで，走り去ろうとした。

　刑法235条（窃盗罪）に該当しそうな事件の発生である。このことを（なんらかの仕方で）警察が知るところとなれば，警察による捜査が始まる（刑訴法189条②）。

　窃盗を含めた多くの犯罪では，警察はもっぱら被害者からの届出，あるいは，目撃者からの通報によって事件の発生を知ることになる（なぜそうなるのかを考えてみてほしい）。他方で，一部の犯罪（たとえば，遺失物横領，公務執行妨害，薬物事犯，道路交通法違反など）では，警察が直接その犯行を現認することがほとんどである。

　② Aは，警備員に一連の行為を目撃され，取り押さえられて，警察に通報された。

001

警察が，犯人はＡであると判断（被疑者が特定されたと）すれば，検挙ということになる。

　警察は，Ａを在宅のまま（身柄を拘束せずに）取調べることもできるが，犯罪を行ったと疑うに足る相当な理由など逮捕の要件を充たすならば（刑訴法199条），裁判所に逮捕状を請求して，逮捕することもできる（量的には在宅のまま取調べを受けるほうが多い）。

　なお，Ａを逮捕した場合（身柄を拘束した場合），警察は，逮捕から48時間以内に被疑者を（書類および証拠物とともに）検察官に送致しなければならない（刑訴法203条）。

③警察は，Ａを逮捕して捜査を続けた。盗もうとした財布の中身は，幸か不幸か，2000円しか入っていなかったことが捜査の過程で判明した。すなわち，高齢者による少額窃盗で，しかも未遂という事件である。

　警察は，捜査を行った場合には，原則として事件を（書類および証拠物とともに）検察官に送致しなければならない（刑訴法246条）。ただし，それには例外もある。検察官が指定した一定の事件については，警察かぎりでの処理が認められている。このことについて，犯罪捜査規範198条は，「捜査した事件について，犯罪事実が極めて軽微であり，かつ，検察官から送致の手続をとる必要がないとあらかじめ指定されたものについては，送致しないことができる。」と規定する。

　これは，微罪処分と呼ばれ，その対象となる事件の指定は，各地方検察庁の長である検事正が管轄区域内の司法警察職員に対して行う（刑訴法193条①）。たとえば，窃盗の場合であれば，1）被害額が軽微で，犯情悪質でないもの，2）被害の回復が行われていること，3）被害者が処罰を希望していないこと，4）再犯のおそれがないもの，がその対象となる。ただし，被疑者を逮捕した事件，告訴・告発，自首があった事件などは，その対象からはずされる。

④Ａが逮捕されておらず，かつ，初犯者であったならば，警察による微罪処分も検討されたであろう。しかしながら，Ａは逮捕されていたため（そうでなくても，Ａには前科があったため），警察は，事件を（書類および証拠物とともにＡを）検察官

に送致することにした。

　送致された被疑者につき，検察官のもとでの逮捕時間は24時間（警察による逮捕から72時間以内）である。Aの身柄の拘束をさらに続けたい場合，検察官は，住居不定，罪証隠滅，逃走のおそれなどの勾留の条件を充たすならば，裁判官（裁判所）に勾留を請求することができる（刑訴法60条，207条）。そうでない場合は，検察官はAを釈放しなければならない（刑訴法204条）。勾留期間は10日で，やむをえない場合は，さらに10日までの延長が認められる（刑訴法208条）。

　逮捕留置や勾留の場所としては，法務省が管理する刑事施設である拘置所が原則であるが，「刑事施設に収容することに代えて，留置施設に留置することができる」ため（被収容者処遇法15条），警察はもっぱら警察署内に設置された留置施設を利用する（被収容者処遇法14条）。そのほうが，取調べを行う警察にとって都合がいいからである。しかしながら，こうした慣行は，被疑者の防御権を不当に制限するものとして，さらには，冤罪の温床として問題視されるとともに，国連からも（国際的にも）批判を受けている。

　なお，手続上，検察官に送致されたからといって，身柄拘束の場所が警察署内から検察庁内に変わるわけではない。

検察における犯罪処理

⑤検察官は，裁判所に勾留令状を請求し，Aを勾留することにした。ところで，Aは，5年前にも窃盗事件で拘禁刑1年6月の実刑判決を受け，X刑務所で服役したことがある。天涯孤独のAは，これまでも生活に困ると小さな窃盗をすることがあり，このときの服役は生涯で5度目の服役であった。この5度目の服役の原因となった犯罪についていえば，Aは，不況とA自身の加齢のために仕事にありつくことができず（Aはかつては鉄筋工として働いていた），スーパーのレジで，店員がクレームを申し立てる客にふり向いたすきに，現金をわしづかみにして逃走しようとしたところを取り押さえられたのである。

　Aは，留置施設に勾留されて，取調べを受け，窃盗を認めたとしよう。そして，裁判で事件を立証するのに必要な客観的証拠も揃ったとしよう。次に問題となるのは，Aを起訴するかしないかである（起訴しない場合は，被疑者を釈放

しなければならない）。

　日本では，原則として，公訴を提起できるのは検察官だけである（起訴独占主義：刑訴法247条）。しかも，日本では，裁判で有罪判決を得られるだけの証拠が揃っている場合でも，検察官は「犯人の性格，年齢及び境遇，犯罪の軽重及び情状並びに犯罪後の情況により起訴を必要としないときは，公訴を提起しないことができる」（起訴便宜主義：刑訴法248条）。すなわち，検察官は被疑者を起訴する／しないの裁量権をもつのである。

　このように，被疑者が犯罪を行ったことが明らかであるにもかかわらず，不起訴とすることを起訴猶予という（不起訴処分のほとんどは起訴猶予によるものである）。起訴猶予については（微罪処分とは異なって）罪種による制限はなく，刑訴法248条が示すとおり，法は考慮すべき事項を列挙するのみで，それらをどのように考慮すべきかの基準は示していない（すなわち，検察官は広範な裁量をもつということである）。

　なお，起訴には公判請求と略式命令請求の2つの形式があり，いずれを請求するかを決める（すなわち，その裁量権をもっている）のも検察官である。

　検察官は，簡易裁判所の管轄事件に対して，100万円以下の罰金，あるいは，科料しか求刑するつもりがない場合は，被疑者が略式手続に同意していれば，略式命令請求を選択することができる（刑訴法461条以下）。略式手続では，公判が開かれずに書面審理のみで刑罰が科されることになる（それゆえ，公開裁判を受ける権利を保障する憲法に違反するのではないかとの批判がある）。拘禁刑（もちろん死刑も），あるいは，100万円を超える罰金を科す場合は，必ず公判を経なければならない。

⑥ Aが初犯者であったならば，被害額も小さいので（しかも未遂），起訴猶予となったかもしれない。しかしながら，Aには前科があったため，検察官はAを起訴することにした。しかもそれは，公判請求であった。起訴後は保釈が認められることもあるが，Aは保釈を請求しなかったので，拘置所に身柄を拘束されたままで裁判を受けることになった。

　起訴されたら，A（被疑者）は被告人となる。被告人の身柄は拘置所に勾留

できる。被告人勾留の期間は，公訴の提起があった日から2カ月で，その後1カ月ごとに裁判所の判断で更新される（刑訴法60条）。

裁判による犯罪処理

裁判で有罪が認定されれば，刑が量定される（刑が免除される場合もある）。

量刑（宣告刑）は，法定刑に刑法で定められた加重減軽等を施して得られる処断刑の範囲で決定される。

Aの罪名は窃盗未遂罪であるから（刑法235条，243条），法定刑は10年以下の拘禁刑（下限は1月），または，50万円以下の罰金（下限は1万円）である。

Aの場合，前刑の拘禁刑の執行の終了から5年以内にさらに本罪を行ったので，Aを有期拘禁刑に処する場合には，刑種として拘禁刑を選択したうえで（罰金を選択することも可能である），再犯加重がなされ（刑法56条），処断刑は拘禁刑1月以上20年以下となる（刑法57条：実際には，法定刑の上限以上の科刑が行われることはほとんどない）。

また，未遂であることを理由として刑を減軽することもでき（刑法43条），これとは別に（刑法67条），酌量減軽をすることもできる（刑法66条，71条）。

⑦ Aが初犯者であったならば，執行猶予付の判決になったかもしれない。しかしながら，Aには前科があったため，裁判所は拘禁刑1年6月の実刑判決とした。この判決に不服のある場合は上訴することができるが，Aは上訴せず，判決は確定した。

裁判所は，3年以下の拘禁刑，あるいは，50万円以下の罰金を言い渡す場合（これは初度の場合であり再度目の場合は要件が異なる），情状により（裁判官の裁量で），一定の期間（1年以上5年以下の期間）その執行を猶予することができる（刑法25条）。

この制度は，短期自由刑の弊害（期間的に十分な教育をなしえない一方で，本人や家族に対して物心両面にわたって多大な影響を与えることになる）を避けるためのものであるとされる（なお，2013年に刑期の一部の執行を猶予する「刑の一部執行猶予」制度が導入されたが（刑法27条の2，薬物使用等の罪を犯した者に対する刑の一部の執行に関する法律），これについてはChapter 3第5節の執行猶予(4)刑の一部執行猶

予（72頁）を参照）。

　裁判所は，執行猶予期間中に保護観察を付けることもできるが，再度の執行
猶予の場合は必要的である（刑法25条の2①）。保護観察については後述するが，
執行猶予は保護観察と結びつけることで，対象者の更生を目指した社会内処遇
の一手段として位置付けることもできる。

　執行猶予が取り消されることなくその期間を満了すれば，刑の言い渡しに伴
う法的効果が将来に向かって消滅し（刑法27条①），執行猶予期間中に受けてい
た職業資格等の制限はなくなり，前科も残らない。

　なお，執行猶予中に一定の事由が生じ，執行猶予が取り消された場合は（刑
法26条，26条の2），当初に言い渡された刑がそのまま執行される。

刑罰の執行

　⑧ 処遇調査によりB指標と指定されたAは，B指標の受刑者を収容するY刑務所に収
　　容された。

　受刑者の処遇は，個々の受刑者の資質および環境に応じて適切な処遇と方法
で実施されなければならない（個別処遇の原則：被収容者処遇法30条）。そのため，
各刑事施設では，医学，心理学，教育学，社会学等の専門的知識や技術を活用
して行う処遇調査が前置され，その結果にしたがって処遇要領が策定される（被
収容者処遇法84条③）。なお，可塑性に富む若年の者（26歳未満の者）や特別改善
指導にあたってとくに調査を必要とする者（性犯罪受刑者等）には，調査センター
に指定された刑事施設で精密な調査が行われる。刑務所での矯正処遇は，処遇
要領に基づいて行われる（被収容者処遇法84条②）。

　⑨ Aは服役中の態度がよかったため，入所後13カ月を経た時点で仮釈放が認められ，
　　刑務所を出ることになった。その後，刑期満了までの5カ月間，Aに対して保護観
　　察が行われた。

　仮釈放とは，拘禁刑の執行のために刑事施設に収容されている者を，条件を
付して，刑期が満了する前に釈放することである。その期間は刑期の残りの期

間である（残刑期間主義）。

　仮釈放の要件は，有期刑の場合は刑期の3分の1，無期刑の場合は10年を経過したこと（形式的要件）と，改悛の状があること（実質的要件）である（刑法28条）。

　その目的は，一般的には，対象者の円滑な社会復帰の促進だといわれる。

　仮釈放を許可する機関は，行政官庁である地方更生保護委員会（高裁管轄区域ごとに設置）であり（更生保護法16条），仮釈放の審査は3人の委員で構成される合議体での審理を経て行われる（更生保護法23条，24条）。

⑩　出所後Aは，幸運にも更生保護施設に入所することができ，そこでの生活中に，更生保護施設の指導員の援助を得て，生活保護の申請を行うことができた。その後Aは，ワンルームマンションに居所を移し，この間，重大な遵守事項違反もなく，無事に保護観察期間（残刑期間の5カ月）を終えることができた。

　これで，Aに対する刑の執行は終わったことになる（なお，有罪判決確定後のより詳しい経緯については，「コラム：ある殺人犯罪者が立ち直るまで」（『平成22年版犯罪白書』294-295頁）が参考となるので，こちらも参照されたい）。

　最後にやや立ち入ったことを補足しておきたい。更生保護施設は少なく（2023年4月1日現在102施設），総定員も少ないので（2023年4月1日現在2399人），希望者全員が入所できるわけではない。Aの場合，更生保護施設に入所できたから，生活保護の申請がスムーズにできたのであって，出所時に誰かの援助を受けなければ，生活保護の申請は困難であろう。

　今のところAの生活は安定し，犯罪とは無縁の生活が送れそうである。しかしながら，Aは酒を飲むと度をこす傾向があり，そのような生活態度のために，生活保護費だけでは不足する事態が生じることも予想される。その場合，Aが再び窃盗を行ったらどうなるだろうか。今回のような幸運に恵まれる可能性は低いのではないだろうか。そうなると，高齢で身寄りのないAは，その後の人生をどのように生きていけばいいのだろうか。刑事制度はAに対して何ができるのだろうか。

1　刑務所への道のり

2 | ダイバージョン

　子どものころ，「悪いことをしたら，刑務所に入れられるよ」といわれたことはないだろうか。しかしながら，（すぐにわかることだが）それは事実ではない。さらにいえば，（悪いこと一般ではなく）犯罪とされる行為をして警察に捕まっても，刑務所に入れられることは稀である。すなわち，警察に捕まったとしても，一直線に刑務所に向かうわけではない。なぜなら，先にみたように，その道中に，微罪処分や起訴猶予処分（不起訴）などの出口が用意されているからである（図1-1）。

　この出口は刑事制度からの出口であり，ここから外に出ると，基本的には，その時点で犯罪についての処理は終わる。すなわち，犯罪とされる行為をしても，刑務所に入れられることなく，あるいは，刑罰を科されることなく，さらにいえば，裁判にかけられることすらなく済まされるのである。このように，通常の刑事手続のルートから逸らす（こうした出口を利用して，検挙された者を刑事制度の途中で下ろす）ことをダイバージョンという（ちなみに，ダイバージョンという言葉のもととなった英語の「divert」は「進路を変える，そらす，転じる」といった意味の動詞である）。

犯罪対応の量的把握

　ダイバージョンがどれくらい活用されているかを確認するために，犯罪対応の流れを量的に確認してみよう（数値は2022年のものである（『令和5年版犯罪白書』より））。

警　　察：刑法犯・危険運転致死傷・過失運転致死傷等検挙人員　46万
　　　　　98人
　　　　　→　微罪処分　4万7587人
検　　察：新規受理人員　74万1103人
　　　　　（うち刑法犯・危険運転致死傷・過失運転致死傷等検挙人員
　　　　　46万5163人）

図1-1　刑事司法手続（成人）の流れ

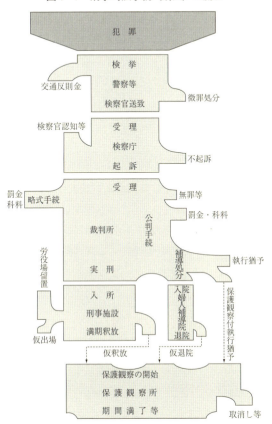

注　1　検察統計年報，矯正統計年報及び保護統計年報による。
　　2　「検察庁」の人員は，事件単位の延べ人員である。例えば，1人が2回送致された場合には，2人として計上している。
出典：『平成26年版犯罪白書』2-1-1図。

　　　　　→　起訴人員　22万7597人
　　　　（うち公判請求人員　6万9066人）
裁　判　所：有罪人員　20万181人
　　　　　（うち罰金・科料を除く実刑人員　1万4901人）
刑　務　所：入所受刑者数　1万4460人

2　ダイバージョン

保護観察所：仮釈放　　1万636人

　犯罪とされる行為をしたとして警察に検挙された者（46万98人）は，原則として（すなわち，微罪処分対象者を除いて）検察に送致される。これに警察以外から送検された者（警察の検挙人員には危険運転致死傷・過失運転致死傷等以外の特別法犯は含まれていない）を合わせたものが，検察における新規受理人員（74万1103人）である。捜査機関にとっての犯罪総数といってもいいだろう。このうち起訴されたのは，22万7597人で，さらに，それが公判請求であったのは，6万9066人である（新規受理人員の9.3%）。送検された者のうち，起訴されたのは30.7%であるから，検察段階で約7割が刑事手続から外されたことになる。犯罪でないことがわかれば起訴されなくて当然であるが，もちろん，そんなことはない（約7割が誤って検挙されているのであれば問題だろう）。その大半は，犯罪であるにもかかわらず（すなわち，裁判で有罪とするだけの証拠が十分に揃っているにもかかわらず），検察によって積極的に不起訴とされたものである。このように，日本では，ダイバージョンが積極的に活用されていること（このことは日本の刑事制度の特徴のひとつである），さらにいえば，刑事制度に取り込まれた者のうち，最終的に刑務所にたどり着くのはごく一部だということがわかるだろう。

ダイバージョンの意義

　上でみたように，犯罪とされる行為をしても，多くの者は，刑事制度に用意された出口を使って，刑務所に収容されることなく社会に戻される。すなわち，刑事制度は「吠えるほどには噛まない」のである。では，なぜこのような仕組みとなっている（運用がなされている）のだろうか。すなわち，ダイバージョンの目的であるが，ここでは次の3点を指摘する。

　第1に，刑事制度にかかるコストの節約である。そもそもすべての事件を公式の手続で処理しようとすれば，刑事制度がパンクしてしまうだろう。また，あえて刑罰を科す必要のない事件，たとえば，被害が軽微であったり，被害の回復・弁償がなされているような事件を刑事手続の早い段階でふるい落とせば，その分の人員や予算をより必要とされる重大な事件に割り当てることができ

る。刑事制度に投入できる資源には限りがあるから，それを効率的に使おうというわけである。

　第2に，刑事制度に取り込まれた者（被疑者・被告人・受刑者）の負担の最小化である。犯罪対応は国家による強制力の行使であり，刑罰を科すことはいうまでもなく，そこに至る対応（取調べや証拠の捜索・差押え等）においても，対象者の人権は（大きく）侵害される。それゆえ，人権保障の観点から，刑事制度による介入はできるだけ少ない（使わずに済むならその）ほうが望ましいということになる。

　第3に，特別予防効果である。特別予防とは，簡単にいえば，犯罪をした者に再び犯罪をさせないことである（犯罪予防については，他に，すべての人を対象に犯罪を未然に防ごうとする一般予防がある）。一般的には，犯罪を予防するために刑罰を科すと考えられるのであるが，それには副作用もある。たとえば，刑務所への収容は，被収容者に負のレッテルを貼ることになるし，彼らがもつ社会とのつながりを弱めてしまう。またそれは，刑務所という特殊な環境への適応を強いることになる（逆からいえば，一般社会への適応性を損なうことになるということである）。すなわち，自由刑は，こうした副作用によって犯罪への親和性をより深化させ，彼らを再び犯罪へと促すリスクをもつものなのである。そして，負のレッテル貼りや社会からの疎外は，刑務所に収容されずとも，刑事手続が進めば進むほど強くなる。だとすれば，現状で，あるいは，刑罰以外の手段で社会復帰が望めるならば，実刑判決を避けることはもちろん，なるべく早い段階で対象者を刑事手続からはずして社会に戻したほうが，再犯予防に資する場合があるということである。

ダイバージョンの問題点

　上に述べた理由から，日本ではダイバージョンが積極的に活用されている。たとえば，起訴猶予については，法律に規定されるよりも先に実務上の慣行として始まり（明治10年代後半に監獄経費の削減を目的として始まり，次第に特別予防に重点をおいた処分へと変わっていった），今では制度としてしっかりと定着していることからも，期待される効果を果たしていることがうかがわれる。しかしながら，問題がないわけではない。ここでは次の3点を指摘する。

第1に，運用が恣意的になされるおそれである。たとえば，前述のとおり，起訴猶予には罪種の限定はなく，刑訴法248条に示された要素についても，それをどのように考慮するかについては検察官に一任されている（日本のダイバージョンについて留意すべきは，先に述べた積極的な活用に加えて，実施における裁量の大きさである）。このように，法律上の要件や明確な基準がないことは弾力的な運用を可能にし，個別の事情を考慮することがよりいっそう必要となる特別予防的観点からは大きなメリットであるが，その権限が恣意的に行使される危険性は否定できない。

　第2に，綿密な捜査の要請による弊害である。特別予防的観点からダイバージョンがなされるのであれば，その判断にあたっては，対象者の再犯可能性の評価が重要となる。その評価のためには，単に何をしたか（犯罪事実）だけでなく（有罪の立証においてはもっぱらこれだけで十分である），対象者の性格・環境についての詳細な情報（対象者が何者かを知ること）が必要となる（それゆえに，個別の事情の考慮が重要となるのである）。そのために，過剰で執拗な捜査が行われるおそれがある。

　第3に，上に述べた綿密な捜査をした結果として，検察段階で，量刑事情も含めて裁判を行ったに等しい状況となってしまい，実際の裁判が形骸化して（検察の判断を追認するだけになって）しまうおそれがある（刑事手続の前のめり化）。これについては，裁判の一方当事者である捜査機関が，実質的に司法の役割を果たしてしまっているという意味で，対象者の権利が十分に保障されないことや，三権分立の理念に反するのではないかとの問題を提起することもできる。たとえば，微罪処分では，ただ単に刑事手続からはずすだけでなく，警察は次のような処置をとることとされており──「被疑者に対し，厳重に訓戒を加えて，将来を戒める」，「親権者，雇主その他の被疑者を監督する地位にある者又はこれらの者に代わるべき者を呼び出し，将来の監督につき必要な注意を与えて，その請書を徴する」，「被疑者に対し，被害者に対する被害の回復，謝罪その他適当な方法を講ずるよう諭す」（犯罪捜査規範200条）──，捜査機関によって処遇のようなことが行われているのである。

　しかしながら，前述のとおり，ダイバージョンは制度としてすでに定着しており，それを撤廃することは非現実的である。したがって，上に指摘した問題

点を踏まえながら，いかにして公正な運用を図っていくかが課題となろう。

また，近年においては，「入口支援」とダイバージョンを結びつけることで，司法（法務省）と福祉（厚生労働省）の連携を強め（さらには地方自治体も協力することで），再犯予防を積極的に実現していこうとの動きがあり，これまで以上にダイバージョンの積極的な活用が目指されていることを補足しておきたい。

3 | 犯罪対策

刑事政策とは，ひらたくいえば犯罪対策である。それはどのように実現されるのか。また，それはどのようなものだろうか。

刑務所に入るのは誰か

先に，刑務所までの道のりをみてきた。そこでいいたかったことのひとつは，刑事制度の各段階には多数の分岐点があり，警察のところでいったん刑事制度に取り込まれたとしても，一直線に刑務所に向かうわけではないということである。

また，ダイバージョンがどれぐらい活用されているかを量的に確認した。そこでわかったことは，最終的に刑務所にたどり着く者はごく一部だということである。では，誰が刑務所に入る人たちを決めているのだろうか。

それは，刑事制度の各段階に設定された分岐点においてしかるべき処分（判断）を下す人たちである。警察は，検挙した事件を検察に送致するか，検察に送致せずに微罪処分で済ますかを決定する。検察は，送致された事件を起訴するかしないかを，そして，起訴する場合は，公判を請求するか，略式請求で済ますかを決定する。裁判所は，起訴された事件について有罪か無罪かを判断し，有罪の場合は，刑種，刑量，実刑か執行猶予にするかを決定する。こうした決定の積み重ねによって，最終的に誰が刑務所に入るのかが決まるのである。

刑務所に入ってしまえば，それで終わりではない。一定の期間が過ぎれば，仮釈放を許可するかしないかが問題となる。これは地方更生保護委員会が決定する。仮釈放となれば，保護観察所が保護観察を実施し，その経過にしたがって，仮釈放を取り消して刑務所に戻すのか，そのまま刑期を終えさせるのかを

地方更生保護委員会が決定する。

こうした一連の意思決定の連鎖によって具体的に誰が刑務所に入るのかが決まるのだとすれば、それと同様に、全体としての犯罪対策も、刑事制度の各段階における意思決定の積み重ねによって具体化する。すなわち、犯罪対策は、(刑事制度を構成する各種)法令を前提としながらも(前提となる法令の制定・改定もひとつの決定であり、犯罪対策を構成する)、個々の事件の処理における一連の具体的な決定をとおして実現されるということである。

犯罪対策は暴力である

犯罪対策は、犯罪という暴力に対処するものであるが、犯罪対策それ自体も暴力であることを忘れてはならない。すなわち、犯罪対策は「暴力①」(＝犯罪)に対処するために使用される「暴力②」なのである。

犯罪対策がなぜ暴力なのだろうか(と疑問をもたれたかもしれない)。たとえば、刑罰であるが、死刑は生命を、拘禁刑は自由を、罰金は財産を対象者から強制的に(対象者の意思に反して)奪うものである。合法的であるにしても(憲法31条)、暴力であることに変わりはない。また、刑罰賦科に至る過程においても、身柄を拘束されたり、捜索・差押えを強いられたり、裁判への出頭を命じられたりする。これもやはり暴力だろう。

暴力の総量が少ない社会のほうが望ましいとすれば、「暴力①」だけでなく、「暴力②」も少ないほうがよい。だとすれば、なるべく「暴力②」を使わずに、「暴力①」を少なくする対策を考えることが課題となる。

他方で、「暴力①」と「暴力②」では、「暴力②」のほうをより警戒すべきとする理由がある。「暴力①」も「暴力②」も、その被害者はわれわれ一般市民であるが、その加害者は異なる。「暴力①」は、加害者もわれわれ一般市民であるのに対して、「暴力②」の加害者は国家である。どちらが暴走したほうが恐ろしい(そのもたらす害悪が大きい)かといえば、当然に後者であろう。それゆえ、「暴力②」をより警戒すべきだということになるのである。

近代国家では、国家が暴力を独占する。それは、社会秩序(市民的安全)を維持するためであるが、他方で、その暴力は、市民的自由を侵害する危険を伴ってもいる。政府が、秩序維持(市民的安全)を名目として、反対派や少数派を

弾圧することもあるだろうし，時の政権が，その政敵を犯罪者として恣意的に取り締まることも考えられる（事実，歴史をふり返ってみれば，そうした例は枚挙にいとまがないし，それゆえに，被告人の人権を保障することが，民主主義にとって重要なのである）。権力者が自分に都合よく，また，自分のために，刑事制度（という合法的な暴力）を用いることがあることを忘れてはならないだろう。

したがって，「暴力②」が濫用されることがあってはならないが，そうでなくても，「暴力②」は，「悪いことをしたやつだから」，あるいは，「被害者がかわいそうだから」といった（情緒的な）理由で，ついつい過剰なもの（それは行き過ぎた権力の介入や対象者への人権侵害に至る）となりやすい（また，われわれ一般市民もそれを支持してしまいがちである）。そうした事態は，場合によっては，犯罪によってもたらされるそれ以上に有害な事態をもたらすことがある。それゆえ，犯罪対策は適正な範囲に統制される必要がある。

対策の統制

こうして，対策を適切に統制する仕組みを考えることが（統制の統制という意味で「二次統制」という），犯罪対策の重要な課題となる。

まず，法による統制である。犯罪対策の中心を占めるのは，刑事制度による犯罪対応である。それは，国家の強制力を背景とした強力な権力作用であるから，濫用されたり，暴走させてはならない。それゆえ，刑事制度の作動は，先にみたように，法による統制を受けている。憲法を始めとする様々な法令——実体法，手続法，組織法——によって，国家による犯罪対策（その介入の仕方や限界）を事前に枠付けておくのである。

こうした枠付けは，対策の恣意性や過剰さに対してだけでなく，その手段にも関係する。犯罪対策の立案，実施においては，犯罪諸科学の知見が参照されるが，その成果は必ずしも犯罪対策に直結しない。その手段が，われわれが尊重する法文化や価値に反する場合，あるいは，人権侵害の程度が強い場合には，たとえ犯罪予防効果があったとしても，それを採用することができないからである。こうして，犯罪対策は科学的合理性を志向しつつも，人権を始めとする法的価値に枠付けられるのである（「刑法は刑事政策の越えられない防壁である」）。

法による統制以外にも，対策を（民主的に）統制する手段が用意されている。

それは，公開や参加である。たとえば，裁判は公開が原則とされているし，国民の司法参加の制度（裁判員裁判，検察審査会）が用意されている。また，都道府県警察の運営を管理する公安委員会は，その委員を民間から選出することになっている。

広義の犯罪対策

これまでは，もっぱら犯罪とされる行為やその行為者への対応について述べてきた。しかしながら，犯罪対策はこれに限定されるものではない。犯罪被害者への対策も重要な課題である（Chapter5参照）。また，犯罪をする必要のない，犯罪をしなくとも生きていける社会を作ることも重要である（Chapter7参照）。

犯罪をめぐる問題には実に様々なものがある。あるいは，そこに生じる問題については様々な要求がある。われわれは，犯罪の被害に遭いたくないし，犯罪の被害に遭えば，その被害を回復したい。何をすれば処罰されるかを知りたいし，無実で，あるいは，不当に処罰されたくはない。看守に虐待されたくないし，更生の機会もほしい。そのような行為を取り締まる（犯罪とする）こと自体が問題だと思うこともあれば，なぜあのような行為を放置しているのかと不満に感じることもある。ときに，そうした要求どうしがぶつかりあい，新たな紛争を生じさせることもある。

それゆえに，犯罪対策を考える場合には，多元的な考察が必要となる。そのうえで，様々な角度から犯罪にかかる（犯罪によって生じる，犯罪に対処するために生じる）社会的コストを検討し，それを最小化するような刑事政策を構想しなければならない。「犯罪にかかる社会的コストを最小化する」ことは，多様な価値観をもつ人びとが共生できるためのよりよい条件を探っていくこと，整えていくことだということもできるだろう。

4 | 刑事制度の目的

刑事政策は，ひらたくいえば，犯罪対策であった。だとすれば，刑事政策「学」は，犯罪対策のあり方を検討する学問だということになる。

刑事制度の作動とあるべき刑事制度

　上でみたように，犯罪対策の中心をなすのは刑事制度であるから，刑事政策学は，まずは，その現状を分析する。すなわち，刑事制度の作動がどうなっているのかを，その効果も含めて，確認・分析する。

　そして，そこに問題があればそれを指摘しようとする。ただし，何が問題かを把握するためには，参照すべき規範（あるべき刑事制度）が必要となる。それがなけば，何がどのように問題なのかがわからない（示せない）からである。では，その規範はどこにあるのか。どれだけ刑事制度（事実）を眺めてみても，あるべき刑事制度（規範）は出てこない。事実と規範は連続的な関係にないからである。言い換えれば，何を模範とすべきかは価値判断の問題だからである（それゆえ，それは客観的には決まらない）。したがって，これについては，現行の憲法秩序をはじめとして，われわれが歴史的に獲得してきた法文化や価値に求めるしかないだろう（たとえばそれは，個人の尊厳，罪刑法定主義，行為責任主義などの原則であろう）。

　犯罪対策，とりわけ，刑事制度によるそれは，国家権力の行使（しかもそれは最も峻厳なもののひとつである）にかかわる問題であるから，その使い方や根拠が厳しく問われるものである。そうした意味でも，あるべき刑事制度についての法理論的考察が重要となる。

　念のために補足すれば，事実（だけ）からはあるべき対策が演繹できないからといって，事実を軽視していいというわけでは（もちろん）ない。刑事制度の現実の作動やそれにかかわる諸事実を参照せずに，前提となる価値判断をすれば，おかしな対策論が出てくることになるだろう。事実を押さえたうえで特定の価値判断がなされ，そのうえで，それを前提とした対策論が提出されるべきで，そうでない（事実に基づかない）対策論は寝言となるばかりか，有害な場合すらある。対象を正しく把握しないままに対策を検討することの愚は明らかであるし，どのように作用するかわからない道具を使うのは危険である。それゆえ，対策を考えるにあたっては，思弁的，観念的な議論に終始するのではなく，事実に基づく経験的な姿勢が肝要となる。

　こうして，刑事制度の作動を踏まえながらも，あるべき刑事制度を検討する

ところに，単なる事実認識にとどまらない刑事政策学の学問的基盤がある。

刑事制度の目的と犯罪処理の指導理念

　先に，刑事制度の各段階における決定が積み重なって，具体的な犯罪対策が実現されると述べた。だとすれば，それぞれの決定における基準は一貫したものであることが望ましい。そして，そのような基準は，当然に刑事制度の目的から導かれるべき（刑事制度の目的と整合的な）ものであろう。それはまた，刑罰目的として，刑罰の対象者や量刑の選定基準となるような理念性をもつものでなければならないだろう。したがって，それは，誰をどれだけの期間刑務所に入れるべきかを判断する基準となるものでもある。

　では，刑事制度の目的はどういうもの（であるべき）だろうか。ここではそれを述べることに代えて（いまだ説得的，かつ，広く共有されたものがないように思われるので），複数の刑罰モデルを，その変遷の経緯と絡めて提示したい。ということで，刑事制度の目的については，以下の記述を参考に読者各自で考えてほしい。

　なお，以下で紹介する刑罰モデルの変遷は，米国のそれである。日本では，刑罰モデルについて顕著な変遷がみられないからである（おそらくそれは，少なくとも執行段階においては，特別予防の観点から使用されることに大方の一致があるからであろう）。一方，「巨大な社会的実験場」といわれる米国では，刑罰についての考え方やその用い方は時代によって大きく変化してきた。また，米国以外でも，従来，刑罰について特別予防を重視してきたスウェーデンが，近年，正義モデルに基づく運用へと大きく舵を切っている。あるべき対策（刑事制度）を考えるうえで，こうした動きから学ぶことは少なくないだろう。

医療モデル

　医療モデルは，刑罰や刑事制度のあり方を，医療とのアナロジーでとらえるモデルである。このモデルのもとでは，犯罪は病気のようなものと考えられ，その原因を（科学的に）つきとめて，これを（科学的に）治療すれば，犯罪者を改善・矯正できると考えられた。したがって，刑罰の主たる目的は改善・矯正である。なぜ犯罪とされる行為をした者を刑務所に収容するかといえば，そこ

で彼らに教育・治療といった処遇を施すことで，彼らが再び犯罪をすることがないようにしようとするためである（特別予防）。

　こうした医療モデルが，20世紀初頭以降，米国刑事司法の中核を占めてきたのであるが，その背景には，19世紀における自然科学や社会科学のめざましい発達とそれへの素朴な信頼がある。

　医学類似の方法論に基づけば，行為（あるいは行為者の責任）と量刑との関係は二次的なものとなる。なぜなら，対象者の改善・矯正にとって重要なのは，彼が何をしたかよりも（それもひとつの指標とはなるが），彼のなかにある危険性（再び犯罪を行う危険性のことで，いわゆる「犯罪性」である）だからである。たとえば，風邪をひいた場合に，治療に特別の処置を要しない（たとえば，2，3日安静にしていれば十分な）者もいれば，入院が必要となる者もいるだろう。同様に，窃盗犯人であっても，その「危険性」を取り除くために，刑務所収容が必要でない者もいれば，長期の収容が必要となる者もいるだろう。その「危険性」は，行為者ごとに大きく異なるだろうからである。それゆえ，改善・矯正に着目すれば，刑罰は，行為（行われた犯罪）にではなく行為者（が有する危険性）に対応させるほうが望ましいことになる（行為者主義）。

　このように，行為者の「危険性」に注目し，その改善・矯正を考えるのであれば，裁判官は，犯罪ごとに画一的な刑を科すのではなく，対象者の生活歴や特徴に関する可能なかぎりの情報を集めて，個々の対象者の「危険性」に応じた刑を科すことが理想となる。すなわち，「危険性」が大きな者には（その改善・矯正に長い時間が必要だろうから）長期の刑を，「危険性」が小さな者には（その改善・矯正にそれほど長い時間は必要ないだろうから）短期の刑をというようにである。

　さらにいえば，対象者の情報をどれだけ集めたとしても，刑の宣告時点では，改善・矯正にどれぐらいの時間がかかるのか，どれぐらいの処遇効果があるのかを正確に予測することはできないだろう（それゆえに，医療モデルのもとでは不定期刑が採用されることが多かった）。実際に治療にあたってみなければ，その診断が正しかったことや，治療の効果や進み具合が正確にはわからないように，「危険性」の現れ方や処遇効果にも個人差があるからである。そこで，これらの判断は，最終的には，専門的な知見に基づいて処遇情況を診断する仮釈放審

査委員会（Parole Board）に委ねられることになる。

　こうして，医療モデルのもとでは，裁判官は大きな裁量権をもち，法定刑の上限から下限までを幅広く活用しながら，同一の犯罪類型であっても，対象者の危険性に応じて量刑にメリハリをつけて処理していた。また，仮釈放についても，仮釈放審査委員会が，刑期の3分の1を経過した後に，対象者が改善・矯正されたかどうかを判断してその可否を決するという運用がなされていたので，言い渡される刑だけでなく，実際の服役期間も，同一の犯罪類型であっても，個々の受刑者によって大きく異なるものとなっていた（さらにいえば，仮釈放審査委員会の裁量が大きすぎて，刑を言い渡された時点では，自分が実際にいつ出所できるのかがわからないということが常態となっていた）。

正義モデル

　上の説明からもわかるとおり，医療モデルのもとでは，次のような事態が生じる。すなわち，軽い犯罪をした者のほうが，重い犯罪をした者よりも刑期（実際に刑務所に収容される期間）が長かったり，似たような犯罪であるにもかかわらず，ある者の刑期が格段に長かったりということが，である。実際に米国では，そうした事態が（無視できないほどに）生じていた。

　ただし，このことに理由があるのは前述のとおりである。個々の対象者の「危険性」に注目して，それに見合った対応をするのであれば（刑罰の個別化），そうならざるをえないからである。だとすれば，ここで問われるべきは，そのような運用によって，目的である対象者の改善・矯正は達成されたのかということであろう。

　米国では，1960年代の中頃から，統計上，犯罪（とりわけ再犯）が急激に増加する。このことは，先の目的が達成されていないことをうかがわせるものであろう。そして，その理由を説明するかのように，処遇効果に関するマーチンソンの有名な研究が発表される。それは，「What Works?」というタイトルに答えるかたちで，犯罪者の改善に向けられたあらゆる施策にはほとんど効果がない（Nothing Works），という結論を示すものであった（ただし，後にその検証の仕方に問題があったことが指摘された）。

　こうした状況下で，医療モデルへの支持は急速に弱まっていく。科学的知見

に立脚した（はずの）医療モデルは，教育・治療という美名のもとに，裁判官らに大きな裁量権を許してきたが，現実には，著しい恣意性と，それによる不公正な結果をもたらしただけではなかったか。処遇効果があってこその医療モデルであるが，それへの疑問が高まるなかで，人々は公正さに欠ける量刑に目をつぶることができなくなったのである（1970年代の統計によると，黒人の人口は全国ではわずか13%にすぎないにもかかわらず，刑務所でのそれは44%に達しており，こうしたことへの憤りが刑務所暴動を誘発することになる）。

　他方で，ベトナム戦争の泥沼化やウォーターゲート事件に端を発する国家の威信の低下が，改善主体としての国家の適格性に疑問を生じさせる。国家への不信が，医療モデルの衰退にも影響したのである。

　ここに正義モデルが登場する。それは，積極的に善（改善・矯正）をなそうとするのではなく，少なくとも有害なことはすまいとの謙抑の決意に基づくものである。

　正義モデルは，（医療モデルのように）犯罪者から国家を守ろうとするのではなく，それとは逆に，悪（恣意的で不公正な刑罰賦科）しかなさなかった国家権力から犯罪者を守るために，国家の介入を制限し，刑罰の緩和を提言する。その主張は次のとおりである。犯罪者を改善できないのであれば，少なくとも手続の公正を確保すべきである。そのためには，科される刑期をあらかじめ明瞭に示すとともに，量刑過程，並びに，刑の執行過程における裁量をできるかぎり制限し，恣意的で透明性に欠ける量刑・刑の執行を排除しなければならない（それゆえ，たとえば，前者については量刑ガイドラインを導入し，後者についてはパロール制度を廃止して，善時制を導入した）。そして，何に基づいて量刑を決定するべきかについては，対象者の「危険性」という客観化しにくいものではなく（そもそもそのようなものを実用的なレベルで判定できるのかについては疑問がある），より客観化の容易な行為とその結果（に対する責任）に基づくべきだという（行為主義）。こうして，正義モデルは，罪刑の均衡を第一に考えるのである。

　したがって，刑罰の主たる目的は応報である。刑罰は過去に行った行為に対する報い（それを理由に，犯罪とされる行為をした者を刑務所に収容するの）であるから，科刑にあたっては（刑の執行においても），将来に向けての予防（一般予防）や改善・矯正（特別予防）といった目的は考慮されるべきではない。医療モデ

021

4　刑事制度の目的

ルへの深い失望とともに登場した正義モデルは，実証的行動科学とは無縁の論理で量刑を決定しようとするのであって，医療モデルとは異なるヒューマニズムを特徴とする。

威嚇・抑止モデル

正義モデルは，行為者ではなく，行為に応じた量刑を提案する。しかもそれは，国家への不信，科学主義への不信を前提とするため，刑罰は正義が貫かれた印となる程度（最小限度）にとどめるべきだという。

その一方で，1960年代中頃からの犯罪の急増を前にして，もうひとつのモデルが登場する。それは，正義モデルと同様に，国家への不信，科学主義への不信を前提としながらも（というわけで，この立場も医療モデルを激しく批判した），より多く（最大限）の刑罰を主張する威嚇・抑止モデルである。

正義モデルとの違いは，第1に，医療モデルにおける科刑や刑の執行（とりわけ後者）の恣意性を不公正とみるのではなく，犯罪者を甘やかすものとみること（多くの場合，科学主義の名のもとに，仮釈放を積極的に活用して，言い渡された刑期よりも短く済まされていた），第2に，科学主義への不信から（医療モデルとは異なる）ヒューマニズムに向かうのではなく，自由意思を前提とした行動統制を仮定することである（その意味で，威嚇・抑止モデルは，政策志向的な立場に立つものと理解することもできる）。

威嚇・抑止モデルも処遇効果を信頼していないので，ここにいう抑止は，主として威嚇効果をとおして達成されるものである。したがって，刑罰の主たる目的は抑止（一般予防），あるいは，隔離である。

ここにいう抑止効果を高めるためには，刑期が事前に明確に提示されていることが望ましく，さらには，それが，裁判官や仮釈放審査委員会の裁量で歪められる（短くされる）ことなく，一貫して確実に科されることが必要である。それゆえ，正義モデルと同様に，本モデルにおいても，科刑や刑の執行における裁量の制限が求められる。ただし，目指すものが威嚇による抑止であるから，正義モデルとは逆に，提案される刑は行為に見合う最大のものとなる。

治安の悪化が叫ばれるなかで，厳罰化の潮流が勢いを増す。正義モデルによって行為者（の酌量すべき事情）への注目という鎖が解き放たれたあとではなおさ

らである。こうして，1980年代以降の米国では，威嚇・抑止モデルが主流となり，極端な厳罰化政策がとられることになる。必要的量刑（Mandatory Sentencing），真実量刑（Truth in Sentencing），三振法といった威嚇・抑止モデルの主張にそった立法がなされ（これらの立法は，ある種の犯罪類型については必ず刑事施設への収容とする，さらには，仮釈放を廃止する，また，仮釈放に先行して必要となる刑事施設への収容年数を定める，あるいは，3回目の重罪で有罪となった場合は無条件に長期間刑務所に収容される，といった仕方で量刑や刑の執行における裁量を制限するものである），その結果，米国社会はかつて経験したことがないような刑務所収容者の著しい増加をみることになる。

chapter **2**

犯罪という現象

1 │ 犯罪統計

　犯罪対策の主たる対象は犯罪（とされる行為）である。したがって，犯罪対策を検討するのであれば，その実態を知ることが肝要である。しかしながら，これがなかなかに難しい。まずはその数字についてみていこう。

発生件数

　犯罪の多寡や増減についていう場合，犯罪統計が参照される（各種の犯罪統計を読みやすくまとめたものとして『犯罪白書』がある）。しかしながらそこには，犯罪発生件数についての項目はない。なぜだろうか。

　犯罪発生件数に代えて用いられることが多いのが認知件数である。認知件数とは，「犯罪について，被害の届出，告訴，告発その他の端緒により，警察が発生を認知した事件の数」のことである（凡例『犯罪白書』）。犯罪はふつう秘密裡に行われるから（犯人は捕まりたくないからそれを隠そうとするだろう），市民の全行動を監視しないかぎり（それは実際的ではないし，望ましくもない），それをもれなく把握することはできないだろう。そこで，警察等の捜査機関が知ることのできた犯罪数（認知件数）で犯罪発生件数を代替しようとするのである（したがって，犯罪とされる行為が実際にどれだけ行われているかは誰にもわからないということである）。

　「警察が発生を認知した事件の数」が認知件数であるから，認知されなかったものはそこには含まれない。この部分，すなわち，発生件数と認知件数との差（認知件数という統計に現れなかったもの）を暗数という。

こうした考え方には，暗数を一定と仮定すれば，犯罪の多寡や増減についておおよその傾向が把握できるとの想定がある。さらには，犯罪被害調査や自己申告法による犯罪調査を用いれば，暗数がどれぐらいあるかや，罪種ごとの暗数のくせやパターンがそれなりに把握できるから，これらを考慮すれば，犯罪発生件数を（ある程度）推測できるかもしれない。こうして，認知件数で犯罪発生件数が代替できると考えるのである。

しかしながら，ここにはいくつかの問題がある。第1に，統制側（警察などの刑事制度）の影響が抜け落ちていることである。後述するように，認知件数は警察の活動方針によっても影響を受ける。その影響が大きければ，認知件数は犯罪発生件数とは独立に存在するともいえる。第2に，認知件数とは別に，犯罪発生件数（なる概念）が想定されているが，犯罪とはそもそもそのようなあり方をしているのだろうかということである（これについては次節で検討する）。

認知件数

ここで認知件数の推移を確認しよう（図2-1）。

図2-1　刑法犯認知件数・検挙件数・検挙人員・検挙率の推移

注　1　警察庁の統計及び総務省統計局の人口資料による。
　　2　昭和30年以前は，14歳未満の少年による触法行為を含む。
出典：『令和5年版犯罪白書』1-1-1-1図。

認知件数は，おおむね平成14（2002）年まで増加し，その後，急激に減少している。こうした増減は何によるのだろうか。先の発想でいえば，社会で発生する犯罪数が増加したから認知件数も増加した（その逆も）ということになるのだろう。しかしながら，認知件数の増減には，それ以外の要因も考えられる。とりわけ，急激な変化についてはそうであろう（なんの理由もなく（たとえば大きな社会環境の変化もなく），人びとが急激に（1年単位で）犯罪的になったり，ならなかったりするだろうか）。

警察が犯罪の発生を知る態様には，大きく分けて2種類ある。ひとつは，警察自らがその発生を知る場合であり（現認），もうひとつは，被害者からの届出，あるいは，目撃者からの通報等によって知る場合である。前者を能動的認知，後者を受動的認知という。

能動的認知であれば，警察がパトロールや取締りを強化すれば，認知件数は増えるだろう（交通取締りをイメージしてほしい）。このことは全体としての件数だけでなく，どのような罪種に取締りの重点を置くかによって，罪種ごとの認知件数の変化にも影響を及ぼす。すなわち，警察の活動方針によって，認知件数は変化するのである。

他方で，受動的認知であれば，なんらかの事情で，人びとが積極的に警察に犯罪（とされる行為）を届出る，通報するようになれば，認知件数は増えるだろう。さらにいえば，そうした人びとからの届出を警察が積極的に犯罪として受理すれば（警察としてそういう活動方針をとれば），その傾向は拍車を増す（後述するように，警察は，検挙が難しそうな事件については，犯罪として受理することに消極的であることもある）。こういう仕方でも，警察の活動方針が認知件数に影響を及ぼすのである。これについては，セクハラやアカハラを例にとればわかりやすいだろう。近年，これらの件数が増えているが，このことは，最近になってこの種の行為が（急に）増えたからというだけではないだろう（そのように呼ばれていたかどうかはともかくとして，この種の行為は昔からそれなりにあったはずである）。この種の行為に対する人びとの意識が変化し，被害者が積極的に訴えるようになったり，また，訴えやすい制度や仕組みが設けられたことで（さらには，訴え出ることを奨励することで），表に出てくる件数が増えたと考えられるからである。

検挙率

　検挙率は，「検挙件数／認知件数×100」の計算式で得た百分比である（凡例『犯罪白書』より）。先のグラフ（図2-1）をみると，検挙率も大きく変化している。検挙率は，一般には，警察の捜査能力を量る指標として用いられがちであるが，そのようなとらえ方には問題がある。たとえば，平成13（2001）年に検挙率が最低となっているが，この時期，警察の捜査能力は（劇的に）低下していたのだろうか。

　この時期の検挙率の低さは，もっぱら認知件数（分母）の増加による（平成14（2002）年に最高値を示す）。また，検挙件数（分子）は平成13（2001）年に向けてその数年前から緩やかに減少している。認知件数（犯罪）が増加する一方で，検挙件数が減少したわけであるから，治安という観点からは看過できない状況であろう。しかしながら実態はそうではない。

　ここで鍵となるのは，「前さばき」と「余罪の追及」である。前さばきとは，たとえば，犯罪の被害があったとして届出があっても，これを検挙できる可能性が低いと警察が判断した場合は，書類を作らないで済ます（すなわち認知しない）ことをいう。これは，手間を省いて，より検挙可能性が高い，あるいは，検挙の必要性が高い事件に人的資源を投入するために行われるものである（河合幹雄（2004）『安全神話崩壊のパラドックス』岩波書店，41頁）。詳細は割愛するが，平成14（2002）年を頂点とする急激な認知件数の増加は，警察がこの時期に前さばきをやめたことによるといわれる。すなわち，警察の方針転換により，検挙が難しいもの（そこには事件性が疑わしいものも多数含まれる），あるいは，検挙の必要性が低いもの（すなわち軽微な事件）が積極的に認知されたのである。

　他方で，検挙件数の減少は，余罪の追及を控えたことによる（補足すれば，余罪の追求による犯罪発生の認知は，能動的認知である）。多くの窃盗犯は，捕まるまで犯行を繰り返すといわれる。したがって，検挙された時点で，けっこうな数の余罪がある（たとえば，ピッキング盗が5万件認知されたとして，これは，5万人のピッキング犯が1件ずつというのではなく，500人が平均100件の犯行におよんでいたりする（前掲・河合・75頁））。犯人が逮捕されたさいに，余罪の追及を丁寧に行えば（たとえば先の例で，100件すべてを処理すれば），検挙率は上がるが，余罪

追求を数件でやめた場合，検挙率は大幅に下がる。

おそらくこの時期は，前さばきをやめたことで，警察の業務負担が増え，丁寧な余罪追求ができなくなったのだと思われる。しかしながら，この場合の検挙率の低下は，犯人が捕まっていないことを意味しない。事実，先のグラフ（図2-1）からもわかるとおり，この時期の検挙人員数に大きな変化はない（むしろ緩やかに上昇している）。余罪追求を控えることで，検挙率が低下しても，警察の捜査能力は低下していないのである。

検挙率についても，警察の活動方針によって（大きく）変化することが理解できただろう。

受刑者数

さて，犯罪統計の変化は警察によるものだけではない。ここではその例として，受刑者数の変化についてみてみよう。次のグラフ（図2-2）は，刑務所に収容されている受刑者数の推移を表したものである。先のグラフ（図2-1）と併せてみてほしいのであるが，認知件数が平成9（1997）年から（顕著な）増加傾向をみせるのに対して（なお，検察庁新規受理人員（一般刑法犯＆道交法違反を除く特別法犯）が（顕著な）増加傾向を示すのも平成9（1997）年からである），受刑者数は平成6（1994）年から増加する（1年ごとの新規受刑者数についても同じ）。すなわち，受刑者数の増加が犯罪数（認知件数）の増加に先行するのである。犯罪が増えたから受刑者が増えたと考えるのがふつうだとしたら，これはどういうことなのだろうか。

検察庁新規受理人員と受刑者数との関係について補足すれば，1980年代前半と2000年代半ばとを比較すると，後者では，検察庁新規受理人員は減少しているにもかかわらず，受刑者数は大幅に増加している。また，検察庁新規受理人員，受刑者数ともに1990年代半ばから増加傾向をみせるものの，受刑者数の増加の勢いは検察庁新規受理人員のそれを大きく上回っている。なぜそうなるのだろうか。

端的にいえば，統制側の活動方針の変化（厳罰化）が原因である。刑事制度へのインプット（世の中で発生したとされる犯罪とされる行為の数）が同じであっても（極端なことをいえば，減少しても），刑事制度の各段階における決定（犯罪

図2-2 刑事施設の年末収容人員・人口比の推移

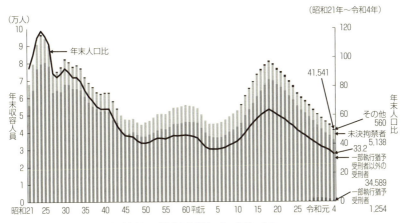

注 1 行刑統計年報，矯正統計年報及び総務省統計局の人口資料による。
　　2 「年末収容人員」は，各年末現在における収容人員である。
　　3 「その他」は，引致状による留置者，被監置者及び観護措置の仮収容者である。
　　4 「年末人口比」は，人口10万人当たりの各年末現在における収容人員である。
出典：『令和5年版犯罪白書』2-4-2-1図。

への対応）が厳しくなれば，すなわち，警察段階における送検率の上昇（微罪処分率の低下），検察段階における起訴率の上昇（起訴猶予率の低下），これに伴う，公判請求率の上昇（略式命令請求率の低下），裁判段階における実刑率の上昇（執行猶予率の低下），これに伴う，言い渡し刑期の長期化，刑の執行段階における仮釈放率の低下，あるいは，仮釈放が認められた場合の刑の執行率の上昇があれば，受刑者数は増加する。

　要するに，刑事制度の各段階で（さらには，その入口のところでわれわれが），犯罪とされる行為に厳しく対応すれば，犯罪者は増加し，緩やかに対応すれば，犯罪者は減少するということである。だとすれば，犯罪統計については，犯罪とされる行為の実態を表すものというよりは，刑事制度の作動（各段階での活動方針），すなわち，刑事政策を表すもの（少なくとも，犯罪をする側とそれを統制する側の相互作用の結果）とみたほうがいいのではないだろうか。

1　犯罪統計

刑務所に入るのは誰か

補足として，刑務所にはどういう人たちが入っているのかをみておこう。

次のグラフ（図2-3）は，入所受刑者数の罪名別構成比である。男性の約6割が，女性にいたっては約8割が窃盗か覚醒剤取締法違反での入所である。刑期でみると（図2-4），男性の約8割が，女性の約9割が3年以下の刑期である。重大犯罪であれば，刑事制度の各段階における裁量の幅も狭くなると思われるが，上にみたように，入所の原因となっている犯罪のほとんどはそうではない。したがって，入所受刑者数，さらには，具体的に誰が入所することになるのかは，もっぱら刑事制度の対応（刑事政策）にかかっているということができるだろう。

2 ｜ 犯罪現象

犯罪統計が何を表すものかについて述べてきた。それは，統制側からみて，何を犯罪とするか，どれだけの人を刑務所に入れるかの選択に関係していることがわかっただろう。次に，その延長線上で，犯罪とは何か，それはどういう現象かを探ってみたい。

犯罪はそこにあるか

盛り場での酔っ払い同士の喧嘩で，一方が他方を殴りつけて怪我を負わせたとしよう。刑法204条（傷害罪）に該当しそうな事件の発生である。Capter 1でも述べたように，このことを（なんらかの仕方で）警察が知るところとなれば，警察による捜査が始まる（刑訴法189条②）。

殴られた側，あるいは，目撃者が「これは犯罪だ」（あるいはそのようには考えなかったけれども，ともかく放っておけない）と思って，警察に知らせれば，警察は本件を「犯罪だ」と認知するかもしれない。そうなれば，傷害罪の認知件数「1」ということになる。

誰も警察に知らせなかったらどうだろうか。暗数という概念を用いれば，犯罪は発生したが，警察の知るところとならなかったので，暗数「1」となるの

図2-3 入所受刑者数の罪名別構成比

(令和4)

	窃盗	覚醒剤取締法	詐欺	道路交通法	傷害	強制性交等 2.2	その他
男性 (12,906)	34.6	22.0	9.4	5.7	3.8		22.3

			殺人 1.6	横領・背任 1.5	
女性 (1,554)	51.3	27.2	8.5	3.0	6.9

注 1 矯正統計年報による。
　 2 「横領」は，遺失物等横領を含む。
　 3 （ ）内は，実人員である。
出典：『令和5年版犯罪白書』2-4-2-6図。

図2-4 入所受刑者の刑期別構成比

(令和4)

	1年以下	2年以下	3年以下	5年以下	5年を超える
男性 (12,856)	21.0	33.3	25.0	14.3	6.3
女性 (1,554)	24.4	40.7	23.4	8.9	2.5

注 1 矯正統計年報による。
　 2 不定期刑は，刑期の長期による。
　 3 一部執行猶予の場合は，実刑部分と猶予部分を合わせた刑期による。
　 4 「5年を超える」は，無期を含む。
　 5 （ ）内は，実人員である。
出典：『令和5年版犯罪白書』2-4-2-7図。

だろう。では，これはただの喧嘩だから放っておいてもかまわない，すなわち，殴られた側も，目撃した者も「犯罪だ」と思わなかった場合はどうだろうか。この場合，犯罪は発生したのだろうか。あるいは，そう考えるべきだろうか。

　こうした問題は，届出・通報の場面にかぎったことではない。届出・通報を受けた警察が「ただの喧嘩だ」と判断すれば（たとえば，殴った側も殴られた側もふつうの会社員で，傷害の程度も軽ければ，警察はそのような行為を「犯罪だ」とは評価しないだろう（他方で，暴力団員等が関与する場合は，ただちに刑事事件として立件されるだろう）），たとえ被害者が，あるいは，目撃者が「犯罪だ」と思っていたとしても，警察はその行為を犯罪として認知しないだろう（示談を勧める

ことはあるかもしれないが）。この場合も犯罪はあったのだろうか。

　刑法学では，犯罪は「構成要件に該当する違法で有責な行為」と定義される。
したがって，そのような行為が行われれば，それが犯罪であり，犯罪は発生し
たことになる。先の例でいえば，一方が他方をわざと殴って，その結果，殴ら
れた側が怪我をした（人の生理的機能に障害が生じた）のであれば，そして，そ
れが自己または他人の生命や身体を守るためにしたやむをえない行為ではなく
（すなわち，正当防衛等の要件を充たしておらず：刑法36条），さらには，殴った側
がお酒を飲みすぎたことで重度に酩酊していなければ（すなわち，責任能力等が
あれば：刑法39条），そのような行為は犯罪であり，犯罪はあったということに
なる。

　しかしながら，社会的にみれば，犯罪とただの喧嘩は異なるだろう。また，
示談で済んだものを，あえて犯罪ととらえることに，どのような意味があるの
だろうか。

犯罪とはどのようなものか

　犯罪とされる行為だけでは，犯罪はそこにはない（犯罪はそれ自体としてそこ
に存在するものではない）。犯罪があるのは，誰かがそれを「犯罪だ」と評価し
たからである。先の例でいえば，被害者が，あるいは，目撃者が「犯罪だ」と
思ったから，そして，警察が「犯罪だ」と判断したからである。こうした判断
は，検察，裁判所へと進み，最終的に，裁判所で「犯罪だ」と判断されれば，
すなわち，有罪となれば，その行為は公的に犯罪となる（法執行による犯罪化）。

　繰り返しになるが，形式的に傷害罪に該当する行為であっても，ただの喧嘩
だと判断されれば犯罪ではない（他にも，コンビニでの万引きは窃盗罪（刑法235条）
に該当するが，それを発見した店側が警察に通報しなければ（たとえば，保護者に連絡
を取り，弁償，謝罪でことを収めれば），少なくとも公的には犯罪ではない）。すなわち，
犯罪は，それを「犯罪だ」と評価する作用を抜きにしては存在しえないのであ
る（それゆえに，同じような行為であってもその結果が異なるのである）。

　もちろんその前提として，そのような行為が，あらかじめ法律で犯罪として
規定されていなければならないが（罪刑法定主義），これも誰かによる「犯罪だ」
との評価である。そのような行為類型を，他の行為と区別して犯罪としている

からである（立法による犯罪化）。

犯罪とされる行為には実に様々なものがある。その一方で，同じように有害な行為であるにもかかわらず，犯罪とされていないものもある。そのような行為の側に，共通の要素（犯罪とされる行為には必ずあるが，犯罪でない行為には絶対にないもの）をみいだすことは不可能であろう。犯罪とされる行為に唯一共通するのは，その行為を「犯罪だ」と評価する作用である。だとすれば，犯罪の本質は，行為に内在するものではない。それは，その行為を「犯罪だ」とみなす側にあるのである。いいかえれば，犯罪は，認識する主体から独立に存在するものではなく，認識する主体によって構築されるものなのである（なお，前項で触れた，認知件数と暗数によって犯罪発生件数を把握しようとする発想には，これとは逆に，「犯罪はそれを認識する主体から独立に存在する」との犯罪観がある）。

法執行による犯罪化

犯罪がそこにあるのは，誰かがそれを「犯罪だ」と評価したからだと述べたが，もちろん，その誰かは誰でもいいわけではない。公的には，刑事制度による「犯罪だ」との評価を経て犯罪となる。したがって，実際にどのような行為が犯罪とされ，誰が犯罪者とされるのか（さらにいえば，誰が刑務所に入るのか）は，先にみた，刑事制度の各段階での決定による。この意味で，刑事制度の作動（法執行過程）は，「犯罪を作り出す」過程でもある。

だとすれば，刑事制度の各段階における決定がどのようになされているのか，すなわち，何がそれを規定しているのかを明らかにすることが重要となる（おそらくそれは，対象となる行為をその一部としながらもそれを超えたものであろう）。それこそが，「犯罪だ」との評価，言い換えれば，犯罪を構成する重要な要素だからである。そして，そこで明らかにされた事実，すなわち，刑事制度のあり方を踏まえたうえで，それが妥当であるか否かをあるべき刑事制度の観点から検討し，妥当でないならば正していくことが，刑事政策学の課題となる。

先に，刑務所にはどういう人たちが入っているのかを確認した。他にも，個人的な属性などの特徴がみいだせるかもしれない。そうした特徴は，犯罪とされる行為をした人の特徴だということもできるが，前述の視点（刑事制度の作動は「犯罪を作り出す」過程である）に立つならば，そうした特徴を備えた人た

ちが刑事制度によって選択的に対象とされた結果だとみることもできる（たとえば，ある種の人びとが他の人びとに比べて起訴される可能性が不釣合いに高いというように）。これについては次のような説明がある。「豊かで権力を持つグループに属する人々は，刑事司法制度の一連の決定段階のどこかで，処分されないように故意に引きぬかれてしまうので，このシステムの究極的な結果をみると，貧しくまた権力をもたないグループに属する人々が，不釣合に多く有罪判決を受けたり刑務所に収容されたりするようになる」（ヴォルド＝バーナード（1986＝1990）『犯罪学』東京大学出版会，12頁）。

　このように，法が不公平に適用されることを選択的法執行（Selective Sanction）というが，もしこうしたことがあるならば，それを正していく必要があるだろうし，犯罪や犯罪者を実体視することは，誤った犯罪対策へと導くことになるだろう。

立法による犯罪化

　選択的であるのは法執行だけではない。どのような行為を犯罪とカテゴライズし，どのような行為を犯罪とカテゴライズしないかも選択的である。有害な行為，望ましくない行為のすべてが犯罪とされているわけではなく，その一部が立法により犯罪とされるのであるが（刑法の断片性），そこに明確な基準はない。しいていえば，われわれが「犯罪だ」とする行為が犯罪なのである。したがって，その選別は恣意的である。

　こうした例として，街頭犯罪は厳しく取り締まられるのに対して，企業犯罪はそうではないことがよく指摘される。「企業の経営陣の行為の結果引き起こされた重大な傷害や死亡事件については，極めて緩やかな法が適用されている。大勢の人々に傷害や死をもたらすような決定を故意に行った最も悪辣な例でさえ，まったく犯罪と定義されないこともある。もしそれが犯罪と定義された場合でも，それに対する刑罰は最低限のもので，かたちだけのものに限定されるであろう」（前掲・ヴォルド＝バーナード・13頁）。

　近年，次々と新たな刑事立法がなされ（それゆえに，2000年以前の「ピラミッドのように沈黙する」といわれた時代との対比で，刑事立法の時代といわれたりもする），それまで犯罪でなかった行為が新たに犯罪とされたり（たとえば，ストーカー規

制法における「つきまとい」行為），従来の法定刑を変更する（もっぱら重くする方向で）改定もなされている。これらの刑事立法はどのようになされたのだろうか。

　いうまでもなく，形式的には，立法は国会で国会議員によってなされる。しかしながら，そこに至る過程は様々である。ベッカーは，こうしてできあがる規則（何を犯罪とし，それにどのぐらいの刑罰を科すか）を，何者かのイニシアティブの産物，すなわち，自らの道徳に基づいて特定の行為を問題化し，専門家やマスメディアに働きかけて，そのような行為を取り締まる規則を作り上げようとする人びとの諸活動の結果ととらえ，このような企画を展開する人びとを「道徳起業家」として分析した（ベッカー（1973=2011）『完訳アウトサイダーズ』現代人文社，第8章）。

　その含意は，第1に，こうした規則はアプリオリなものではなく，誰かによって作られたものであること，第2に，こうした規則は普遍的なものではなく，誰かの利害，特定の利害が反映されたものであることである。一般的にいって，「貧しくまた権力をもたないグループに属する人々」の利害よりも，「豊かで権力をもつグループに属する人々」の利害のほうが反映されやすいだろう（たとえば，子どもよりも大人の利害のほうが，あるいは，労働者よりも企業経営者の利害のほうが反映されやすいだろう）。特定の利害を（過剰に）反映するがゆえに，できあがった法律に問題があることも少なくない（たとえば，取り締まる必要のない行為が犯罪とされていたり（むしろ取り締まることで問題が生じたり），過剰に重い刑罰が科されていたり，逆に，取り締まられるべき行為が犯罪とされていなかったり，されていても科される刑罰が不合理に軽かったり，というようにである）。また，そうした利害の反映によって，誰が犯罪者となるかが規定されるということにも注意が必要である。したがって，立法過程についても，あるべき刑事制度の観点から批判的に検討する必要がある。

　上で述べたように，刑法がどのように制定され（立法による犯罪化），それがどのように執行されるかによって（法執行による犯罪化），犯罪の量や犯罪者の特徴が規定される。刑事制度に取り込まれた者は，犯罪とされる行為をした者の一部にすぎない。また，これらの人びとは，カテゴリーとしての犯罪が変われば，被検挙者，有罪者，受刑者にならなかった人たちかもしれない。このよ

うな人たちをサンプルとして犯罪の原因や犯罪者の特徴を論じたところで，そこから導き出される結論にどれだけの妥当性があるのだろうか。これらは，犯罪の原因を検討するさいに留意すべき点であろう。

3 | 犯罪の原因

犯罪の原因については様々な説明が可能である（後述するとおり，実際に多様な説明がある）。どこに注目するかによって，主たる原因が異なるからである。たとえば，コミュニティーに注目すれば，その機能不全が原因とされるだろうし，刑事制度に注目すれば，警察力の低下，あるいは，犯罪者への寛容な対応が原因とされるだろう。また，経済状況に注目すれば，景気の悪化，それによる失業率の上昇や貧困が原因とされるだろう。あるいは，そうした行為者の外部環境ではなく，行為者自身の問題，たとえば，生物学的，心理学的特徴に注目すれば，その特定の態様が原因とされるだろう。

こうした状況を許すのは，犯罪行動の多様性とその複雑性である。どのような行動を説明しようとするのか，また，その原因をどこまで遡るのか（どの次元で説明するのか）については様々に設定が可能であるから，その設定ごとに多様な説明が併存しうるし，他方で，人間の行動原理は複雑であるから，そこで用いられるデータはその複雑性に対して部分的なものにならざるをえず，それゆえに，「強固な」知見を示すことが難しいのである（それゆえに，犯罪学においては，最も基本的な事実のいくつかがいまだ論争のさなかにある）。

したがって，これから紹介する理論については，どれが正しくて，どれが間違っているかということ（また，その優劣）はそれほど重要ではない（それぞれの理論はそれぞれに限定された射程において有効性・妥当性を目指すものである）。それよりも，そのような結論に至るのは，犯罪（あるいは，それをめぐる問題）をどのようにみているからなのかに注目してほしい（さらにいえば，なぜそのようにみるのかにも注目してほしい）。

いうまでもなく，何を原因ととらえるかによって，対策案も異なってくる。先ほどの原因についていえば，コミュニティーの活性化，警察力の増大，あるいは，厳罰化，経済対策や就労支援，治療やカウンセリング等によるその除去

が、それぞれに対応する、とるべき対策となるだろう。このように、犯罪問題をどのようにとらえるかによって、とるべき対策、またこれに関係して、あるべき刑事制度も変わりうるのである。

なお、以下ではもっぱら社会学的な理論を紹介するが、このことは、それ以外の理論が重要でないことを意味するわけではない（生物学的理論、心理学的理論については、さしあたり、岡本英生・松原英世・岡邊健（2017）『犯罪学リテラシー』を参照してほしい）。また、以下で取り上げる理論は、米国で生み出されたものであり、米国特有の社会的・文化的状況を背景とするものであることに留意されたい。

社会解体論

まず、犯罪の原因との関係で注目されたのが都市である。その中心的な舞台は、19世紀後半から20世紀初頭にかけてのシカゴであった。当時のシカゴは、急激な都市化により種々の社会問題に直面するのであるが、そのひとつが犯罪だったのである。

パークとバージェスは、動植物の共生と棲み分けのパターンを分析する生態学の手法を用いて、人びとの階層移動と都市の拡大を分析する。その結果、シカゴなどの近代都市は、中心部を取り巻く同心円によって、5つの地域に分けられると考えられた。これが「同心円理論」である（図2-5）。

Iは、都心地域であり、オフィスビルやデパート、ホテル、市役所などが密集する。IIは、遷移地帯（Zone in Transition）であり、中央の商業地からの侵入を受ける地域である。この地域には、軽工業の工場街や安価な住宅・宿泊施設がある。これらは、いずれIからの侵入を受けて取り壊されると予想され、老朽化したままに放置される。IIIは、労働者住宅地帯で、裕福ではないが、かといって貧しくもない工場労働者が住む地域である。もっぱら、IIの地域から（成功して）逃れてきた人たちによって占められる。IVは、住宅地帯で、裕福な人が住む高級アパートや一戸建て住宅があり、中流階層の人びとが住んでいる。Vは、通勤者地帯で、上流階層の人びとが住む郊外住宅地である。

このうち、犯罪率が高いのは、IIの遷移地帯である。ショウとマッケイが、同心円理論に基づいて、シカゴの非行等の分布を調査したところ、このことが

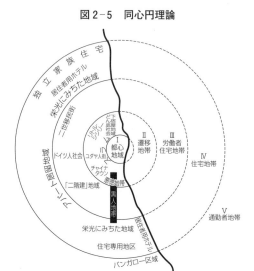

図2-5 同心円理論

出典：Park, Robert. E., Ernest W. Burgess & Roderick D. Mckenzie（1925=1972）『都市：人間生態学とコミュニティ論』（大道安次郎・倉田和四生訳）鹿島出版会, 53頁。

明らかになる。他にも，遷移地帯には移民と黒人が多く，人口移動が激しいこと，遷移地帯は経済水準が最も低く，その他の社会問題も抱えていること，さらには，遷移地帯では，居住者の民族構成が変わっても高い非行率が維持されていることが示された。最後の点は，非行は特定個人や特定集団の生物学的な要因によるものではないこと，さらには，非行の伝統は世代から世代へと伝達されることを示唆するものである（文化伝播理論）。

では，なぜ遷移地帯では犯罪率が高くなるのだろうか。それを説明するのに用いられるのが「社会解体」という概念である。遷移地帯の特徴は，貧困（日々の生活に追われ，子どもや周囲の出来事に関心を払う余裕がなく，それゆえ，子どもたちはしつけもされず放置される），異質な文化的背景の混在（互助や相互監視が働かない），住民の移動率の高さ（地域への愛着が形成されない）である。こうした状況では，伝統的な価値観，行動様式，慣習などの規範が弱まる一方で，これに代わる新たな規範が確立されない。すなわち，共通の価値や行動基準が組織化

されておらず（解体しており），地域社会におけるインフォーマルな統制が欠如
しているのである。「社会解体論」は，このような状況下で犯罪発生が促され
ると考えるのである。

学習理論

　学習理論とは，犯罪行動は学習されるというものである（したがって，犯罪は
遺伝によるものではない）。その代表的な理論がサザランドの「分化的接触理論」
である。「文化伝播理論」が示唆するように，非行が世代から世代へと伝達さ
れるなら，それはどのように行われるのか。「分化的接触理論」は，この問い
に答えようとするものでもある。

　学習内容には，「犯罪遂行の技術，動機，衝動，合理化，態度等の特定の方
向付け」が含まれる。動機や衝動の特定の方向付けは，「法規範の肯定的また
は否定的意義付けから」学習される。そして，これらが学習されるのは，「コミュ
ニケーションの過程における他の人々との相互作用」においてである。したがっ
て，親密な私的集団のなかで接触する人びとが，法違反に対してどのような意
味付けをしているかが決定的に重要である。

　分化的とは，第1に「社会組織の分化」を指し，第2に「接触過程の分化」
を指す。社会組織の分化とは，社会には法違反に対する態度が異なる社会集団
が様々に存在する（犯罪を好ましいものとみる集団もあれば，好ましくないものとみ
る集団もあり，その程度も様々である）ことである。接触過程の分化とは，こうし
た集団への接触の仕方（その順序，頻度，期間，強度）が個人によって様々に異
なるということである。

　人は，分化的接触をとおして犯罪行動を学習し，「法違反の肯定的意義付け
がその否定的意義付けを超過するときに犯罪者となる」のである。これが，「分
化的接触理論」の中心的命題である。

　サザランドがこのように考えたのは，次の一節が示すように，一般的な欲求
で犯罪行動を説明することはできないと考えたからである。

　　窃盗犯人は通常金を得るために盗みをするが，正直な労働者も同じく金を得るため
　に働く。大勢の学者が犯罪行動を幸福原理，権勢欲，金銭的動機，欲求不満などの一

般的な欲望および価値によって説明しようとしては失敗してきた。それは今後も同様であろう。なぜなら，それらは犯罪行動を説明すると同じくらい完全に遵法行動をも説明するからである。

（サザランド＝クレッシー（1974=1974）『新版・犯罪の原因〈犯罪学Ⅰ〉』65頁）

「分化的接触理論」を用いれば，貧困層，マイノリティー・グループ，若年層，男性，都市の住民といった属性をもつ人びとに特徴的な犯罪率の高さが，統一的に説明できる。そのいずれもが，犯罪的な考え方や行動への接触を容易にするものだからである。

緊張理論

緊張理論とは，ストレスや緊張状態が犯罪の発生を促すとするものである。その代表的な理論がマートンの「アノミー論」である。先の「分化的接触理論」がミクロな相互作用に注目するのに対して，「アノミー論」はマクロな社会構造に注目する（すなわち，社会構造が緊張状態を生み出すと考える）。また，「分化的接触理論」が接触によって人びとが犯罪へと引き込まれる過程を説明する（さらにいえば，「分化的接触理論」は「朱に交われば赤くなる」というだけで，最初の朱がどのように発生するのかについては説明していない）のに対して，「アノミー論」は人びとを犯罪へと押しやる過程を説明する。

では，マートンのいう構造的緊張とはどういうものだろうか。次の一説が，これを簡潔に説明してくれる。

逸脱的行動が大規模に生ずるのは，つぎのような場合にほかならない。すなわち，一方では，文化的価値体系が，一般の人々に対して一定の共通な成功目標を事実何にもまして賞揚しながら，他方，社会構造上では，大部分の人々に対して，かような目標達成のための是認された道が厳しく制限されたり，全く閉ざされている場合である。

（マートン（1957=1961）『社会理論と社会構造』136頁）

社会には，人びとが共通に追い求める文化的目標がある。それは，文化によって規定された社会のすべての構成員に共通する願望である。マートンによれば，

当時の米国におけるそれは「富の獲得」であった。ところが，こうした目標は誰にでも達成できるものではない。それを達成するための制度化された手段は，万人に等しく与えられていないからである（たとえば，高等教育を受ける機会は家庭の経済状況や所属階層，エスニシティによって異なるだろう）。マートンは，このような文化的目標と制度化された手段との不均衡な状態（目標を実現するための手段が不平等に分配されている状態）をアノミーと定義し，これが人びとに緊張をもたらすというのである。

　一般的にいって，こうした緊張は下流階層に集中的に生じる。制度化された手段の獲得可能性は，人びとの社会構造上の位置付けによって規定されるからである（それゆえに，マートンの手法は社会構造的アプローチといわれる）。他方で，こうした緊張が生じるのは，彼らが文化的目標を捨てないからでもある。この場合，彼らがとりうる選択肢は，非合法な手段を用いてでも富を獲得することであろう。こうして，アノミーが人びとを犯罪へと駆り立てるのである。

　人びとが富の追求（文化的目標）をあきらめないのは，社会がそれを（過度に）煽るからである。すなわち，「「大望」というアメリカの基本的な美徳が「逸脱行動」というアメリカの基本的な悪徳を促している」のであり，こうしてマートンは，米国というもっとも豊かな社会のアイロニー（意図せざる結果）を指摘したのである。

統合理論

　緊張理論の冒頭でも述べたとおり，「分化的接触理論」と「アノミー論」は相互補完的である。そこで，これらを統合しようとする理論が現れる。ここでは 2 つの理論を紹介しよう。

　まずは，コーエンの「非行下位文化論」である。

　社会の支配的な規範は，中流階層のそれである。たとえばそれは，①大志（長期的な報酬を重視する姿勢），②個人責任，③学業，④勤勉，⑤合理性（計画性），⑥暴力の抑制，⑦私的財産の尊重といった価値を重視する。中流階層の人びとがこのような規範を身につけているのに対して，下流階層の人びとは，これとは正反対の規範を身につける傾向にある（たとえば，計画的であることは忌避され，個人責任の倫理よりも互酬性の倫理が重んじられる）。

学校は中流階層の価値観で埋め尽くされている。そうした学校に中流階層の少年たちは容易に適応できるが，下流階層の少年たちはそうではない。彼らは，異なる価値観への適応という問題に直面するのである（さらには，その延長で社会的な成功が望めないことを悟り，さらなる緊張を強いられることになる）。

　こうした緊張状態に対処するひとつの方法が，中流階層に敵意を示すとともに，中流階層の規範をきっぱりと拒絶し，非功利主義的な態度をとったり，短絡的な快楽を追求することで，自分たちの集団の自律性を強調することである。非行少年たちがもつこうした独特の文化が「非行下位文化」である。それは，中流階層的な価値観が支配する社会に対する反動形成によって生じたものだといえるだろう。できることなら中流階層の規範にしたがって成功したいが，それは到底叶わぬ望みであるから，あえて中流階層の規範とは正反対の価値に身をおこうとするのである。学校で優秀な成績をあげられなくても，あるいは，ずば抜けたスポーツの才能がなくても，万引きや喧嘩をすれば，すなわち，自分たちの規範にしたがって行動すれば，非行グループ内では認められ，しかるべき地位が与えられる。このように，非行グループ内部での地位やメンバーシップを獲得するために，下流階層の少年たちは非行へと走るのである。

　「非行下位文化論」は，このように，緊張によって背中を押された後の過程（サザランドが分析した犯罪へと引き込まれる過程）を詳細に分析することで，「アノミー論」を補ったということができるだろう。

　次は，クロワードとオーリンの「分化的機会構造論」である。本理論は，その名前からもわかるとおり，機会，とりわけ非合法的な機会に注目する。

　「アノミー論」は，合法的な機会（制度化された手段の入手可能性）に注目し，それが得られない場合に人びとは犯罪に押しやられるとしたが，他方で，非合法な機会は社会にあまねく存在すると考えていた。すなわち，非合法な手段はその気になれば誰もが容易に入手できるかのような前提に立っていたのである（それゆえに，犯罪発生の説明にあたって，社会的緊張の発生だけをとりあげていたのである）。

　しかしながら，合法的な機会に反比例して非合法な機会が一律に存在するわけではない。個人の社会構造上の位置付けによって合法的な機会の入手可能性が異なるように，非合法な機会の入手可能性も異なる。さらには，どのような

非合法な機会が得られるかは，個人が属する下位文化によって異なるのである。こうして，「分化的機会構造論」も，「アノミー論」の足りない部分を補うのである。

クロワードとオーリンは，このような下位文化は，非合法な機会の入手可能性（それは，コミュニティーにおける行為者年齢の多様性と価値の混在状況（合法的価値を重視する者と非合法的価値を重視する者がどの程度混ざりあっているか）に規定される）に応じて，財産犯的下位文化，暴力的下位文化，逃避的下位文化の3つに分化するという。

財産犯的下位文化は，非合法な手段によって物質的成功や権力の獲得を目指すことが日常的な文化である。こうした文化が発展するためには，様々な年齢の犯罪者が統合されており，少年たちが模範とするような成功した犯罪者モデルの存在が必要である。また，実行した犯罪から確実に利益が得られるように，盗品を買い取ってくれる者や悪徳弁護士などの媒介者（合法と非合法とを接続する者）が必要となる。様々な年齢から成り立つ集団にいる者は，先輩に気に入られようとして破壊的な行動を避けようとする。すなわち，こうした集団が非行少年の行動を統制しているのである。

暴力的下位文化は，武器使用などの暴力が目立つ文化である。こうした文化は，凝集性を欠くスラムにみられる。こうした地域は年齢に多様性がなく，合法的価値が欠落している。また，人口移動が激しく，社会関係が不安定なため，財産犯的下位文化にみられるような統制がない。それゆえ，破壊的な行動をしてでも周囲から認められようと暴力的な文化が生じやすいのである。

逃避的下位文化は，他者との関係が崩壊した個人が，その孤立した状況から現実逃避を図ろうとする文化である。こうした文化は，コミュニティーの急激な変動により，財産犯的成功や暴力によるアピールもできない（アピールする聴衆すらいない）状況で，もっぱら薬物やアルコールに耽溺する，いわば二重の失敗を経験した者に代表される。

新しい理論

新しい理論といっても，1960年代に登場した理論である。では，何が新しいのか。これから紹介する3つの理論は，これまでの理論とはその視点がまっ

たく異なるのである。犯罪学の転換が起こったといってもいいだろう。

まず，マッツァの「漂流理論」を紹介しよう。

これまでの理論は，ある種の条件が揃えば（犯罪文化に染まることで，緊張が存在することで）人は（自動的に）犯罪を行うというように，そこに行為者の意思は無視されていた。いわゆる決定論である。マッツァはこの前提に疑問を投げかける。

> 実証主義犯罪学は，科学的決定論に基づいて犯罪行動を探求するのに適するよう人間のイメージを作り上げる。人間は自由に振る舞うとともに，理性をもつ。それゆえに選択の余地があるとする見解は排斥される。
>
> （マッツァ（1964=1986）『漂流する少年』7頁）

選択（自由意思）という概念は科学的考察の邪魔になる。それゆえ，その可能性は取り除かれるが，犯罪者は，彼の抑制できない力によってまっしぐらに犯罪へと導かれるわけではない。彼らも犯罪の実行にあたっては，とまどいもするし罪悪感も感じる。それゆえに，規範的な拘束や責任を逃れるために様々な言い訳や正当化を行っており，マッツァはそこに行為者の主体性をみる。

また，罪悪感を感じるということは，彼らも支配的な合法的価値体系を身につけているということである（したがって，犯罪的な規範にのみ縛られた特殊な存在ではない）。事実，彼らは四六時中非行を行っているわけではない（また，非行の大半は一過性のものである）。チャンスは無数にあっても，多くの場合，慣習や道徳に縛られて，非行に着手できないでいる。けれども，ときに言い訳や自己正当化によって周囲からの批判をかわし，こうした束縛から解放されることがある（そのさいに用いられる技術を「中和の技術」という）。マッツァは，こうして，一時的に規範的な拘束から開放されることを，「漂流」と呼ぶのである。

次は，ベッカーの「ラベリング論」である。

これまでの理論は，犯罪はアプリオリにそこにあるものと考えられていた。すなわち，犯罪という実体がまずあって，そこに刑法が適用されると考えるのである。ベッカーはこの前提に疑問を投げかける。

社会集団は，これを犯せば逸脱となるような規則をもうけ，それを特定の人びとに適用し，彼らにアウトサイダーのラベルを貼ることによって，逸脱を生みだすのである。この観点からすれば，逸脱とは人間の行為の性質ではなくして，むしろ，他者によってこの規則と制裁とが「違反者」に適用された結果なのである。逸脱者とは首尾よくこのラベルを貼られた人間のことであり，また，逸脱行動とは人びとによってこのラベルを貼られた行動のことである。

（ベッカー（1973＝2011）『完訳アウトサイダーズ』8頁）

　すなわち，犯罪は刑法が適用された結果であり，そうすることで生み出されるものだと主張するのである。

　ここには3つの命題がある。第1に，規則は作られるものである。第2に，選択的法執行（作られた規則は万人に平等に適用されるとはかぎらない）。第3に，ラベルが行為を規定する。前の2つについては本Chapter第2節（犯罪現象）で詳しく述べたので，最後のものだけ説明しよう。

　ここでは，「アウトサイダー」のラベルを「犯罪者」としてみていこう。すなわち，犯罪者であるとのラベルを貼られることで，その後の行動が決まってくるということである。そのメカニズムは次のとおりである。

　①いったん犯罪者とされた者は，周囲の人からまた犯罪をするのではないかと恐れられ，排除される。②排除されると，まっとうな生活を送る機会が閉ざされるので，やむを得ず再び犯罪をする。③それをみて周囲の人は，自分たちの予想が正しかったことを確信して，排除を続ける。④その結果，犯罪者とされた者は，再び犯罪をする（ことで，犯罪者として生きていく覚悟を決める）。

　まさに「予言の自己成就」であるが，ここでのポイントは，犯罪者であるとのラベルを貼られることで，貼られた者がその役割を引き受け（ざるを得なくなり），その役割どおりに振る舞うことで，犯罪者としてのアイデンティティを形成し，深めていく（その結果，常習的な犯罪者となる）ということである。このように，周囲の反応（他者からの反作用）が原因に組み込まれていることが，これまでの理論とは決定的に異なる点である。

　他者からの反作用が原因であれば，刑事制度による介入も控えるべきである。そういう次第で，1970年代の米国では，ラベリング論にしたがって，4D政策（非犯罪化，ダイバージョンの積極的活用，施設収容の回避，適正手続の重視）がとら

れることになる。

　最後は，ハーシの「社会的絆」理論である。

　これまでの理論は，「なぜ犯罪をするのか」を問うものであった。ハーシは，これに代えて，「なぜ犯罪をしないのか」との問いを立てる。ハーシにいわせれば，人が犯罪をする理由など，あえて説明するほどのものではない。犯罪はというと語弊があるが，ちょっとした逸脱は，刺激的，かつ，欲求充足的で，誰にとっても魅力的なものであり，機会さえあれば誰もが試みるだろうからである。

　このように，ハーシは性悪説をとる（これも「社会的絆理論」の特徴である）。性善説を前提としたマートンとは対照的である（緊張に背中を押されないかぎり犯罪へと走らないのだから，そこでの前提は性善説であろう）。また，ハーシが立てた問いは，犯罪をしない「わたしたち」を含むものであるから，その対象を広げたということもできるだろう（従来の理論は，あえて犯罪をするような「特殊な」人たちを対象としていたのである）。

　では，なぜ人びとは犯罪をしないのだろうか。「社会的絆理論」は社会との絆（結びつき）が犯罪を抑制するという。その絆は，愛着，投資，巻き込み，信念の4つである。

　愛着は，家族や友人，あるいは，学校という集団への情緒的な結びつきである（親を悲しませたくないから悪いことをしない）。

　投資は，価値や目標への功利的な繋がりである（悪いことをするとこれまでの努力が水の泡になる）。

　巻きこみは，日常生活における種々の合法的な活動への取組みである（部活動が忙しくて悪いことをする暇がない）。

　信念は，社会の合法的価値体系をどれぐらい内面化しているかをいうものである（悪いこととされているからそのようなことはしない）。

　「社会的絆理論」によれば，こうした絆を多くもつ者ほど犯罪をしないということである。

新古典派犯罪学の理論

　古典派犯罪学とは，犯罪を自由意思による選択の結果とみる考え方で，18

世紀後半のベッカリーアに遡ることができる。新古典派犯罪学とは，こうした考え方を現代に復活させた理論である。

　その背景には，「原因論の危機」と呼ばれる状況がある。米国は，「豊かなる60年代」において，史上例のない実質賃金の大幅な上昇，スラムの相次ぐ解体，教育水準の向上，福祉サービスの拡大を成し遂げる。すなわち，これまで犯罪の原因とされていたものが大きく改善されたわけである。にもかかわらず，それ以降の米国は前例のない犯罪増加という正反対の結果をみる。こうした状況を前にして，従来の原因論とは異なる方向が模索されたのである。

　ここでは，コーニッシュとクラークの「合理的選択理論」，コーエンとフェルソンの「日常活動理論」を取り上げる。

　「合理的選択理論」の基本命題は，「犯罪から得られる予想利益が予想不利益を上回るときに犯罪が行われる」というものである。本理論では，犯罪は合理的な選択の結果であること，犯罪者は合理的な存在であることが想定されている。

　したがって，ここから導かれる対策は，損得勘定で合理的な犯罪者に犯罪を回避させることであり，逮捕の危険性を高める施策（警察予算の増額，警察のパトロール強化，犯罪予防政策の実施）や，刑罰を重くする施策（適正な応報に基づく量刑の実施，量刑ガイドラインの導入，刑務所の運営強化）が提案される。

　「日常活動理論」も，犯罪者が合理的な存在であることを前提とする。そのうえで，行為者よりも犯罪そのものに目を向ける。すなわち，犯罪は，①動機付けられた犯罪者，②適当な標的，③有効な監視者の不在を構成要素とし，この3要素が時間的・空間的に一致したときに犯罪が発生するとするのである。その一致，すなわち，犯罪の量と分布は，人びとの「日常的な活動」のパターンによって変化するから，「日常活動理論」というわけである。

　本理論から導かれる対策は，犯罪を構成する3要素を一致させないように，それぞれの要素に働きかけることである。窃盗であれば，たとえば商品を鍵のかかったケース内に展示することで，客が商品に直接アクセスできないようにしたり（②），監視カメラを設置したりである（③）。また，本理論は，③について，従来の犯罪学は，人びとの「日常的な活動」のなかで自然に生じていた相互の監視や財産の監視（これらの監視はもっぱら意図的でないものを指している）

の重要性を見過ごしてきたという。すなわち，警察官や警備員などの職業的な監視だけが「監視者」ではなく，むしろ，一般の人々の「日常的な活動」のなかでの視線が，意識的・無意識的を問わず，「監視者」として犯罪予防に貢献していたことを指摘する。こうした視点は，犯罪予防のために，一般の人々の視線を効果的に活用できるような環境をデザインするという発想へとつながっていく（環境犯罪学）。

　いずれの理論も，具体的な対策につながりやすく実際的であるが，その関心は犯罪予防が中心であり，行為者への処遇という視点はない。

4 ｜ 犯罪をみる視点

　刑事政策学は，犯罪対策のあり方を検討する学問であった。そのさいに，刑事政策学は誰の側に立つべきだろうか。すなわち，対策を立てる・実行する側だろうか，それとも，対策の対象となる側だろうか。

刑事政策学は誰の側に立つべきか

　単純化していえば，前者は「取り締まる側」（刑事制度を構成する各機関），後者は「取り締まられる側」（いわゆる犯罪者）である。

　必ずしもどちらか一方に割り切れるというわけではないが，刑事政策学はできるかぎり後者の側に立つべきだろう（と私は考えている）。いうまでもなく，犯罪者の側に立つというのは，犯罪を容認する（そして，犯罪をうまく遂行する方法を教える）ことではない。それは，どの範囲で犯罪の原因を探っていくかということに関係する（そしてこのことは，対策のあり方にも関係する）。

　たとえばその原因を探るさいに，犯罪者の側に立つことで（彼の目線でその世界をみることで），これまで見えなかったことが見えてくるかもしれない。その結果，彼がおかれた環境こそが問題だということになれば，その責任を彼だけに押し付けることは酷だと感じるかもしれない。また，処罰よりも支援が必要だと考えるようになるかもしれない。さらには，そうした環境が問題なのであれば，社会のあり方（社会構造）自体を変えるべきだということになるかもしれない。「最良の社会政策は最良の刑事政策」なのである。

また，犯罪者の側に立つことで，今ある対策自体が問題だと考えるようになるかもしれない。立法における犯罪化のところで述べたように，そこには，特定の価値観（それはもっぱら対策側のそれと親和的である）が反映されがちだからである（そしてこのことは，法執行における犯罪化についてもあてはまる）。したがって，よくよく考えてみれば不要，あるいは，過剰と思われる規制がある一方で，必要であるのになかったり，あっても緩やかな規制となっていることがある。後者は，企業や政治家（等のいわゆる権力をもつ者）がかかわるような行為についてよく指摘されるところである。

犯罪対策は，ともすれば現状肯定的なもの，あるいはその道具となりやすい。犯罪者の側に立つことで，犯罪を相対化し，犯罪対策をより大きな視点から見直すことができるだろう。

刑事政策は犯罪ゼロを目指すべきか

刑事政策では，犯罪は防止すべきものとの前提がある。しかしながら，犯罪は完膚なきまでに撲滅すべきだろうか。あるいは，それが実現できたとして，まったく犯罪のない社会は人類にとっての理想だろうか。おそらくそのような社会は，慣習や道徳による拘束がきわめて強い，息の詰まりそうな社会であろう（あるいは，人びとのあらゆる行為が監視されているような，プライバシーのない社会であろう）。われわれはそのような社会に暮らしたいだろうか。

デュルケームは，犯罪は「あらゆる健康な社会の不可欠な一部分」だという。突飛な主張と思われるかもしれないので，彼の言葉で補っておこう。

> 犯罪というものは必然的で必要なものである。犯罪は社会的生全体の基礎的条件に結びついている。だが，まさにそれゆえに，犯罪は有用なものなのだ。なぜなら，犯罪が堅く結びついている諸々の条件は，それ自身，道徳と法の正常な進化にとって欠くことのできないものだからである。
>
> （デュルケーム（1895＝2018）『社会学的方法の規準』135-136頁）

社会が発展するためには，ぎっちりすべてが規制されるのではなく，「あそび」の部分が必要である。そこから，社会の進化につながる新しいアイデアが生ま

れるからである。

　新しい考えや振る舞いは，その時点では常に犯罪的である（それが革新的であればあるほどそうであろう）。常識に反することは，他者の非難や憤りを引き起こすからである。しかしながら，こうしたことに寛容でなければ，社会の発展の芽を摘み取ってしまう。子育てにあてはめて考えると，このことはわかりやすい。しつけを厳しくすれば，子どもは大人の顔色をうかがっておとなしくはなるけれども，その自由な成長や発達は妨げられるだろう。話を社会に戻せば，今日の労働組合や米国における黒人の公民権の獲得は，犯罪という副産物を伴ってきたのである。

　　道徳意識が進化しうるには，個人の独創性の表出が可能でなければならない。だとすれば，自らが生きている世紀に先んじることを夢見る理想主義者の独創性が表明されるためには，時代に遅れをとっている犯罪者の独創性もまた表明されなければなるまい。要するに，一方なくして他方は存在しえないのである。

　　　　　　　　　　　　　　　　　　　　　　（前掲・デュルケーム・136-137頁）

　社会が発展するためには，一定量の犯罪とそれへと向かう活力が必要だということである。犯罪対策を検討するさいには，このことを肝に銘じておく必要があるだろう。

chapter **3**

刑罰制度

1 ｜ 犯罪と刑罰，そして罪刑法定主義

　世の中には不都合な行為や迷惑な人々により惹き起こされる「困った問題」は色々ある。しかしこれらがすべてが犯罪となるわけではない。そのなかで「犯罪」であると法律によって（あらかじめ）決められた行為のみが「犯罪」であり（構成要件該当性・違法性・有責性），その行為（あるいは状態）に対して「刑罰」が科せられる。つまり犯罪と刑罰は対応関係にあり，逆から考えてみれば，「刑罰」を科せられる対象となる行為のみが「犯罪」であるといえるのだ。これは罪刑法定主義（いかなる行為が犯罪となり，それに対していかなる刑罰が科せられるのかについては，あらかじめ成文の法律をもって規定されなければいけないとする，近代刑法の大原則）の要請でもある。

2 ｜ 刑罰の本質を考える

　刑罰とは，犯罪を行った者に対する不利益処分である。犯罪を犯した者は，被害者を傷つけただけでなく，社会に対しても迷惑や害悪を及ぼしたことになる。それに対しては何らかの苦痛や不利益を与えなければいけないという考え方に読者の多くは同意するであろう。ではどのような苦痛や不利益を犯罪者に与えるべきなのだろうか。刑罰による苦痛の中身は，犯罪者の生命，自由，財産といった法益をはく奪することである。さらに刑罰は，これだけでなく，刑罰が科せられた者に対し，長きに渡って「元犯罪者」としての烙印を押すという効果も伴うものでもある。このような烙印は刑罰の不可避的な構成要素であ

るとしても，刑を受け終わったあともその生涯続くようなことがないようにすることも刑事政策の重要な課題のひとつといえよう。

3 | 刑罰の本質と目的：何のために刑罰を科すのか

　刑罰の本質は苦痛の付与であり，犯罪者に対して与えられる不利益処分であることはすでに述べた。では，何のためにこの不利益を与えるのだろうか。言い換えると，刑罰の目的は何か。これには，以下の二つの考え方がある。

古典学派と応報刑論

　刑法の古典学派においては，人はその自由意思に基づいて犯罪を行っていると考える。そしてあえて犯罪を行った者に対しては，その行為に対して道義的に報いを与える必要がある。要するに，刑罰の本質は，過去の一定の悪行に対する反作用としてとらえられる，としている（応報刑論）。刑罰とは，犯罪を行った者に対する非難としての「害悪」である，とする考え方である。つまり，犯罪という「害悪」に対し「害悪」で報いることになり，刑罰の本質は応報にあるとする。この考えのもとでは刑罰は犯罪の重さに比例し，両者は均衡がとれたものでなければならない。

近代学派と目的刑論

　これに対して刑法の近代学派は，刑罰は犯罪を抑止する目的で科される，と考える。刑罰の目的は，一般予防（刑罰を恐れることにより，一般市民が罪を犯さない，つまり刑罰の威嚇効果）と特別予防（犯罪を犯した者を隔離したり，改善・更生させることで，その者が再犯を犯さなくなる）にある，と考える。

　しかし，刑罰においては応報も予防もどちらも重要な要素である。現在わが国においては，刑罰の本質が応報にあることは認めつつも，犯罪を防止する目的のもとで相応の刑罰が科せられるべきだとする，相対的応報刑論が有力に主張されており，通説的見解である。

4 | 国家刑罰権の成立

　人間が2人以上集まって集団を形成し，社会生活を営む以上，集団を維持するための規律（ルール）が必要となる。そしてその違反に対しては何らかの制裁が加えられることになる。これらの制裁はたとえば，その違反者の資格や立場の制限・はく奪，また集団からの追放等，様々なかたちをとりうる。一方，刑罰は「国家権力」を背景に強制的に行使される，という意味において絶対的に強大なものである。さらにいえば，刑罰はそれが向けられる違反者の自由や名誉，財産だけでなく，時としてその生命までを奪う。なぜ国家にはここまですることが可能なのだろうか。

　よく知られる説明は，社会契約論によるものであろう。人々はそれぞれが本来もっている自由の一部を（代償として）差し出す代わりに，自分たちの生命・身体や財産を守ってもらうことを望んだのである。そして各人が差し出した各々の自由の総和が，一国の主権を形作り，法違反者に対する制裁（つまり刑罰）を下す権限の根拠となる，とするのである。

　犯罪と刑罰は対応関係にある。刑罰とは，犯罪を行った者に対する不利益処分である。不利益処分という側面だけでみれば，民事執行法による強制執行や行政法による過料，また独占禁止法による課徴金等と共通点があると考える読者もいるかもしれない。しかし，刑罰は科される者の生命を奪うこともありうる（わが国には死刑制度がある）。またその執行が終了した後も，その者の人生に様々な形で影響を及ぼすことがある。影響力の甚大な不利益処分を国家がその強制力をもって個人に科すのであるから，刑罰の内容，またそれを科すことができる範囲については特別の注意が必要となる。そして刑罰は，私人が勝手に科すことはできず，国家のみがこれを科す権限（国家刑罰権）を有している。

　国家がまだ完全には形成されず，国家刑罰権が成立していなかった古ゲルマン社会においては，それぞれの氏族共同体（Shippe, ジッペ）の構成員が他の氏族の構成員からその法益を侵害された場合，被害者側の氏族の構成員は加害者に対して復讐することが奨励されていただけでなく，むしろ義務であった。これを血讐という。しかし復讐のスパイラルは終わりがない。その結末はどちら

かの集団，あるいは両方の集団が崩壊するまで無限にくりかえされる，非生産的極まりないものであった。このような血讐を回避するために「賠償システム」の考え方が登場したと考えられる。6世紀のフランク部族のサリカ法典や7世紀ごろのケントの王により作成されたエセルベルト法典などの部族法には，被害者の損傷個所に応じた被害額を明示した賠償率表により贖罪金が固定化され，自力救済が原則であるものの，血讐回避が図られていたことがわかる。

　社会の構造自体が原始的な採取経済社会から，農業経済社会へと発展していくなかでは共同体内で力や貧富の差が拡大していく。そこには対立関係が生まれ，集団的秩序が重んじられるようになっていく。中世末ころからヨーロッパ諸国においても，それまで各地に点在していた部族社会が国家経営の合理化の要請のもと中央集権化され，単一のリーダーである国王にすべての権力が集中することになる。自分が治める領土や国の政治や法律に関する権限も司るようになった国王は，それまでは私人間（被害者加害者間）で処理されていた「紛争」解決に介入するようになり，当事者から「和解手数料」を徴収するようになった。これは現在の罰金の起源である。こうして，それまでは私人間の紛争として位置づけられていた問題が，「国王の平和に対する侵害」（すなわち法律に違反した行為）と読み替えられ，犯罪として区別されるようになった。民刑の峻別の完成であり，国家刑罰権の成立でもある。一方，中国においての国家刑罰権の成立はこれよりも早く，7世紀初めに唐では，「律令」を基本とする中央集権的国家体制が発展した。わが国でも大化の改新が進められ，701年には「大宝律令」が完成し，中央集権が強化され，天皇が君主となり，各地の豪族や人民を掌握し，全国を統治し，国家刑罰権が確立していった。修復的司法の研究者として有名なニルズ・クリスティは「紛争がその正当な所有者である被害者から盗まれており，専門家達の財産となってしまっていることが刑事司法の問題である」と述べたが，国家刑罰権の成立は刑事司法において被害者を端に追いやる側面もあったわけである。

封建制度下の刑罰

　封建制度時代における刑罰は「身分差」と「過酷さ」で言い表すことができる。刑罰の重さは加害者と被害者の社会的地位に応じて幾段階にも分けられて

いた。

たとえば江戸時代の刑法である「御仕置御定書」をみても，重罰を科せられるのは庶民であり，武士階級・僧侶などは同じ罪を犯しても刑罰が軽く，名誉刑的なものが多かった。身分の高い者に対する刑罰として多用されたのは「流刑」であった。

また，身分社会における刑罰は過酷さを極めた。西ヨーロッパにおいては16世紀頃より，人口が増加し，その結果として貧困が進んだ。貧富の格差の大きい社会においては，貧者が富者を狙わないためにも，過酷な刑罰の抑止力に期待がもたれたわけである。また，当時の刑罰は「公開刑」が主流であったこととも大きく関係していた。つまり，犯罪抑止を目的として，見せしめや報復の方法として刑罰が執行された。方法は過酷であればあるほど効果があり，そのため死刑や身体刑が多用された。死刑の執行方法は生きながらの火あぶりや釜茹で，頭から下を土のなかに埋め，見物人に鋸をひかせるなど残虐を極めた。公開刑の見物は当時の人々にとって娯楽のひとつでもあり，執行がよく観察できるように支配層や富裕層のための特別席が用意された。

また，身体刑の種類も残虐なものが好まれた。手や指等身体の一部の切断，眼球の抉り出し，去勢，入れ墨や焼印を押し付ける等，である。これらの刑罰を受けることはその痕跡が前科の証明として一生残ることを意味し，その者をして通常の職に就くことを極めて困難にし，犯罪の道に戻ることを余儀なくしていたともいえる。

追放刑は当時の最もありふれた刑罰手段であった。追放は下層階級の人々にとっては事実上の死刑であったが，富裕層にとっては外国への留学や，海外においてあらたな事業を展開する機会であったりした。彼らはいずれは祖国に戻れるだけでなく，出世して故郷に錦を飾るという望みさえあった。刑罰はどこまでも不平等なものであったわけである。

拘禁刑の出現

16世紀末の拘禁刑の出現は刑罰史のなかでも最も重要なものである。拘禁刑が可能になったのは，製造業におけるマニュファクチュアという生産方法が社会において大きな役割を果たすようになったことと大きな関連をもつ。

このような社会背景のなかで，懲治場としての矯正施設が登場する。当初は
都市における路上生活者や行き倒れの者たちを隔離する場所としての目的が主
であった。第1号はイギリスのブライドウェル懲治場（1557年）であるが，矯
正施設の祖とされるのはアムステルダム懲治場（1596年）である。犯罪者や債
務不履行者に対する身体拘束場所としての位置付けから，懲治場の出現により，
アウトサイダーを1カ所に集め，改善・更生させるという教育刑にみられる特
別予防的思想も生まれた。また，懲治場のもうひとつの大きな役割は，犯罪者
等を1カ所に集め，労働力として利用する，という性格も有していたことにあ
る。

監獄改良運動

　こうして18世紀になると犯罪者収容施設が増加したが，多くの施設は衛生
状態も悪く，犯罪者が劣悪な環境に置かれ，また獄吏の収賄なども横行してい
た。当時英国の州長官であったジョン・ハワードは，国内の監獄や懲治場を見
て回り，獄吏の給料が受刑者が支払う手数料によって賄われていたこと等を批
判し，監獄は国費で運営されるべきだと主張した。ハワードが監獄の現状を詳
細に記録し，監獄改革を提言する報告書として1777年に出版した『監獄事情』
は，伝聞を排し，自身が直接観察したことだけを記した本書は，社会史の資料
としても高く評価されている。その後も，ハワードはヨーロッパ各地の監獄を
回り，監獄改良運動に生涯をささげた。こうした背景には，7年戦争の際にハ
ワード自身がフランスの捕虜となって拘禁された経験があったことも大きかっ
たといわれている。ハワードの監獄改良運動に影響を受けたジェレミー・ベン
サムは，監獄を改良するためにパノプティコン方式の監獄を発案したが，初め
てこの方式で設計された刑務所はアメリカにおいて誕生した。
　監獄改良運動はその後英国よりもむしろアメリカで発展を遂げる。アメリカ
では18世紀から19世紀にかけて，各州で刑務所の設立が相次いだ。とくにペ
ンシルバニア州においては1776年に「ペンシルベニア監獄協会」が発足し，
組織的な監獄改革が推進され，1790年には「フィラデルフィア新監獄法」が
成立した。アメリカでは1720年頃より，独房における静寂と孤独の中神と対
話することで更生を目指す厳正独居方式が進められていたが，孤独による弊害

も大きかった。ペンシルベニア州で1818年以降10年をかけて設立された東西懲治監において採用された独房方式は，昼夜独居の中で受刑者に作業させ，刑務官と牧師の独居訪問を必要的なものにしたものであり，ペンシルベニア制（ないしフィラデルフィア制）と呼ばれ，他州からも注目された。ニューヨーク州で1816年に開設されたオーバン監獄でも厳正独居方式を採用したがうまくいかず，昼間は雑居で受刑者に沈黙を強いながらも作業させ，夜間は独居に収容するという，新しい方式を1924年に採用した。これはオーバン制として知られ，受刑者の心身への影響もよく，かつ経済的であることから，その後世界的に優勢となった。

5 | 刑罰の種類

わが国には現在，どのような刑罰があるのだろうか。刑法9条はわが国の刑罰を「重い順に」列挙している。つまり，死刑，拘禁刑，罰金，拘留および科料（以上は主刑），没収（付加刑）の順番である（表3-1）。

死　刑

まずは生命刑であるところの死刑を説明しよう。わが国の死刑執行方法は絞首刑であり，拘置所で執行される（刑法11条）。死刑判決が確定してから6カ月以内に法務大臣は死刑執行命令を出さなければならず（刑訴法475条2項），命令が出されれば5日以内に死刑は執行される（刑訴法476条）。死刑囚が再審請求を行っているとき，また上訴権の回復中などはこの6カ月に含まれないが，これらの条件にあてはまらなくても，実際は死刑判決から数年から場合によっては10年以上経って死刑が執行されることがほとんどである。この6カ月という期間は法的拘束力のない訓示規定だとされている。死刑は人の命を奪う刑罰であるがために，その制度については賛成，反対の立場が激しく対立している。それぞれの主張についてみてみよう。

死刑存置論vs死刑廃止論

廃止論の考え方は以下のようにまとめることができる。

表 3-1　通常第一審における終局処理人員（罪名別，裁判内容別）

(令和4年)

罪　名	総数	有　罪							罰金等
		死刑	懲役・禁錮						
			無期	有期	一部執行猶予	保護観察付	全部執行猶予	保護観察付	
総　　　　数	43,517 (69)	—	19	41,098	668	656	26,396	1,644	2,094
地　方　裁　判　所	41,028 (66)	—	19	39,164	667	655	24,999	1,523	1,611
刑　　法　　犯	20,874	—	19	19,774	25	23	10,679	1,063	940
公　務　執　行　妨	249	—	—	204	—	—	135	9	42
放　　　　火	174	—	—	173	—	—	97	42	—
偽　　造　　等	394	—	—	391	—	—	313	4	1
わ　い　せ　つ　等	1,329	—	—	1,308	3	3	716	134	13
殺　　　　人	213	—	9	197	—	—	54	21	—
傷　　　　害	2,157	—	—	1,796	4	4	1,111	148	341
過　失　傷　害	50	—	—	41	—	—	39	—	4
窃　　　　盗	10,133	—	—	9,749	14	12	4,666	467	330
強　　　　盗	345	—	10	334	—	—	86	34	—
詐　　　　欺	3,259	—	—	3,239	1	1	1,927	74	—
恐　　　　喝	197	—	—	195	—	—	134	10	—
横　　　　領	423	—	—	396	—	—	235	14	24
毀　棄　・　隠　匿	408	—	—	348	—	—	222	21	60
暴力行為等処罰法	260	—	—	216	—	—	106	17	41
そ　　の　　他	1,283	—	—	1,187	3	3	838	68	84
特　　別　　法　　犯	20,154	—	—	19,390	642	632	14,320	460	671
公　職　選　挙　法	3	—	—	—	—	—	—	—	3
銃　　刀　　法	78	—	—	51	—	—	20	—	22
児　童　福　祉　法	37	—	—	36	—	—	20	3	1
大　麻　取　締　法	2,166	—	—	2,162	30	30	1,867	58	—
覚　醒　剤　取　締　法	4,926	—	—	4,912	586	576	1,835	185	—
麻　薬　取　締　法	459	—	—	459	18	18	350	16	—
麻　薬　特　例　法	93	—	—	93	—	—	49	—	—
税　法　等	188	—	—	121	—	—	116	—	66
出　　資　　法	41	—	—	38	—	—	35	—	3
道　路　交　通　法	5,066	—	—	4,826	4	4	4,007	80	215
自　動　車　運　転　死　傷 処　罰　法	4,038	—	—	3,949	1	1	3,720	37	61
入　　管　　法	1,454	—	—	1,388	—	—	1,354	1	64
廃　棄　物　処　理　法	147	—	—	108	—	—	88	1	39
組　織　的　犯　罪　処　罰　法	39	—	—	38	—	—	26	—	1
そ　　の　　他	1,419	—	—	1,209	3	3	833	79	196
簡　易　裁　判　所	2,489 (3)	—	—	1,934	1	1	1,397	121	483
刑　　法　　犯	2,268	…	…	1,934	1	1	1,397	121	302
住　居　侵　害	44	…	…	34	—	—	24	1	10
傷　　　　害	78	…	…	—	—	—	—	—	68
過　失　傷　害	12	…	…	—	—	—	—	—	12
窃　　　　盗	2,054	…	…	1,877	1	1	1,361	118	161
横　　　　領	33	…	…	23	—	—	12	2	10
盗　品　譲　受　け　等	—	…	…	—	—	—	—	—	—
そ　　の　　他	47	…	…	—	—	—	—	—	41
特　別　法　犯	221	…	…	—	—	—	—	—	181
公　職　選　挙　法	—	…	…	—	—	—	—	—	—
銃　　刀　　法	12	…	…	—	—	—	—	—	12
道　路　交　通　法	45	…	…	—	—	—	—	—	38
自　動　車　運　転　死　傷 処　罰　法	54	…	…	—	—	—	—	—	43
そ　　の　　他	110	…	…	—	—	—	—	—	88

注　1　司法統計年報及び最高裁判所事務総局の資料による。
　　2　「罰金等」は，拘留，科料及び刑の免除を含む。
　　3　「その他」は，免訴，公訴棄却，管轄違い及び正式裁判請求の取下げである。
　　4　「わいせつ等」は，刑法第2編第22章の罪をいう。
　　5　「傷害」は，刑法第2編第27章の罪をいい，平成25年法律第86号による改正前の刑法208条の2に
　　　規定する罪を含む。
　　6　「過失傷害」は，刑法第2編第28章の罪をいい，平成25年法律第86号による改正前の刑法211条2
　　　項に規定する罪を含む。
　　7　「横領」は，遺失物等横領を含む。
　　8　「毀棄・隠匿」は，刑法第2編第40章の罪をいう。
　　9　「税法等」は，所得税法，法人税法，相続税法，地方税法，消費税法及び関税法の各違反をいう。
　　10　（　）内は，無期人員で，内数である。
出典：『令和5年版犯罪白書』2-3-3-1表。

① 死刑は残虐で非人道的であり，残虐な刑罰を禁じている憲法36条に反する

② 国は殺人を禁じている一方で，死刑は国による殺人行為である

③ 社会契約によっても生存権までを国が奪うことはできない

④ 死刑には加害者改善の余地がなく，教育刑の理念に反する

⑤ 死刑制度があることで犯罪が抑止できているとはいえず，死刑には一般予防効果はない

⑥ 加害者が死刑執行されることで被害者は癒されない

⑦ 誤判の可能性がゼロでない限り，回復不可能な刑罰である死刑は廃止すべきである

一方，「存置論」は廃止論のそれぞれの論点に以下のように反論する。

① 絞首刑という執行方法はことさらに残虐だとはいえない

② 被害者の生命を奪った犯罪こそ非人道的であり，犯罪者の生命保障は生命尊重の範疇に含まれない

③ 殺人を犯した者は社会契約を破棄したのであり，その生存権も剥奪されるべきである

④ 刑法の機能として応報刑が重視されるべきである

⑤ 死刑によって犯罪をあきらめた者の数を測るすべがないだけであり，死刑には犯罪抑止力がある

⑥ 加害者の死刑によって苦しみの感情に区切りをつけることができる被害者もいると思われるし，また犯罪者の死刑を望む社会感情も考慮すべきである

⑦ 誤判の可能性は死刑事件に限らず存在するのであり，これを理由に死刑を廃止するのであれば，刑罰すべてを廃止しなければならない

国際社会と死刑：死刑制度存置はメジャーかマイナーか

　わが国には死刑制度があるが，他の国々ではどうなのだろうか。国連人権NGOの「アムネスティ・インターナショナル」の調べによると，2023末時点

で以下のように分類される。すべての犯罪に対して死刑廃止：112カ国，通常犯罪のみ廃止：9カ国，事実上廃止（過去10年間執行がない）：23カ国，存置国55カ国，である。つまり，世界の3分の2以上の国が死刑を廃止していることが分かる。最新の情報は，アムネスティ・インターナショナルのウェブサイトで確認してほしい。死刑廃止がEU加盟の条件のひとつであることから，ヨーロッパ諸国の圧倒的大部分は死刑を廃止している。OECD加盟国で死刑制度を有しているのは，日本，韓国とアメリカである。しかし韓国は事実上の廃止国であるし，アメリカも2022年3月に南部で初めてヴァージニア州が死刑を廃止するなど，廃止州は23州に及んでいる。これ以外にも3州が死刑を停止（モラトリアム）しており，死刑を執行していない州が事実上優勢になりつつある（2023年4月現在）。

　日本は国連から死刑廃止に向けた措置を講じるよう勧告を受け続けている。死刑廃止は世界の潮流であるといえるが，そのなかでわれわれは今後どのようなスタンスをとり続けるのだろうか。

死刑と民意

　国民は死刑についてどう考えているのだろう。内閣府は5年に1回，「基本的な法制度に関する国民の意識調査」を行い，そのなかで死刑制度について国民の意見を聞いている。

　死刑はわが国の重要な法制度のひとつである。したがって，死刑制度について国民がどう考えているのかに国家が注意を払うことは重要である。国民の多くが死刑を支持していることは死刑存続の理由のひとつとして挙げられることも多い。他方，民意は往々にして感情的になりやすく，一部の象徴的な事件のみに基づいて構成されがちであることにも注意が必要である。フランスでは，1985年に当時のミッテラン大統領が「世論の理解を待っていたのでは遅すぎる」と述べて死刑を廃止した。このことは死刑に対する世論と国の政策のあり方の関係を考えるうえで重要である（フランスは1985年に平常時の犯罪の死刑を廃止，2003年に戦時も含めすべての犯罪に対する死刑を廃止した）。

被害者遺族と死刑

　死刑制度を論じるとき，被害者問題は最大の論点といってよいであろう。読者のなかにも，死刑制度には疑問をもちながらも，被害者遺族の気持ちを想像すると死刑を支持せざるをえない，と考える人は少なくないのではないか。

　上で挙げた「世論調査」で死刑を容認する立場をとる人々がその理由として選択するもののなかで毎回最も多いのが，「死刑を廃止すれば，被害を受けた人やその家族の気持ちが収まらない」とするものである。

　しかし，事実上わが国では，死刑判決が下されるのは被害者が死亡している犯罪であるので，被害者「遺族」の感情がここでは問題になる。たしかに，加害者の身勝手な理由で被害者の尊い生命を奪った行為に対し，遺族は「殺してやりたい」と思う場合が多いであろう。しかし加害者に復讐しても被害者の苦しみが終わるわけではない。被害者遺族のなかには，加害者にはむしろ一生かけて償いを考えてほしい，と考える人もいるかもしれない。

　アメリカには Murder Victims Family for Human Rights（人権のための殺人事件遺族の会，以下MVFHR）という被害者遺族グループがある。MVFHRのメンバーは殺人事件の被害者遺族が主であるが，彼らは殺人事件の加害者家族と交流しながら，死刑廃止の活動を続けている。彼らの考え方の根底にあるのは，加害者の死によっては被害者遺族の心情は慰謝されないこと，死刑囚の家族もまた犯罪によって大きな影響を受けたのであるから支援が必要であること，加害者が自分の犯した犯罪についての償いを一生かけて考え抜くプログラムが重要であることなど，である。

裁判員制度と死刑：全員一致でなくてもOK?

　2009年5月21日に導入された裁判員制度はわが国の死刑制度を考えるうえで重要な役割を担う。裁判員制度は法定刑に死刑または無期が含まれる犯罪，また被害者が故意の犯罪行為により死亡した犯罪（とその未遂）を対象にするため，死刑求刑事件は必ず裁判員と裁判官による合議体で審理されるからである。しかし一人の人間に死を言い渡すという決定は非常に重く，当然ながら裁判員への負担も重い。司法制度改革審議会においても死刑求刑事件は制度の対

象から外すことも議論された。しかし死刑が求刑されうる事件であることは，すなわち，重大な事件を意味し，そうであるからこそ市民の意見をとりいれるべき，という意見が優先された。

ところで，裁判員裁判における死刑判決にはもうひとつ重要な問題が存在する。犯罪の事実認定については「双方の意見を含む多数決」で決せられ（裁判員法67条1項），また量刑について意見が分かれた際にも重い順から足して双方の意見を含む多数決に達したうちもっとも軽い量刑が選択される（同条2項）。つまり，少なくとも裁判官が1人以上含まれていれば，合議体9人のうち5人が賛成すれば死刑判決が出されてしまうことになる。死刑判決が「多数決」で決せられてしまうのは，あまりにハードルが低すぎないだろうか（米国の陪審制度のもとでは，陪審員12人の全員一致が要求される）。果たして「9分の5」は刑事事件の「合理的な疑いを差し挟む余地のない程度」というハードルを越えているといえるのだろうか。少なくとも死刑判決を言い渡す際には裁判官と裁判員の全員一致を必要とするべきではないかという意見もある。

死刑と代替刑

死刑は極刑とも呼ばれるように，最も重い刑罰である。刑法9条が死刑の次に"重い"刑罰として挙げているのは「拘禁刑」である。そしてこの拘禁刑には「無期」と「有期」があるから（刑法12条1項），最も重い拘禁刑は「無期拘禁刑」ということになる。無期刑は受刑者が一生刑務所から出られないことを意味するのか。この問いに対して，法律上は「No」と答えるべきであるが，実際には「Yes」といっても過言ではないだろう。無期刑に処せられた者でも刑の執行開始後10年が経過し，改悛の状（「情」ではない）があれば仮釈放の可能性がある（刑法28条）。つまり，わが国の無期刑は刑の執行開始後10年が経過すれば，仮釈放の可能性がある。相対的無期刑（↔絶対的無期刑）である。実際には無期刑囚が仮釈放されるまでの平均刑期は30〜35年であり，刑事施設で一生を終える受刑者も少なくない。しかし，死刑を廃止してしまうと，わが国では「無期刑」が一番重い刑罰となり，仮釈放の可能性があることへの反発は強い。そのため，死刑の代替刑の設置を求める声も強い。代替案としては，仮釈放の可能性のない終身刑や，終身刑ではあるが恩赦により有期刑への減刑

の可能性のある刑罰等の導入が論じられることがある。また一方，死刑支持派のなかにも終身刑を要求する声があることに注意が必要である（死刑を存置しつつ，終身刑も新設する）。

終身刑については死刑に期待されるのと同程度の一般予防効果が期待できること，また再犯の可能性がないことから特別予防効果は抜群に高いことなどが利点として挙げられる。他方，釈放の可能性がないか著しく低いことは受刑者の更生のモチヴェーションを低下させることから，矯正現場における秩序維持が困難になり，それによる負担の増加が懸念される。また，死刑よりも残酷であるという批判や，コスト増加への懸念から，反対論も強い。たとえば，上述のように，アメリカでは陪審員の全員一致が要求されるだけでなく，自動上訴制が採用されている等，死刑事件においては「スーパー・デュー・プロセス」が保障されているが，日本ではそうではない。このことは，アメリカでは死刑制度には多額のコストがかかり，むしろ終身刑の方が費用の節約になるという意見が説得力をもつことを意味している。たとえば2007年に死刑を廃止したニュージャージー州では，死刑制度維持のコスト高が死刑廃止の際の大きな判断材料となった。一方，わが国の死刑事件では「スーパー・デュー・プロセス」が要求されていないために，死刑制度の廃止によってもコスト削減とはならないとする意見もある。人の生命の収奪の是非を金銭的コストで議論することには大きな抵抗を感じる意見もあろう。たとえ死刑より終身刑の方がコスト高となるとしても，そのことのみで死刑制度を正当化すべきではないであろう。しかし一方で，刑罰制度も当然ながら税金によって運営されていることを考えると，死刑制度を存置する場合と廃止した場合それぞれの金銭的コストの比較を，国は国民に対し明らかにすべきである。また，死刑の代替刑としては中国の死刑執行猶予制度は注目に値する。死刑大国として批判されることも多い同国であるが，死刑が言い渡された者のうちただちに死刑が執行される必要がない死刑囚に対しては2年間の猶予をおき，その期間にたしかな改善がみられれば，無期刑に減刑する，という制度を有している（中国刑法43条）。

▌自 由 刑

自由刑とは受刑者の身体を拘束することで，その自由を奪う形態の刑罰を指

す。わが国では懲役，禁錮，拘留が自由刑として位置付けられてきた。2021年に成立した改正刑法により，懲役と禁錮は「拘禁刑」として一本化され，2025年6月1日より施行される。これについては(4)で詳しく述べる。

(1)懲　　役

　懲役刑とは受刑者を刑事施設に拘置して所定の作業を行わせる刑罰である（刑法12条）。懲役には有期と無期があり，有期懲役は原則として1カ月以上20年以下である。ただし，併合罪などにより最長30年まで刑を加重することができ，また減軽する場合は1カ月未満の期間を指定することができる（刑法14条2項）。

(2)禁　　錮

　禁錮も懲役と期間はすべて同じである。ただ，刑務作業は強制的ではなく，受刑者が申し出れば作業を行うことになる。

(3)拘　　留

　拘留（「勾留」と混同しないこと）は軽微な犯罪に対する刑罰であり，1日以上30日未満の間，受刑者を刑事施設に拘置するものである（刑法16条）。懲役や禁錮と違い，執行猶予を付けることはできない。刑務作業は強制されないが，禁錮と同じく申し出により作業を行うことができる。刑法9条に規定される序列では，罰金よりも軽いことになるが，たとえ短期間でも施設収容されるのであるから，実際の感覚としては罰金よりも重いと考える読者も多いのではないだろうか。拘留の判決確定者は年間数件程度と非常に少ない。

(4)新しい自由刑：懲役刑＋禁錮刑－強制的刑務作業＋更生プログラム＝拘禁刑

　上でも述べたように，懲役と禁錮の大きな違いは所定の作業が強制的に課されるか否かにあったわけであるが，なぜそもそも懲役とは別の禁錮刑を設定する必要があったのかを説明する必要があろう。これについて，かつては懲役が破廉恥犯に対して科せられるのに対し，禁錮刑は非破廉恥犯に科せられる，と区別されていた。破廉恥犯というと，性犯罪をイメージする読者も多いであろうが，故意による犯罪一般を指す。一方，非破廉恥犯とは，かつての思想犯や政治犯，または過失犯を指す。つまり，犯した行為について道徳的に非難すべき度合いの大小で区別化していたのである。戦前の日本では多数の思想犯が処罰されており，禁錮刑受刑者は決して少数ではなかった。しかし戦時中は思想

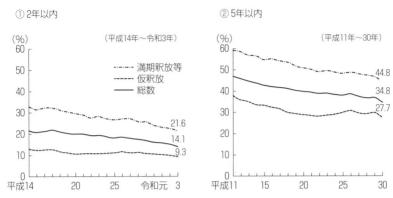

図 3-1　出所受刑者の出所事由別再入率の推移

注　1　法務省大臣官房司法法制部の資料による。
　　2　前刑出所後の犯罪により再入所した者で，かつ，前刑出所事由が満期釈放等又は仮釈放の者を計上している。
　　3　「再入率」は，各年の出所受刑者の人員に占める，出所年を1年目として，①では2年目（翌年）の，②では5年目の，それぞれ年末までに再入所した者の人員の比率をいう。
出典：『令和5年版犯罪白書』5-3-9図。

犯も懲役刑を宣告されることが多かった。政治犯や思想犯が原則として存在しえない現代では，禁錮刑の大多数は過失犯によって占められた。

　その後自動車運転に伴う過失犯が増加するに伴い，禁錮受刑者も増加し，一時は新規受刑者の12％を占めるに至った。しかし1968年の刑法改正によって業務上過失致死傷（当時は自動車運転に伴う過失人身事故は業務上過失致死傷で罰せられていた）の法定刑に懲役が加えられ，裁判所が懲役を選択することが多くなるにつれて，禁錮は再び急速に減少した。そもそも禁錮刑受刑者の大部分が申し出により作業に就いてきたことを考えると，懲役と禁錮をわざわざ区別する実質的意義は小さく，このような区別は労働蔑視にもつながりうる，とする批判もあった。

　また，図3-1に示すように刑事施設からの再入所率は低くなく，このことから，自由刑においてこれまで刑務作業に置かれてきた重点を，再犯防止や社会復帰に向けるべきであるとする声が強くなった。

　こうした背景もあり，2022年6月13日に成立した改正刑法では，懲役刑と

禁錮刑を合わせて拘禁刑として一本化し，刑務作業を義務とはせず，受刑者の年齢や特性に応じた改善指導や教科指導を柔軟に行うことが目指された。改正刑法第12条第3項は「拘禁刑に処せられた者には，改善更生を図るため，必要な作業を行わせ，又は必要な指導を行うことができる」としており，自由刑が応報から教育に重きを置いたものにシフトしたとも言える。拘禁刑に対しては受刑者の更生に向けた矯正教育の役割への期待が向けられている。

　一方で，拘禁刑のあり方に対する疑問の声も多い。このなかには，受刑者に作業や指導を強制することは国際基準（マンデラ・ルール）に反するものであるとする指摘もある。また，改善更生のための作業や指導は受刑者本人の意思に基づいて受けられるべきものであり，受刑者の内心への干渉や更生プログラムの受講の義務付けは適切ではないし，効果的でないという考え方もある。またそもそも，各受刑者の問題性に応じた多岐にわたる矯正教育プログラムを準備できるのか，といった実効性に対する疑問も受けられている。

　しかし現実問題として，既に挙げたように再入率の上昇や，高齢受刑者問題など，刑務所が喫緊の課題に直面しているのも事実である。基礎的学習や社会のニーズに合わせた職業訓練等，作業や指導の内容を充実させ，民間組織や地域社会とも連携しながら，受刑者の更生プログラムを構築，提供できるかが拘禁刑の今後のカギを握ることになろう。

自由刑をめぐるいくつかの議論

(1) 自由刑の純化の議論

　自由刑とは受刑者の自由を剥奪する刑罰であるが，刑罰によって受刑者から剥奪できる「自由」とはどの範囲を意味するのだろうか。刑事施設に収容し，「身体活動の自由」を奪えばたりるのであって，刑務作業により労働強要することは認めるべきでなく，自由刑によって奪う「自由」を純化すべきである，とする議論が存在する。また，国際人権法の観点からも，被収容者処遇最低基準規則57条やヨーロッパ刑事施設規則64条は自由刑を純化すべきである，と規定している。刑罰による苦痛を増大させるべきでない，という考えは一定の説得力をもつ。しかし一方，強制的な刑務作業が受刑者に与える効果（職業訓練としての性格，勤労精神の育成，規律の学習，健康の維持等）も無視できない，という

考えもあった。既に述べたように，新しい自由刑である拘禁刑においては，刑務作業は強制的でなくなり，その分個々の受刑者の特性に応じた矯正教育に重きが置かれることになるが，そこでは受刑者の内心の自由にどこまで干渉すべきかが新たな課題となる。

(2) 短期自由刑の弊害

自由刑は必要不可欠な刑罰であるが，刑事施設は「悪風感染」の場であることも事実である。つまり，受刑者は刑事施設で更生するのと同時に，他の受刑者と共同生活することで好ましくない影響を受けることも少なくない。また，「刑務所帰り」という言葉があるように，施設収容は出所後の受刑者に大きなスティグマ（烙印）を付与する。刑事施設収容期間があまりに短ければ，受刑者にとってその更生のために充分な期間を確保できず，しかし悪い影響だけ受けてしまう，という結果に陥ることも考えられる。このことは短期自由刑の弊害として認識されており，短期自由刑は回避して，罰金刑や執行猶予付き判決で代替すべきであるとする見解もある。なお，どれぐらい短ければ「短期」といえるかについて定義があるわけではないが，6カ月以下，あるいは3カ月以下を「短期」と表現することが多い。たしかに短期自由刑にはいわば「帯に短し，たすきに長し」の問題があることも否定できない。だが逆に，短期自由刑に3S効果（Shock：ショック療法的効果は罰金よりは格段に強い，Short：期間が短い分，施設収容による悪影響を受けにくい，Sharp：短い期間に集中して更生教育を行うことができる）を見出す見解もある。

(3) 電子監視は自由刑に代わるか

刑事施設収容には受刑者の「施設化」という問題が常に付きまとう。長期間収容され，刑事施設内の生活に順応し過ぎて，外の社会の生活への適応が困難になる状態を指す，刑務所太郎化という言葉すらある。自由刑はしかしながら，刑罰として不可欠である。施設収容を必ずしも必要としない受刑者にGPS機能付き装置を装着させて，社会内で一般の生活をさせながら効果的に監視する制度を採用している国も多い。電子監視は自由刑の代替刑としてアメリカ，フランス，オーストラリア，韓国などで採用されている。とくにアメリカは1980年代以降深刻な過剰収容問題に悩まされており，電子監視は自由刑の代替策として重要な役割を果たしている。

電子監視は収監コストの削減につながるし，何より，受刑者がそれまでの社会生活や人間関係を維持できることは彼らの社会復帰に大きく役立つことが期待できる。わが国ではまだ電子監視を自由刑に代替することは行われていないが，2023年5月10日に成立した改正刑訴法では，保釈中の被告人について，海外逃亡のリスクが高い場合にはGPSを装着させることができるようになった（施行は5年以内）。これにより，わが国の刑事司法におけるGPS機器の役割が今後展開することも予想される。どのような罪種の犯罪者であれば施設収容でなく電子監視でも対応可能かを検討することが必要となるが，今後導入の検討の価値はあるであろう。また，電子監視を採用するのであれば，社会奉仕プログラム等を充実させ，効果的に社会内処遇を進めることが重要となる。

財産刑

財産刑とは犯罪者から財産的利益を剥奪する刑罰である。わが国の刑法においては，罰金・科料・没収の3種類がある。このうち没収は付加刑であり，単独では科すことができない。

罰金は1万円以上（刑法15条）であり，科料は1000円以上1万円未満である（刑法16条）。なお，行政上の手続違反に対して課される「過料」と混同しないために，それぞれ，科料（とがりょう），過料（あやまちりょう）と読むこともある。

ところで，刑法は罰金の上限を設定しておらず，個別の法律（独占禁止法，会社法，所得税法等）に規定される犯罪において上限が決められている。罰金は自然人のみでなく法人のみにも科すことができるので，上記のような特別法では非常に高額な罰金が設定されることが多い（2024年8月時点での法人に対する罰金の最高額は7億円：金融商品取引法207条1項1号）。

罰金と科料の違いは金額だけでなく，①執行猶予は罰金にのみ付与できる（但し執行猶予が付けられることは非常に少ない），②罰金以上の刑に科せられると資格制限にかかる職業がある（たとえば医師法4条），③（拘留または）科料のみ処せられる犯罪については，従犯，教唆犯は原則的に不処罰であり（刑法64条），没収は付加されない（刑法20条），④刑の時効期間（刑法32条）が異なる，等が挙げられる。

(1) 罰金の運用：刑罰の主力選手

　わが国における有罪判決は年間約20数万件程度であるが，この約80％が罰金刑である。罰金はまさに現代の刑罰の主役の地位を占めている。このうち，刑法犯による罰金刑は2万件程度であり，罰金刑全体の10数％程度を占めるに過ぎない。つまり，罰金刑全体の85-90％は特別法犯によるものであり，このうち大部分は道路交通法違反事件によるものである。

　ところで，2006年刑法改正により，窃盗罪の選択刑として罰金が加えられたことは大きな意味をもつ。改正前は窃盗罪の法定刑は懲役刑のみであった。これは「盗みをするのは金がないからであり，罰金を科すことは適さない」との考えが根底にあったからであろう。しかし比較的軽微な窃盗や初犯の事件では，実刑を科すことは重過ぎるともいえ，起訴猶予や執行猶予で対応されることが多かった。しかし，法定刑として罰金刑が選択できるようになったことで，窃盗の起訴猶予率も執行猶予率も低下した。刑事手続の関与の度合いが高まった（ネット・ワイドニング）という意味では，これもひとつの「厳罰化」と表現できるだろう。

(2) 罰金の刑事政策的意義：簡便であることが最大の魅力

　罰金の歴史は自由刑より古い。古代ローマの十二銅表やゲルマン古法において，加害者が被害者に支払う賠償の制度が存在した。やがて国家が私人間の血讐を禁じて賠償支払いを強制し，その賠償金の一部を「平和金」として国家に収納させるようになったのが罰金の起源である。

　罰金や科料の最大の刑事政策的意義は刑の執行そのものにかかるコストが抑えられ，また運用が簡便なところにある。収納された金額はすべて国庫に入るが，これを被害者に対する賠償金にあてるべきだとする意見もある。

(3) 日数罰金制度という考え方：格差社会の答えとなるか？

　罰金や科料が支払えない人はどうなるのか。罰金も科料も原則として分割払いは認められず，一括で支払うことが求められる。罰金や科料が完納できない者に対して裁判所は，1日あたりの金額を決め，罰金の総額に達するまでの日数分，労役場に留置し，所定の作業を行わせる（刑法18条）。つまり，皮肉を交えていえば「金を持っている者はポケットから支払うものを金が無い者は働いて支払う」ということである。このような批判に答えるべく考案されたのが

日数罰金制度である。日数罰金制度は2段階に分けて考えられる。

① まず行為者の責任に応じて，経済的不自由を負うべき「日数」が決定される（富者と貧者が同様の事件を起こした場合，行為責任主義にのっとり，両者とも同じ「日数」分の責任が問われる）。
② 行為者の収入等に基づき「1日当たりの金額」が決められる（富者と貧者では当然額が異なってくる）。

　上記①と②の積が徴収される罰金額となる。いわば自由刑と財産刑との混合型であるともいえる。このような日数罰金制度は北欧諸国では1920年代から30年代頃より採用され，定着している。ドイツでは西ドイツ時代の1960年の刑法改正によって採用された。また，フランスでも1983年6月10日法によって採用された。
　日数罰金制度は犯罪者の経済状態を斟酌して「苦痛の平等」を図るものであり，この制度に期待する声は大きい。その反面，手続が煩雑になるため，財産刑の最大の利点（執行が簡便）を放棄しなければならないことへの抵抗も大きい。さらに，各々の財産や経済状態についての個人情報保護への要請が高まっている昨今は，この制度導入へのハードルは高い。

執行猶予

(1) 刑の全部の執行猶予の意義とその運用

　刑の全部の執行猶予とは刑の言い渡しを受けた者の刑の執行を一定期間猶予し，その期間中刑事事件を起こさなければ，刑の言い渡しの効果が失われる制度である（刑法25条。これに対し，執行猶予が付かない自由刑は「実刑」とよばれる。厳密にいえば，執行猶予のつかない罰金も「実刑」であるが，自由刑の場合のみを指すことが多い）。罪を犯した者に対し相応の刑罰を科すことは当然である。しかしながらとくに自由刑の執行は犯罪者に対し単にその自由を奪う以外にも大きな不利益を課す。家族，友人，また職場との関係分離，「刑務所帰り」というスティグマの付与等，その者の社会復帰を著しく難しくする等の結果が多くつきまとう。執行猶予はこのような弊害を可及的に回避するものである。

また，初度の執行猶予中は保護観察を付けることができる。一方，再度の執行猶予の場合は保護観察は必要的となる（刑法25条の2）。ところで，裁判員制度の導入により，初度の執行猶予判決に対し保護観察を付ける割合が増加していることは興味深い。刑事司法制度の介入の度合いが高まるという意味では厳罰化といえるかもしれないが，市民（裁判員）は保護観察の役割に大きな期待を抱いていることは間違いない。

一方，宣告猶予制度を採用している法域もある。これは刑の宣告または有罪判決の宣告そのものを猶予する制度である。執行猶予制度は大陸法圏が採用し，宣告猶予制度は英米法圏が採用している。刑事法学者の前野育三は，両者の違いは単なる法体系の違いではなく，もっと実質的なものであろう，とする。すなわち，この違いは保護観察がどのように発展してきたかと関係するという分析である。19世紀末からアメリカのマサチューセッツ州やイギリスを先駆として英米で発達してきたプロベーションは，刑の量定および宣告を猶予し，犯人を保護観察に付する制度である。つまり，英米では宣告猶予の制度が法律上確立する前に，保護観察がすでに行われ，高く評価されていたのである。そのような歴史的条件のなかで，宣告猶予が発達したのである。

(2) 執行猶予の付与率

日本で執行猶予制度が採用されたのは，旧刑法時代の最後の時期の1905年であった。戦前の執行猶予率は，1917年に10.9%，1942年に18.9%と，きわめて低かったが，戦後は刑務所の過剰拘禁に対応するために急上昇した。

もちろん，近年も執行猶予がわが国の確定判決において果たす役割は決して小さくない。とくに禁錮刑の執行猶予率は95%前後である。罰金にも執行猶予を付けることが法律上は可能であるが，非常に稀であり，年間数件程度である。

刑法25条が定める条件さえ満たせば，執行猶予はあらゆる種類の事件に付けられる（表3-1）。

(3) 執行猶予の取消し

執行猶予の言い渡しは刑法26条に定める「必要的取消し」事由が認められる場合には必ず，また刑法26条の2に定める「裁量的取消し」事由が認めれれば裁判所の裁量によって取り消すことができる。2022年における刑の全部

執行猶予の取消し率は11.1％である。取消事由については，執行猶予中の再犯により禁錮以上の刑に処せられたことが圧倒的多数を占めている。

(4) 刑の一部執行猶予：再犯防止のカギとなるか

2013年6月に成立した刑法等の一部を改正する法律及び薬物使用等の罪を犯した者に対する刑の一部の執行猶予に関する法律により，刑の一部執行猶予制度が新設され，2017年6月から施行されている。これは，拘禁刑の一部を受刑者が刑事施設で過ごした後に，残りの刑期を猶予するもので，円滑な社会復帰を促すことで再犯防止を目指すものである。施設内処遇と社会内処遇の連携によって再犯防止を目指すことがこの制度の目的である。この制度は実刑と執行猶予の中間的な刑罰であるといえ，具体的にはたとえば「拘禁刑2年，うち6カ月は2年間の保護観察付執行猶予」というかたちで言い渡されることになる。罰金刑は一部執行猶予制度の対象とはならない。

受刑者にできるだけ早期に社会に戻ってもらうことで，社会復帰を促進するという構想には意義がある一方，対象者らが社会奉仕活動を行う機会を充分に提供できるかや，また保護観察中の者を社会がどう支え，就労支援を行ったり，社会の一員として受け入れていくかが今後の課題となろう。つまり，この制度の成功のカギは我々社会が握っていると言っても過言ではない。

刑罰に類似の制裁

これまでみてきたように，刑罰の前提は犯罪行為である。つまり，犯罪と刑罰は対応関係にある。近代社会においては，しかしながら，この対応関係は複雑化しており，刑罰ではないものの，言い渡される者に不利益を付与する処分が数多く存在する。

(1) 保安処分

刑罰が過去の行為への対応であるのに比べ，保安処分は未来の危険な行為を予防するために行われる。つまり，特定の者を対象にその者が持つ犯罪行為や危険な行為の原因を取り除き，改善更生を目指す処分といえよう。

保安処分と刑罰の基本的相違点は以下のようにまとめることができる。①刑罰は責任を前提とし，責任によって制約されるのに対し，保安処分は責任を前提とせず，責任によっては制約されない，②刑罰は過去の行為に対する非難を

内容とするのに対し，保安処分は，理念としてはそれを含まないこと，③刑罰も犯罪者の将来の危険性の除去を目的とすることがあるにしても，それが本質的内容ではないのに対し，保安処分ではそれが本質的内容であって，あたかも刑罰における責任のような地位を占めている，ということが挙げられる。まとめると，刑罰が犯罪に対する応報であるのに対して，保安処分は社会防衛に重きを置き，犯罪者の矯正や教育を行う処分である。

(2) わが国における保安処分導入をめぐる議論

　わが国においても保安処分をめぐっては長年に渡り議論がなされてきたが，1907年の現行刑法制定以来，保安処分制度は採用されていない。一方，1926年，1961年，1974年に答申された「刑法改正草案」にはそれぞれ保安処分を盛り込むものであった。そこで検討された保安処分の内容は，精神障害者に対する監護処分，酒精中毒者に対する矯正処分，労働嫌忌者に対する労作処分，危険な常習累犯者に対する予防処分の4種類の保安処分が規定されていた。後二者は，人権侵害の危険が明白なために戦後の草案では採用されず，1974年の改正刑法草案では，精神障害者に対する治療処分と，薬物濫用者に対する禁絶処分の2種類が盛り込まれた。

　しかし，保安処分に対しては法学者を中心に批判が強い。これは，国家が不当な政治的弾圧として乱用するのではないか，ということが懸念されてきたためであろう。また，再犯可能性（危険性）の正確な予測は実質的には不可能に近く，保安処分の決定，さらにはその停止や取消しの手続において適正手続が確保されることが非常に困難であること等から制度導入には大きな抵抗がある。

　現在わが国においては保安処分は採用されていないが，少年に対する保護処分，また医療観察法による治療処分等が保安処分「的」性格を有していると表現できよう。

(3) 心神喪失者等医療観察制度と治療処分

　2001年6月に発生した「大阪池田小学校児童殺傷事件」を最大の契機として，2003年7月「心神喪失等の状態で重大な他害行為を行った者の医療及び観察等に関する法律」（以下，心神喪失者医療観察法）が成立し，2005年7月より施行された。同法は，重大な他害行為（殺人，放火，強盗，不同意性交等，不同意わい

せつ，傷害，傷害致死等とその未遂）を行った者について，①心神喪失または心神耗弱が認められ不起訴となったとき，②起訴後，裁判で心神喪失と認定され，無罪の判決が言い渡され，それが確定したとき，③起訴後，裁判で心神耗弱と認定され，執行猶予付きの有罪判決が言い渡され，それが確定したとき，のいずれかの場合に，検察官は地方裁判所に対し，その者を強制入院または強制通院させる必要があるか否かを決定する審判の申立てをしなければいけない，としている（同法33条）。

　この審判は裁判官1名と精神保健審判員1名（学識経験を有する医師のなかから厚生労働大臣が任命する，鑑定医とは別の精神科医）の合議体で行われ，対象者の入院や通院による治療を決定し，入院によらない治療を受ける者に対しては，保護観察所の精神保健観察に付する等の決定がなされる（同法34条）。裁判所は処遇の要否と内容について，精神保健福祉員（精神保健福祉士等）に精神福祉の観点に基づいた意見を求める。対象者を強制入院させる要件は「対象行為を行った際の精神障害を改善し，これに伴って同種の行為を行うことなく，社会に復帰することを促進するため，入院または通院させてこの法律による医療を受けさせる必要があること」（同法34条）である。対象者は付添人を選任し，医療の終了や退院許可の申立て（同50条）を行うことができるが，制度は医療的観点と社会防衛的観点の妥協の産物である，とする批判もみられる。また，将来の「同様の行為」の危険性をどう判断するか，ということにも議論がある。

⑷ 交通反則通告制度

　車社会である現代社会では道交法違反事件は毎年膨大な数にのぼり，これらをすべて刑事手続上で処理することは，刑事手続への過大な圧迫になる。また軽微な道交法違反者にまで刑罰を科すことは適切ではないであろう。そこで，自動車またはオートバイを運転中の軽微な交通違反（反則行為）について，違反の現場で警察官または交通巡視員により通告が行われ（青キップがきられる），一定期日までに反則金を納付することにより，その行為について公訴を提起されない「交通反則通告制度」が1968年より採用されている。これは罰金に類似した性格をもつが，行政処分である。ところで，反則金の納付は任意である。これは，裁判を受ける権利（憲法32条）が保障されているからであり，この行政処分に服するか，刑事裁判を受けるかの選択権が違反者にあることが青キッ

プに明記されている。反則金を一定期日までに納付しないと通常の刑事手続が開始することは当然，違反者に対する強い威嚇力となっている。

(5) 懲罰的損害賠償（Punitive Damage）

民法上の損害賠償も刑罰と同様の効果を果たすことがある。代表的なのはアメリカやイギリスで採用されている懲罰的損害賠償である。不法行為事件において加害者の行為が強い非難に値する場合に，実際の損害額（直接的・間接的）だけでなく，加害者に制裁を加える目的で「懲罰として」上乗せした賠償金の支払いを求める制度である。とくに民事事件においても陪審制度を採用しているアメリカにおいては，大企業を被告とする不法行為訴訟において，膨大な額の損害額が懲罰として加えられることが多い。つまり，刑罰的性格を有した損害賠償といえる。刑事と民事賠償が截然と区別されているわが国では懲罰的損害賠償の制度は採用されていない。

刑罰の付随効果：いつまでスティグマは残る？

(1) 前科記録

前歴も前科も法律用語ではない。「前歴」とは犯罪を行い，検挙されたことを指す。一方，「前科」は一般的には有罪判決が言い渡され，または略式命令の発付があり，それらが確定したことを指す。また，より狭義には，拘禁刑，罰金の言い渡しを受け，それが確定したことで「犯罪人名簿」（市区町村村役場に備え付けられている）に登録されることを指す。したがって，たとえば逮捕されたが微罪処分となったり，不起訴処分になった場合は「前科」は残らないが，「前歴」は残る。

(2) 資格制限

資格制限とは，有罪の確定判決を受けた者に対して，各種法令に基づいて資格・権利の制限を行うことを指す。現行刑法には名誉刑としての刑罰は存在しないので，資格制限自体は刑罰ではなく，有罪判決を受けたことを原因として刑の付随効果として各種資格が制限される。資格の制限は，名誉の喪失（礼遇，位の喪失），公職禁止（国家公務員等につくことを禁じる），就職禁止（医師，教員等の一定の職業の資格のはく奪，業務停止）に分けることができる。ところで，これらの資格制限はどれぐらいの期間行われるのだろうか。たとえば国家公務員法

5 刑罰の種類

075

38条2項や，地方公務員法16条2項では「拘禁刑以上の刑に処せられ，その執行を終わるまで又は執行を受けることがなくなるまで」「官職に就く能力を有しない（職員となり，または競争試験もしくは選考を受けることができない）」と規定されている。この場合，刑期終了や執行猶予期間終了とともに資格は回復する。一方，裁判所法46条1号，検察庁法20条1号，弁護士法7条1号では，「拘禁刑以上の刑に処せられた者」は裁判官，検察官に任命することができず，また，弁護士となる資格を有しない，と規定されている。また，医師法4条3号も「罰金以上の刑に処せられた者」には「免許を与えないことがある」としており，裁量とはいえ，資格の制限の期間に定めがない。これらの職業に対する社会的信用が大きいことがその根拠である。ただし，拘禁刑以上の刑はその執行が終わり10年が経過すれば（その間罰金以上の刑に処せられなければ）刑の言い渡しは効力を失うので（刑法34条の2），無期限というわけではない。

(3) 性犯罪の前科と日本版DBS

　ところで，2020年以降，教師やベビーシッター等の職にある者が生徒や児童に対するわいせつ行為を行った事件が続いたことで，子どもに対する性犯罪やわいせつ行為を行った者が子どもに関わる職業に再就職することを防ぐことを求める社会の声が強くなり，それに関わるいくつかの法改正が行われた。

　教員がわいせつ行為で懲戒処分となって免許を失効した場合，従前は3年経過後は免許を再取得できた。しかし，2022年4月1日より施行されている「教育職員等による児童生徒性暴力等の防止等に関する法律」により審査制が導入され，対象者には免許の再取得を認めないことも可能となった。また同年6月に成立した改正児童福祉法により，子どもにわいせつ行為をした保育士は刑事罰の有無にかかわらず保育士登録を取り消され，拘禁刑以上の刑が言い渡された場合は，無制限の登録禁止となることとなった（2024年4月1日施行）。

　さらに2023年4月に発足した子ども家庭庁により，子どもと接する仕事に就く人の性犯罪歴を雇用主側が確認する制度の創設が議論されることとなった。これは，英国の内務省が採用している「Disclosure and Barring Service」（DBS，前歴開示および前歴者就業制限機構）に倣った制度である。

　2024年6月には「学校設置者等及び民間教育保育等事業者による児童対象性暴力等の防止等のための措置に関する法律」（こども性暴力防止法）が成立し，

「日本版DBS」を導入する法案が成立し、2026年12月までに施行されることとなった。日本版DBS制度のもとでは、子どもに接する仕事に就く人に性犯罪歴がないかを、事業者がこども家庭庁を通じて法務省に照会できるようにした。確認の対象となるのは、刑法犯の性犯罪のみでなく、痴漢や盗撮等の条例違反も含まれる。照会が可能な期間は、拘禁刑の場合は刑の終了後20年となっている。しかし、フリーランスのベビーシッター、家庭教師や学習塾など雇用関係のない個人事業主は対象外となっており、この制度の実効性には疑問の声もある。

　子どもを被害者とする性犯罪の再犯者率が高いことは確かであり、子どもの安全は最優先されなければならないことは間違いない。一方で、犯罪者の更生において就職が大きな役割を果たしている現実を考えると、性犯罪前歴者がその就労の機会を大幅に制限される問題も残る。この二つの価値が対立することに留意しながら、DBSの効果を検証していく必要がある。

⑷ デジタルタトゥーと忘れられる権利？

　現代社会においてはインターネットの情報拡散力はとてつもなく大きい。加害者が犯罪を犯した後、法律によってその権利や資格が制限されないとしても、いったんネット上に実名や顔写真が掲載されてしまえば、それらの情報はデジタルタトゥーとして残り、その者の人生に様々な影響を及ぼすであろう。そしてその傾向は日本社会においてはとくに強い。EU（欧州人権委員会）が2010年に唱えた、個人データ消去のための、いわゆる「忘れられる権利」はわが国においても尊重されるのであろうか？　さいたま地決平27・6・25は、犯罪を犯した者がその私生活を尊重されることを「人格権」と位置付け、過去の犯罪については社会から「忘れられる権利」を有する、と結論付けた。しかしその後の控訴審では「忘れられる権利」はわが国では確立されておらず、従来通りプライバシー権の侵害で処理されるべき問題として、最高裁もこの考え方を支持した（最決平成29・1・31）。

　元犯罪者としてスティグマが課されるデメリットは、犯罪抑止力として大きな役割を果たしている側面もあるという考え方もある一方で、犯罪を犯した者を早い段階でスティグマから解放し、その者の「更生を妨げられない権利」をどう尊重するかは刑事政策の重要な課題のひとつである。

chapter **4**

犯罪をした人への処遇

1 │ 犯罪をした人への「処遇」についての考え方

　刑事司法手続と聞くと，一般的には，警察・検察による捜査や刑事裁判（公判）をイメージすることが少なくないであろう。これらを指して狭義の刑事司法手続と呼ぶこともある。しかし，捜査・公判の結果を実現するものとして，その後も刑罰の執行，社会復帰のための支援等を含めた広義の刑事司法手続は続くのであって，判決確定で刑事事件のすべてが終わる訳ではない。

　それでは，刑罰の執行として，あるいは社会復帰支援として，何がどのように行われているのであろうか。刑事司法において「処遇」といわれているもののなかには，裁判の結果として犯罪行為に対する責任に基づき，犯罪をした人に対して強制されるべきものと，本人が社会の一員として生活していくことを支えるべく，同意を前提とした支援として行われるべきものとがある。現行の制度は，どのような考え方に基づいて，どのような処遇を行なっているのであろうか。また，それは適切な方向性を志向しながら進んでいるのであろうか。本Chapterでは，施設内処遇と社会内処遇，その双方の制度概要や課題について確認しつつ，日本における犯罪をした人へのあるべき処遇について考えてみよう。

▌「処遇」とは何か

　刑罰を言い渡され，その執行のために刑務所に収容された人（被収容者）への「処遇」等,刑事司法手続における犯罪をした人への対応を「処遇」という。
　「処遇」は非常に多義的な言葉である。たとえば広い意味では，食事や居室，

078

衣料等の日用品の提供，面会や第三者との（手紙等による）通信のあり方といった，様々な場面での一般的取り扱いのことを指す。

一方，刑事司法手続におけるとくに狭い意味として，単なる取り扱いを超え，犯罪行為者本人に対する何らかの指導や教育等を行うこと等が「処遇」と呼ばれる。たとえば，刑務所において薬物自己使用罪や性犯罪を行った被収容者を対象に実施されている「改善指導」のようなプログラム実施が「処遇」と称される。

このように，犯罪をした人への「処遇」ということを考える際には，どの意味で「処遇」という語が用いられているのかに留意する必要があろう。ただし，いずれにしても「処遇」という語には，第三者が本人（ここでは犯罪をした人）に対して行うこと，つまり他律的・客体的な意味を少なからず有している。この点にも注意が必要である。なぜなら，犯罪をした人が刑事司法制度に関与した後，このような他律的・客体的に取り扱われるのみでは，社会において再び自律的に生活をしていくことは困難だからである。

「処遇」は本人を社会復帰させうるか

犯罪をした人が刑務所に収容されるのは何のためであろうか。社会の人々からは，刑務所に収容された人が社会に戻ってくる際には，二度と社会内で犯罪行為を行わないということのみならず，刑務所のなかですっかり人が変わっていることすら期待されているともいえる。しかし刑罰はそもそもそのような効果を有するものなのであろうか。また仮にそのような効果が期待できる処遇があったとして，それを刑罰において強制すべきなのであろうか。

日本において，刑罰は犯罪行為に対する応報であり，その行為責任に基づいて刑罰が科されることを基礎とする。しかし，その行為責任の範囲内であれば，予防を考慮することも許される「相対的応報刑」論の立場が通説とされる。その結果，刑罰の執行の目的は「改善更生」と「社会復帰」であり，現行法はその目的を受刑者自身が「自律的」に達成することを原則としている（被収容者処遇の原則（30条））。しかし後述するように，刑務所において行われる作業・教育・指導といった矯正処遇は，現行法上，刑罰内容としては強制されないものの，遵守事項という刑罰の執行の際のルールにおいて，他律的にそれを行う

ことを強制されている。

　このような社会復帰のための処遇を強制されることは許されるのか否かについては，強制できるとする立場とできないという立場がある。前者は，犯罪をした人が再び社会のなかで犯罪を行わないようにさせることで社会防衛を果たす必要があるという観点（侵害原理）と，社会復帰のための処遇を受けることは本人にとっても利益があるという本人の福祉（パターナリズム）の観点等から正当化できるとする。一方，後者の立場は，本人がどのように社会復帰を果たすのかにあたってはその自律性を尊重すべきであるという観点と，必ずしも刑事司法における強制的処遇の実施によってのみ再犯が防止されるということが明白ではない（犯罪原因は本人にのみ内在する訳ではない）という観点，また本人の意思に反して強制的に処遇を行うことの実効性の無さという観点等から正当化できないとする。

　ただ，時代とともに国際的には後者の立場が徐々に優勢となった。1955年の国連「被拘禁者処遇最低基準規則」第65は，「拘禁刑またはこれと同種の処分を科せられた者の処遇は，刑期が許す限り，釈放後，法を遵守する自立した生活を営む意志と能力をもたせることを目的としなければならない」として，受刑者処遇における社会復帰理念を明確化し，その後段において「受刑者の処遇は，自尊心を高め，責任感を向上させるものでなければならない」として，受刑者処遇における他律的処遇を否定した。一方，この時点の同規則には，アメリカにおける医療的・心理的な他律的治療モデル型の社会復帰処遇の影響を受けた規定や，本人の生活再建という視点ではなく「社会防衛」のための「社会復帰」という規定もみられた。

　しかし，1970年代以降，アメリカを中心とした医療的・心理的な他律的治療による社会復帰処遇に対しての「反社会復帰思想」が広まり，治療モデル的処遇が否定されるようになった。また，1987年欧州刑事施設規則は，その基本原則に「人間の尊厳の確保」を規定し「社会防衛」のための「社会復帰」規定を削除した。さらに個別的処遇計画策定への被拘禁者の参画等，処遇への協力・参加を奨励する方法の発展に対する努力を規定したのである（66条・69条）。つまり，社会のために処遇の客体として社会復帰を目指すのではなく，受刑者の主体的な生活能力獲得のための社会的援助を中心とした社会復帰処遇へと，

基本的視座の転換がなされたといえる。

その後の2006年欧州刑事施設規則や、（1955年の国連「被拘禁者処遇最低基準規則」が改訂された）2015年マンデラ・ルールにおいても、あらゆる処遇が社会復帰のための（あくまで）支援として正当化されるものであり、自由刑の内容を拘禁のみに純化し、社会内の生活との差を最小化すること、その他の不利益を可能な限り生じさせないための施設の努力を求めること等、社会復帰処遇に対する基本的姿勢は一貫している。

また、この点、施設内処遇のみならず社会内処遇に関しても、基本的に本人の自律的な社会復帰を支援すべきとの立場に相違はない。1990年の非拘禁的措置に関する国連最低基準規則（東京ルールズ）、1988年の自由の制限を含む非拘禁的制裁・措置のための最低基準規則（グロニンゲン・ルールズ）等、社会内処遇に関する国際準則においても、権利制約の最小化と権利行使の最大化、処遇実施にあたっての本人の同意の重要性を規定している。

このような国際的潮流からも、社会復帰に向けた処遇は、それを強制されるべきものではなく、むしろ拘禁という特殊な生活環境の弊害を除去するための措置として、国家の責任で多様な福祉的・教育的処遇プログラムのメニューが用意され、それを支援として受ける受刑者が、主体的に選択できるものとして構想される必要がある。

社会復帰するのは誰か：処遇論の変遷と発展

犯罪をした人に対する処遇を、どのような目的でいかなる手段によって行うのか、この議論を処遇（モデル）論という。先述のとおり、かつて1950年代のアメリカでは医学や心理学の観点から、犯罪をした人を病人ととらえ、犯罪行為を病気であるとして、カウンセリングがセラピー、さらには電気ショックや脳外科的手術といった物理な治療までを行う「治療（医療）モデル」が主流となった。しかし、このような考え方は、再犯可能性予測と治療の必要性のもとに長期間の施設収容を許容することとなったり、治療状況に応じた個別事情による不公平な刑罰の賦課が問題視されたり、人権侵害性の高い対応であることについて強い批判がなされた。

そこに登場したのが「公正（正義）モデル」である。このモデルは処遇の対

象となる人の人権を重視するリベラル派の観点と，犯罪に対する応報としてより厳格な対応を求める保守派の観点との双方から支持された。

　とりわけ後者は，犯罪をした人を治療するのは「寛大過ぎる」対応であるとして，より厳しい処罰を求めていくこととなった。その結果，1970年代のアメリカにおける量刑は長期化し，刑務所人口が増大していくことになったのである。

　1990年代に入り，治療モデルと公正モデルの対立を超え，処遇において再犯リスクの管理の視点を重視するRNR（Risk-Need-Responsivity）モデルが注目を集めた。同モデルはエビデンスに基づく政策（Evidence-based Policy）の観点からも正当化され，世界各国の処遇実務に影響を与えている。しかし，このモデルにおいては，統計的に主要なものとされる犯罪誘発的ニーズに働きかけることを基本にしており，認知行動療法に基づいて本人の行動を管理することが目指される。それゆえに，どうしても本人の行動を規制することになりやすく，「何をするのか」ではなく「何かをさせない」処遇になるという問題があった。

　これに対して，GL（Good Lives）モデルといわれる処遇モデルがある。このモデルにおいては，すべての人は自らの人生において，主体性，健康，親密な他者との関係性，やりがい，創造性など，何らかの「価値（Goods）」を追求する存在であるとされる。犯罪行為は，そのような「価値」を追求する際の誤った手段であり，社会復帰とは，別の手段によって自らの人生における「価値」を得ることを追求し，その結果として得られる状態であると考えるのである。

　このGLモデルと従来の処遇論との大きな差異は，本人の自律性や主体性を中心に据えたものであるか否かという点にある。治療モデルや公正モデル，RNRモデルはいずれも，それぞれが拠って立つ犯罪や犯罪をした人に関する考え方は異なるものの，医学や心理学，公正さ，リスク管理といった観点から，社会が犯罪をした人を他律的にどう扱うのか，という点が問題とされてきた。もちろんGLモデルの考え方に立つとしても，この処遇が刑罰の枠内で行われる限り，追求されるべき「価値」が刑事司法制度のなかで固定的・画一的にとらえられ，その追求が強制される可能性はある。

　しかしながら現状の日本の施設内処遇・社会内処遇においては（一部の実務における取り組みのなかで言及されることはあるものの），GLモデルが重視する本

人の自律性・主体性を処遇の中心に据える，という発想が浸透しているとは言い難い。このことは，最終的に誰が社会復帰を果たすのか，社会のなかで生きていくのは誰なのか，という視点が十分に共有されていないということでもある。刑事司法による関わりには必ず終わりが来るのであって，その後，本人が自ら日々生き続けられ，結果的に再犯をする必要のない生活になっているということが，迂遠なようで「再犯防止」を持続可能なかたちで実現する，最も着実な方法なのではないだろうか。

2 | 施設内処遇

　刑務所に収容されるという自由刑は，歴史的には決して当たり前の刑罰ではなかった。しかし近代，自由刑が主として用いられるようになったことで，われわれにとって最も「刑罰」という言葉からイメージしやすいものになった。

　日本においては，1908（明治41）年に成立した監獄法により現在の刑務所の原型が作られた。戦前から施設内処遇の充実と適正化に向けた監獄法改正の必要性は認識され，草案作成作業も行われていたが，本格的な改正の動きは第二次世界大戦後の1970年代以降に具体化した。刑法全面改正の動きと重なり，監獄法改正に向けた法案提出が3度あったものの，当時の国会の政治的動向にも左右されて法改正には至らず，日本の刑務所運営は100年にわたり監獄法に基づいて行われてきたのである。

　2001（平成13）・2002（平成14）年に，名古屋刑務所において，刑務官の暴行により受刑者が死亡・負傷するという「名古屋刑務所事件」の発生が明らかになったのを契機に，有識者による行刑改革会議が開かれた。同会議の提言をもとに，2007（平成18）・2008（平成19）年，監獄法が全面改正され，「刑事収容施設及び被収容者等の処遇に関する法律」（以下，被収容者処遇法）が成立し，これに基づいて行刑改革が行われてきた。

　しかしその後も，2007年に徳島刑務所において，多数の受刑者が刑務官と衝突する暴動事件が発生し，2022年に名古屋刑務所での複数の刑務官による受刑者への継続的暴行が発覚する等，日本の行刑改革はなおその途上にあるものといわざるをえないであろう。

刑事施設の概要

日本の刑務所は法務省矯正局によって所管されており，矯正局が所管する刑事施設（刑務所，拘置所）のひとつである。その他，同局が所管する矯正施設は表4-1のとおりである。刑事施設にはこれらの他，労役場，留置場（代用監獄）等を含む場合もある。

また，現行法のもとで新たに官民協働によって運営されるPFI（Private Finance Initiative）刑務所も4カ所開設された。これらの施設においては，とくに民間企業が中心となって特色ある矯正処遇が行われている。

刑事施設に収容される際には，収容開始時の処遇調査の結果，処遇指標が付される。まず「犯罪傾向が進んでいない者」としてA指標，「犯罪傾向が進んでいる者」としてB指標に大きく分類され，加えて，Y（26歳未満の若年者），W（女子），M（精神上の疾病または障害を有するため医療を主として行う刑事施設等に収容する必要があると認められる者），F（日本人と異なる処遇を必要とする外国人），L（執行刑期が10年以上である者）等の指標が付される。たとえば，「26歳未満で犯罪傾向が進んでいない者」の指標はYAとなる。これらの指標をもとに，収容先の施設が確定される。

また，処遇調査の結果は，施設内での処遇の目標・内容・方法を示す処遇要領（84条2項）に反映され，各被収容者に対して，個別的にどのような矯正処遇を行うのかが決定される。これは，定期（原則6カ月に1回）・臨時に実施される再調査に基づいて変更されることもある。

日本の刑務所被収容者の生活

日本の刑事施設の性質を理解するうえで，刑務所における受刑者の生活を知っておくことは重要である。日本の受刑者の生活の特徴をまとめると，以下のようなものが挙げられる。

① 私的領域の少ない集団生活

食事，刑務作業，休憩，運動，入浴等，あらゆる行動は原則一斉実施され，共同室での生活が基本，個室は例外であるため，一人になる時間帯がほぼ

表4-1　刑事施設一覧

刑務所（医療刑務所を含む）・少年刑務所	既決被収容者（懲役刑・禁錮刑／拘禁刑，拘留刑受刑者）を収容
拘置所	未決被収容者（被勾留者等），死刑確定者を収容
少年院	保護処分を受けた少年を収容
少年鑑別所	家裁の審判に付された少年のうち，収容を伴う資質鑑別を要する少年を収容
婦人補導院	売春防止法によって補導処分を受けた女子を収容

ない生活を強いられる。

② 他律的・受動的生活

　　刑務作業を中心に，日常生活の詳細に至るまで日課が組まれており，休憩時以外の（作業にかかわるような受刑者間の）会話や，トイレに行くといった生理現象への対応すら，職員の指示・命令なくして動けない。

③ 規律づくめの絶え間ない監視下での生活

　　寝具・衣服の畳み方まで，施設内の細事にルールがあり，違反には叱責・懲罰が科される。

④ 極度の不自由・欲求不満に満ちた生活

　　自律的行動が違反となってしまう可能性を考慮した結果，諦めや無気力から従順な生活態度に馴らされやすい。

⑤ 一般社会から隔絶された特殊な社会における生活

　　（面会，信書の発受，電話を用いた通信といった）外部交通や書籍等の閲覧にも大幅な制約があり，外部とのコミュニケーションに欠け，また，刑事施設職員間の上下関係も厳しいため，閉鎖性を帯びた生活になりやすい。

　実際に受刑経験を有する人によれば，このような受刑生活を経験することが，出所後，社会で自らの生活を再建していく際，本人が自分で考えて行動することを著しく困難にしている面があるという。とりわけ，再犯によって何度も入所を繰り返している人にとっては，入所ごとに刑務所内の生活により適応し，出所後の生活再建の困難がさらに増してしまうのである。

　このような受刑者の生活のあり方はなぜ許容されているのであろうか。この

点，受刑者の法的地位，つまり施設内でどのような権利を有していて，どのような権利制約を受ける可能性があるのか，という議論に関わる。

受刑者の法的地位

受刑者は，刑務所に収容されることで「移動の自由」を奪われる以外にも，刑事施設内外において多様な自由を剥奪されている実態がある。たとえば，刑事施設内では，食事や作業の内容の選択の不自由，作業は労働としてみなされないため，賃金ではなく「作業報奨金」が支払われることによる労働力の搾取，他者とのコミュニケーションの形態や内容（表現の自由）の制約，社会内では出所後の就職や居住場所の自由の制約等，刑務所収容に伴う様々な権利制約を受けている。

これらの自由の制限は，受刑者がすべての市民権を剥奪され，国家の慈悲によって生かされる存在であるとの一般的認識よって，あまり疑問をもたれていないかもしれない。現行法のもとでは，制限の緩和や優遇措置によって，一定の制約が受刑期間中に徐々に解除されていく部分もある。しかし，刑事事件の判決によって言い渡された自由刑の本来の刑罰内容に，このようなあらゆる権利制約が当然に含まれてよいのであろうか。

このような施設内での刑罰執行の際に生じる権利制約は，かつて「特別権力関係」理論によって正当化された。特別権力関係とは，特別の法律上の原因に基づき，公法上の特別の目的に必要な限度において，特定の者に包括的支配権が付与され，法治主義の原理の適用が排除される関係のことであり，法律の規定または当事者の同意により発生する。国家と受刑者との基本関係においても，この公法上の特別権力関係が妥当し，刑罰の執行目的に必要な範囲において，受刑者は，具体的な法的根拠なくして行刑機関の包括的な支配に服さなければならないと解釈されていた。

このような考え方は，日本において実際の行刑体制に色濃く反映されてきた。日本の刑務所においては，受刑者の権利や自由を原則すべて剥奪・制限する。そして，刑務作業を行う工場の担当職員が，裁量で恩恵的便宜を供与することにより，受刑者との間で疑似的な信頼関係と家父長的依存関係を作り上げ，少ない職員で多数の受刑者を管理するという「担当制」が採られている。この「担

当制」を中核として、受刑者の権利自由の制限による全面的支配服従関係を前提としてきたのである（＝日本型行刑）。この体制は、一般市民の目が届かない閉鎖的環境における、非常に特殊な支配服従関係であった。

しかし、受刑者と国家の関係を「特別権力関係」とすることへの反論も存在した。20世紀初頭のドイツにおいて、フロイデンタールが「自由刑の純化」論を主張し、自由刑は字義通り「移動の自由」の制約のみをその内容とすべきであるところ、実際には受刑者が移動の自由の喪失以外の不利益を受けている事実を指摘した。そして、これを放置するのは裁判官によって言い渡された刑以上の刑罰を課すことであって許されないと批判し、「自由刑の（執行中に生じた）弊害の除去」義務が国家にあることを主張した。さらにこの考え方は、国際準則にも反映された。1955年に決議された国連被拘禁者処遇最低基準規則57条は「自由刑の純化」を謳い、世界各国における受刑者の法的地位の明確化の動きを促進したのである。

日本においても、受刑者の法的地位の明確化の動きは裁判実務に影響を及ぼしたことが窺われる。1958年、死刑確定者による行政訴訟に対する大阪地裁判決（大阪地判昭和33・8・20行例集9・8・1662）において、裁判所は、刑事施設における収容関係を「特別権力関係」であると認めつつも、憲法に照らしてその一定の修正を行う内容を判示している。すなわち、①被拘禁者の重要な基本的人権の制限には具体的な法律の根拠が必要であって、②法律により制限を行う場合も、拘禁目的に照らして必要最小限の「合理的範囲」に限定されるべきであり、③行刑当局による人権侵害に対しては司法的救済を求めることができるとした。

ただ、やはり特別権力関係を前提としており、「重要な」基本的人権ではないと国家が判断すれば法がなくとも制約可能であること、また、制限の「合理的範囲」の判断を、制限主体である行刑当局に委ねていることから、このような司法的解釈による「行刑の法律化」には限界がある。そこで、憲法31条に基づく「行刑法定主義」の主張があらわれた。これは同条による保障のなかに、刑事手続における「適正手続保障」と刑法における「罪刑法定主義」に加え、法律の定める手続によらなければ刑罰の執行を受けないとする「行刑法定主義」を包含するという考え方である。すなわち、刑事施設内における受刑者に対す

る人権制約が，刑罰の本質的内容を超えるものであってはならず，また，制約の際には国家の刑罰目的を達成するための必要最小限度の制限が，法規によって根拠付けられていなければならない。これにより，刑事司法制度との最初の接触から，完全な解放に至るまでの全過程における人権を統一的に説明可能であるとされた。

このような受刑者の法的地位の議論に照らして，受刑者の権利は実質的にどの範囲で制約・保障されうるのであろうか。刑務所における自由刑執行の本質は，法的非難としての身柄拘禁（移動の自由の権利制約）のみに純化され，それ以外の権利については，原則，社会内で生活する市民と同様の権利主体としてみなされるべきであろう。一方で，自由刑執行の際，社会復帰のための矯正処遇の実施や，施設内の保安規律の維持のために，たとえば通信の秘密，学問の自由，財産権等，法律によって制約を受ける可能性のある権利がある。

個別処遇の原則と矯正処遇（作業，改善指導，教科指導）の概要

被収容者処遇法30条は受刑者処遇の原則として，本人の資質及び環境に応じた自律的な改善更生の意欲の喚起と社会復帰に向けた能力の育成（個別処遇の原則）を謳っている。このような個別処遇の原則は，監獄法時代にはなかったものであり，これを明確化したことの意義は大きい。

なお，この目的を達成する見込みが高まるにつれ，刑務所内での生活・行動に対する制限が緩和される（88条1項）。同様に，物品の貸与・支給，自弁の物品の使用・摂取，面会の時間・回数などについて，一定期間の受刑者の評価に応じた優遇措置がとられる（89条）。

また同法は，処遇のなかでも中核的なものとして「矯正処遇」（84条）という概念を新たに規定し，これには作業（92-120条），改善指導（103条），教科指導（104条）が含まれる。旧法の時代には，「24時間矯正」ともいわれる，無限定の生活指導の実施が現場の一般的認識であったが，現行法では矯正が行われる範囲を一定程度明確化しようとしたともいえる。

作業には，一般作業と職業訓練があり，さらに一般作業は生産作業のほかに，自営作業（施設運営に必要な作業）や社会貢献活動等が含まれる。

改善指導には，一般改善指導と特別改善指導があり，前者はすべての被収容

者が対象となるが，後者は社会復帰に向けて特定の課題を有する被収容者が対象となる。一般改善指導は，講話や行事等をとおして，犯罪被害者等の感情理解，規則正しい生活習慣等の習得による心身の健康の増進，社会復帰に向けての生活設計や必要なスキルの習得等が目的とされる。特別改善指導は，薬物依存離脱指導，暴力団離脱指導，性犯罪再犯防止指導，被害者の視点を取り入れた教育，交通安全指導，就労支援指導の6種類のプログラムを，それぞれの事情を有する被収容者がその改善に向けて取り組むために行われるものである。

矯正処遇の法的性格

　これらの矯正処遇の法的性格は，先述の受刑者の法的地位との関係で問題となる。なぜなら，作業と改善指導・教科指導は，刑法と被収容者処遇法上の位置付けが異なり，とりわけ後者の改善指導や教科指導を強制することが許されるのかが問題となりうるからである。

　刑法上，作業については「刑事施設に拘置して所定の作業を行わせる」として，懲役刑の刑罰内容に含まれ，懲役受刑者は作業を行わなければならない。一方，改善指導や教科指導は，刑法上の刑罰内容ではなく，被収容者処遇法に規定された義務内容であるとされる。

　禁錮刑の刑罰内容は刑事施設への拘置のみに限定されるものの，禁錮受刑者においても本人の申出による「請願作業（93条）」が実施されていることが少なくない。このことは，懲役刑においてもあくまで作業が日課の大半を占めており，刑罰内容ではない改善指導や教科指導等は作業の合間に実施されているに過ぎず，そもそも作業以外に刑務所内で行うことのできる（選択可能な）活動はきわめて限定的な現状があるからである。

　しかしながら，被収容者処遇法の遵守事項の規定（74条2項9号）においては，懲役と禁錮受刑者，また作業と改善指導・教科指導，いずれの区別もなく，「正当な理由」なく「作業を怠り」または「指導を拒」んだ場合，遵守事項違反として懲罰の対象になりうるのである（150条1項）。

　このような被収容者処遇法の規定のあり方には問題がある。第一に，刑罰内容として義務付けられた懲役受刑者と，自発的な申出に基づく禁錮受刑者の作業を同一視するべきではない。また，改善指導・教科指導についても，刑罰内

容ではない以上，本来それを行わない自由もあるものと解するべきであろう。

「規律秩序」の維持と受刑者の権利の制約

日本において「日本型行刑」と称されるような管理のあり方が一般的に行われてきたのは，刑務所内の規律秩序を維持するという，刑務所の保安の観点がとりわけ重要視されてきたことが大きい。確かに，適正な刑罰の執行のためには，逃走の防止や受刑者間の共同生活の平穏や安全を保持する必要はある。しかし，規律秩序そのものを維持することが自己目的化した保安のあり方は，受刑者の権利を過剰に制約しうる点で問題がある。刑務所における秩序維持のあり方として，何を「規律秩序」とし，どのような維持の方法をとるべきなのであろうか。

かつて監獄法においては，保安規律の目的・内容および懲罰の要件・手続について法律上の規定がなかったため，その多くが省令以下の規則や実務運用によって執り行われていた。そのなかには，軍隊式行進，裸体検身等，生活指導を超えた施設管理上の都合のためのルールが多数含まれ，秩序維持目的による不当な行動統制による手続的保安がみられた。国際的には「動的保安（ダイナミック・セキュリティ）」による安全の確保が主流になりつつあり，日本の刑事施設においても社会内での自律的な生活再建に向けてこのような方向性を志向すべきではないかと思われる。「動的保安」は，「規律秩序」の内容を「安全かつ平穏な共同生活の維持」を主とし，職員と被収容者が水平的な人間関係を築きながら自律的に生活を運営するなかで，結果として保安上の問題が生じない状況を目指すものである。諸外国において治療共同体の考え方に基づく施設内プログラムが行われる場合，このような「動的保安」が重視されている点も重要であろう。

現行法では，規律秩序の維持のための措置を，被収容者の収容確保，処遇のための適切な環境の維持，安全かつ平穏な共同生活の維持のために必要な限度を超えないものとされ（73条2項），施設内で受刑者が守るべき「遵守事項」が規定されている（74条）。これに違反した際には懲罰の対象となりうる。しかし同法に規定された遵守事項の内容には，矯正処遇の受講拒否や怠業（同9項），あるいは施設の規律秩序の維持のための必要な事項といった包括条項も含まれ

ており（同10項），規律秩序の維持の自己目的化につながりやすい。あくまで必要最小限度の権利制約のもと，規律秩序の維持がはかられるべきである。

　なお，懲罰について，遵守事項違反のみならず，職員の指示に対する違反もその対象となる反則行為に含まれる（150条1項）。確かに，反則行為の抑制に必要な限度を超えた懲罰を科してはならないものとされているが（同3項），そもそも対象となる行為が広範であり，事前に被収容者が予見できない職員による指示も含まれる等，保安規律が自己目的化しやすい前提は今もなお存置されているものといえる。

3 ｜ 社会内処遇

　日本における社会内処遇は，一般に「更生保護」と称され，これは法務省保護局が所管する業務のことを指す。更生保護とは，広義には，犯罪・非行を行った人が，社会内において普通に生活しながら改善更生できるよう指導・援助すること，また，それを行うことによる犯罪・非行防止のための国の施策のことである。狭義には，保護観察中の者を対象として行う応急の救護・援護および更生緊急保護（刑事上の手続により，身体の拘束を解かれた者への援助）のことをいう。更生保護制度には，保護観察，仮釈放，更生保護事業，恩赦，犯罪予防活動等が含まれる。

　更生保護を担う国の中心的機関である保護観察所は，従来の犯罪をした人の社会内処遇のみならず，2005年からは心神喪失者医療観察（社会復帰調整官が担当），2007年からは犯罪被害者等支援（保護観察官・保護司のなかに被害者担当を配置）も所管している。

更生保護に関する法律と理念の変容

　施設内処遇における監獄法から被収容者処遇法への転換と同様，社会内処遇においてもその基本法が2007年に改正された。ただし，施設内処遇における行刑改革とはその契機や方向性のやや異なるものであった。2005年以降，保護観察中の仮釈放者による重大再犯事件等，社会内処遇の対象者による重大事件が大きく報道された。世論において保護観察対象者に対する監視の強化が叫

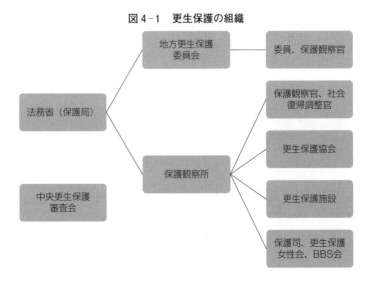

図4-1　更生保護の組織

ばれ，法務省によって設置された「更生保護のあり方を考える有識者会議」は，従来の本人の社会復帰支援を中心に重点を更生保護から，保護観察中の規律違反を厳格に取り締まる等，より監視的な対応も強化するべき旨の提言を行った。その結果，2007年に従来の犯罪者予防更生法と執行猶予者保護観察法を統合し，更生保護法が成立した。

　かつての犯罪者予防更生法は，法律の目的（1条）として「再犯防止」を明記せず，その一次的目的を本人の改善更生に置き，副次的目的として（結果としての）社会防衛を置いていたとされる。一方，新しい更生保護法においては，法律の目的に「再犯防止」が明記され，かつ「改善更生」よりも先に置かれている。立法者はこれを「再犯防止」と「改善更生」はもともと表裏一体であり，車の両輪であると説明したが，新法の規定はどのようにその両輪を回すことを想定しているのであろうか。

　旧法においては本人の「更生を助け」ることにより自律的な生活再建を支援し，本人が再犯に至らない生活を継続することで結果的に社会防衛がなされることが実務においても主流であった。一方，現行法が本人に「適切な処遇」により厳格に対応することで直接的に「再犯防止」を行うという，他律的な社会

防衛が志向されているであるとすれば，それは，諸外国の社会内処遇において，厳格な遵守事項違反の取り締まり強化による被拘禁者数の増加やネット・ワイドニングにつながったように，刑事司法手続きから社会内での生活へと徐々に移行していくための支援という社会内処遇の意義を減殺することになりかねない。また，生活支援を行う一般福祉においては，本人と支援主体との関係が「措置」から「契約」へと時代と共にその性質を発展させて来た経緯もあり，それに逆行するような社会復帰支援のあり方は更生保護においてもなされるべきではない。再犯させないための措置としての更生保護ではなく，対等な関係性を前提とした支援としての更生保護を志向すべきであろう。

■「改善更生」の目指すところと更生保護の歴史

　更生保護における「改善更生」とは何か。「改善更生」の法律上の定義はないが，一般的に，実務において「改善」とは内面的な罪の意識と贖罪意識であり，「更生」とは外形的な立ち直りであるととらえられてきた。しかし，内面のみを認識することは困難なことから，「改善更生」を一体的なものとしてとらえつつ，本人が普通の社会生活を行うことで犯罪・非行行為を行わない状態になることを目指してきたとされる。つまり，本人が社会において立ち直るということは，必ずしも普通の人以上に「まっとうな人」であることを求められて来た訳ではなかったものといえる。このような「改善更生」の理解が浸透していたのは，更生保護が，官（国家機関）ではなく，民間の篤志家の活動にその起源があったからであるとされる。

　1883（明治16）年，日本において最初の感化院（現行の児童自立支援施設）が宗教家・池上雪枝によって少年を対象に設立された。1888（明治21）年には最初の成人を対象とした更生保護施設が，実業家・金原明善によって設立され，1897（明治30）年に元受刑者である原胤昭が東京出獄人保護所を設立した。こうした民間の篤志家がその社会的必要性に気づいて刑余者や非行少年への生活の場や教育の提供を行なったのが更生保護の始まりなのである。

　その後，感化法（1900（明治33）年）や刑法・監獄法（1908（明治41）年）が施行され，仮釈放制度が始まったことで，国が制度的に社会復帰を支援しようとするも運用は低調であった。大正期に入ると，国が免囚保護事業奨励金を支給

し，免囚保護会の設立を奨励したり，旧少年法・矯正院法施行（1923（大正12）年）にあたり，国から委託を受けた少年保護司による保護観察制度を導入したりした。また，感化院が矯正院となり，国が運営する施設へと再編された。この頃，少年保護婦人会（後の更生保護女性連盟の前身）が設立され，全国に普及した。このように，明治・大正期には「司法保護事業」として，更生保護の一部の官制化が進むも，やはり原則は民間主導であった。

しかし昭和に入ると，戦時体制のなかで更生保護も変容する。1936（昭和11）年には思想犯保護観察法が施行され，治安維持法違反者の保護観察のため，保護観察所が全国22カ所に設置された。1937（昭和12）に全日本司法保護事業連盟を結成，1939（昭和14）には司法保護事業法が施行されたことで，収容保護団体と司法保護委員が制度化されることとなり，更生保護は民間慈善事業から国の許可を必要とする許可制のものとなった。

1945年8月，終戦によって治安維持法や保護観察所が廃止されたことで，戦後の更生保護が始まった。司法省・保護課が設置され（1946年），同年10月に旧生活保護法が施行された。また，1947年にはBBS（Big Brothers and Sisters）会の前身・京都少年保護学生連盟が結成され，少年審判所が全国18カ所へ増設された。

同年5月に日本国憲法が施行されると，恩赦法や犯罪者予防更生法が施行された。この際，アメリカにおけるプロベーション（probation）を参考として，保護観察にケースワーク的な処遇方法が導入される。当時，ケースワークによる処遇を行うにあたり，GHQは保護観察をすべて国の専門官によって行うべきであると主張していたが，日本の法務省は，保護観察官と保護司の協働態勢による保護観察を行うべきであると主張し，こちらが採用された。

1950年に更生緊急保護法・保護司法が制定され，同年11月には全国BBS（Big Brothers and Sisters）会が結成された。ここで，その後の更生保護と社会福祉の関係を決定付けられる出来事が生じる。1951年に社会福祉事業法が施行される際，更生保護事業が社会福祉事業から適用除外された。更生保護制度は法務省が管轄し，厚生省の管轄する社会福祉制度からは除外されることで，社会福祉一般の事業と，更生保護が切り離されることとなったのである。社会福祉における対象者から犯罪をした人が除外された影響は，2000年代に「司法と

福祉の『連携』」という動きが生じるに至るまで，また現在もなお尾を引いているともいえよう。

1952年には法務府が法務省となって保護局が設置され，同局が保護観察所を全国に設置し，現行の保護観察所の体制が成立した。1954年に執行猶予者保護観察法が施行されたことで更生保護4法（犯罪者予防更生法，更生緊急保護法，保護司法，執行猶予者保護観察法）が成立した。

更生保護の位置付けと対象者の法的地位

歴史的に，民間から始まった更生保護が，国の事業として取り込まれたなかで，現行法におけるその位置付はどのように変化したのであろうか。また，更生保護と社会福祉の異同に照らして，更生保護における対象者の法的地位はどのように考えられうるのであろうか。

更生保護は，その性質上，国の施策であると同時に，地域住民の理解と協力・支援がなければ成立しないものである。なぜなら更生は社会内で行われるものであり，社会がその意義を理解していることが不可欠なのである。更生保護法2条は，更生保護に責任を負う主体は国家である（1項）とする一方で，同時に民間への支援，国民の理解・協力の促進を規定している（同2項・3項）。刑事司法手続は国家による自由の制限であり，その制限からの回復に国家が責任を負うことは当然である。しかし，社会復帰は国家の努力のみでは為しえないことを，国民にも抽象的な関与義務を規定することで明示しているのである。

社会復帰にあたって，犯罪をした人は「犯罪を行った」ということのみならず，様々な具体的負因を抱えることになる。住居や医療の確保，就業とその継続，人間関係の回復等，生活再建に向けた具体的な支援が必要となる。これらの支援は，必ずしも犯罪とは関わらない，福祉的・医療的・心理的な対人援助として必要とされるものであろう。つまり，本来は更生保護も社会福祉領域の問題なのである。しかし，歴史的に，法律上，社会福祉領域の対象から，犯罪行為者は除外されてきた。社会福祉と更生保護は，一体何が異なると考えられてきたのであろうか。

社会福祉は，厚労省が所管し，利用者の申請に基づく契約関係を前提とする。それは，「措置から契約へ」の流れや障害者権利条約等からも明らかなとおり，

福祉サービスを受ける人の権利保障を根拠とするものである。一方，更生保護は法務省が所管し，その前提に裁判の結果，強制された関係を含んでいる。保護観察は権限義務関係をも含むもので，どうしても国家による個人のコントロールを含まざるをえない。しかし，このような地位の差異があるから，福祉領域から更生保護は完全に除外されてよいのであろうか。

たとえば，諸外国のなかには，少年の社会内処遇を（日本の厚労省のように）福祉を所管する省庁が担う国も少なくなく，それは，福祉的対応を基本とした社会復帰支援が，本人の生存権をはじめとする権利保障に基づくものであるからこそ，そのような構成がとられているものといえる。

また，更生保護は刑事政策の「最後の砦」（＝社会への橋渡し）でもある。刑罰の執行は，それが進むにつれ，応報から教育，さらに社会復帰へと重点が移行し，徐々に社会で実際に生活するということに近づく。更生保護が刑事司法の一環であることは否定できないが，その重点は，本人の社会復帰へ向けた支援に置かれるべきであろう。

更生保護の抱える葛藤：保護観察における「有権的ケースワーク」

このような「強制された関係」としての葛藤を抱えるなか，どのように更生保護は「支援」としての実質を担保してきたのであろうか。保護観察とは，保護観察対象者の改善更生を図ることを目的として，指導監督および補導援護という方法により実施するもの（更生保護法49条Ⅰ）である。

指導監督とは，保護観察対象者が遵守事項を遵守し，並びに生活行動指針に即して生活し，および行動するよう，必要な指示その他の措置をとる「権力的・統制的作用」であるとされる（法57条）。一方，補導援護は，保護観察対象者が自立した生活を営むことができるようにするため，その自助の責任を踏まえつつ実施される援助であり「援助的・福祉的作用」であるという（法58条）。この相反する2つをいかに有機的・効果的に組み合わせて行うかが保護観察の歴史においては，現場の保護観察官を中心に模索されてきた。すなわち，権力的関係があることを前提としたケースワーク（有権的ケースワーク）として，保護観察におけるダブルロール（二重の役割）をどう果たすのかが追求されてきたのである。

「有権的ケースワーク」は，旧法（犯罪者予防更生法）の目的規定（1条）において「再犯防止」を直接明記しないなかで，本人が「犯罪をしなくてもよい生活」を実現し，その反射的効果として再犯をしない状態を維持できることを目指す支援の具体化でもある。たとえば，保護観察中の所在不明者に対して形式的な取消しで対応するのではなく，「なぜ所在不明になったのか（＝なぜ保護観察の実施者との信頼関係が切れてしまったのか）」を自覚的に追究する。そうすることで，「ケースワーク」としての本質を見失わず，監視による再犯防止ではなく，本人が自律的に社会で生活できることを支援することが，保護観察の任務であると考えられてきたのである。

　このような姿勢は，更生保護が「ケースワーク」という支援関係を放棄しない限り，その実質を担保するために，現行法においてもなお堅持されるべきものであろう。

保護観察の概要

　保護観察は以下のような類型が規定されている。①②が少年，③④が成人を対象とするものである。

【保護観察の種類（48条）】
① 保護観察処分少年（1号観察）：少年法24条Ⅰ①の保護処分に付されている者。期間は，その少年が20歳に達するまで，既に20歳以上である少年については，家庭裁判所が23歳を超えない期間内において定める。
② 少年院仮退院者（2号観察）：少年法24条Ⅰ②に定める少年院からの仮退院を許されて保護観察に付されている者。期間は，仮退院から20歳に達するまで，例外的に26歳に達するまで可能。
③ 仮釈放者（3号観察）：刑事施設からの仮釈放を許されて保護観察に付されている者。期間は残刑期間が終了するまで。無期刑仮釈放者の保護観察期間については，恩赦によらない限り終身。
④ 保護観察付執行猶予者（4号観察）：刑法25条の2Ⅰにより，刑の執行を猶予され，保護観察に付されている者。判決確定の日から，執行猶予期間が満了する日まで。

保護観察における指導監督とは，面接その他の方法により，保護観察者と接触を保ち，その行状を見守ることを基本とし，遵守事項を遵守し，並びに生活行動指針に即して生活し，行動するよう，必要な指示その他の措置をとるものである。

　保護観察における遵守事項の意義と種類について（50条），そもそも遵守事項は行為規範であり，指導監督の目標・基準である。そのため，違反があった場合には，仮釈放取消し，刑の執行猶予取消し，少年院への戻し収容，保護観察処分少年に対する施設送致申請等の事由になりうる。遵守事項は，保護観察を効果的に行うための条件や枠組みであり，保護観察対象者全員が守るべき「一般遵守事項」と，個々の保護観察対象者の有する問題性に応じて定められる遵守すべき「特別遵守事項」がある。

　後者は，①犯罪または非行に結び付くおそれのある特定の行動をしてはならないこと，②労働・就学等の特定の行動の実行・継続，③７日未満の旅行，離職，身分関係の異動その他の保護観察官または保護司への申告，④専門的知識に基づく特定の犯罪的傾向を改善するための体系化された手順による処遇として法務大臣が定めるものの受講，⑤法務大臣が指定する施設，保護観察対象者を監護すべき者の居宅その他の改善更生のために適当と認められる特定の場所への一定期間宿泊と指導監督の受け入れ，⑥その他指導監督を行うためとくに必要な事項等が想定されている。とくに④は，現行法制定時に導入されたもので，薬物自己使用や性に関わる課題等，特定の犯罪的傾向の改善のためのプログラム受講が想定されており，刑務所における特別改善指導のフォローアップとして実施されているものもある。

　これらの遵守事項に加えて，保護観察における指導監督を適切に行うため必要な保護観察対象者の改善更生に資する「生活行動指針」（56条）がある。これは，遵守事項ほど規範性が強くないもので，違反しても不良措置にはつながらない。たとえば，真面目にはたらくこと，家族の扶養に努めること，浪費を慎むことといった努力目標に近いものが含まれる。

　なお，遵守事項や生活行動指針は，本人とのコミュニケーションをもとに，途中変更や廃止も可能である。本人が自律的に取り組むことを担保するうえでも，本人の参画は重要である。

保護観察中にとることのできる措置

保護観察官が保護観察中にとることのできる措置として，以下のようなものがある。

まず，もはや保護観察や特別遵守事項の必要がない場合等には良好措置（解除，一時解除，退院，不定期刑終了等）を，遵守事項が守られていない，保護観察成績が著しく不良な場合等には不良措置（警告，戻し収容，仮釈放取消等）をとることができる。

また，緊急事態が生じた場合に，保護観察所の長が自らまたは更生保護事業を営む者等，その他適当な者に委託して行う措置として「応急の救護」がある（62条）。たとえば，衣服の現物支給，食費や交通費の援助，宿泊場所の委託などを行う。

少年の保護観察対象者の「保護者に対する措置」もある。保護観察所の長が，必要性があると認めるとき，保護観察に付されている少年の保護者に対し，その少年の監護に関する責任を自覚させ，その改善更生に資するために行う指導，助言その他の適当な措置である（59条）。

また，良好・不良措置をとるにあたっての事情聴取等の際に行われる措置として，「出頭の命令」がある（63条）。

不良措置として重大な措置が「引致・留置」である。①一般遵守事項によって定められた住居に居住していない，もしくは，②遵守事項違反を疑うに足りる十分な理由があり，かつ，正当な理由がないのに出頭の命令に応じない場合のいずれかに該当する場合に，裁判官のあらかじめ発する引致状により，保護観察対象者の身柄の確保，勾引ができる（63条Ⅱ）。

出頭の命令や，引致・留置は，本人に対する重大な権利制約を伴うため，任意で対象者が応じる場合には使わず，最終手段として使うべきものである。

協働態勢下における保護観察官と保護司の役割分担

日本の保護観察は，戦後，保護観察官と保護司の協働態勢によって行われてきた。国家公務員である保護観察官と，民間ボランティアである保護司がそれぞれの強みを活かして取り組むことが重要であるとされる。

保護観察官の役割は、①保護観察開始時の対象者との面接による態勢下への導入、②保護観察処遇に関する調査・診断・実施計画の策定、③危機場面の調整・介入・処置、④有権的措置（良好・不良措置）、⑤保護司に対するスーパービジョンが基本となる。これらに加え、SST（Social Skills Training）、集団処遇、家族ケースワーク、カウンセリング、社会参加活動等、また近年は認知行動療法に基づくプログラム（専門的処遇）の実施もあり、かなり多様な業務に追われている。

一方、保護司の役割は、「社会奉仕の精神をもって、犯罪をした者の改善および更生を助けるとともに、犯罪の予防のため世論の啓発に努め、もって地域社会の浄化をはかり、個人および公共の福祉に寄与すること」（保護司法1条）とされ、民間性と地域性の長所を活かし、保護観察処遇の個々のケース（個別の対象者）に関与することが重要であるとされる。保護司のバックグラウンドは多様であり、多様性に富むケースワーカーであることが保護司には求められている。そのため、保護観察官による各保護司と各保護観察対象者とのマッチングが重要であるという。保護観察ケースワークは一般に、以下のような手順で行われる。

【保護観察ケースワークの手順】
① 保護観察所に出頭してきた対象者との面接
　　　　↓
② 保護観察事件調査票の作成
　　　　↓
③ 保護観察の実施計画の作成
　　　　↓
④ 担当保護司への調査票・計画の送付──同時に、社会資源ネットワーキングのコーディネート
　　　　↓
⑤ 処遇の実施：類型別処遇・段階別処遇・直接処遇・専門的処遇プログラム

保護観察官や保護司をめぐる課題

　近時，保護観察の担い手について問題とされてきたこととして，第一に保護観察官数の不足と専門性が挙げられる。保護観察官は全国で700名程度であり，一人当たり常時100件以上のケースを担当している。そのため，保護観察官が一つひとつのケースで直接処遇を行うことはそもそも困難である。2006年の「更生保護を考える有識者会議」においては「処遇にあたる保護観察官の数を少なくとも倍増させる必要性」があるという提言もなされたが，現状，必ずしも十分な対応がなされたとはいえない。まず保護観察官の絶対数の確保と，専門職採用試験やさらなる研修の必要性，関連分野との人事交流の活発化が求められている。

　また，第二の課題として，保護司適任者の確保の困難がある。地域社会の連帯感の希薄化，自宅において保護観察対象者との面接を行うことに対して家族から理解が得られない等，保護司という職務の特殊事情があるという。そこで，各保護司選考会に「保護司候補者検討協議会」を設置し，適任者の発掘に努めるほか，保護司の面接場所を自宅外に確保するために「更生保護サポートセンター」を各地に設置する等，具体的対応策がとられている。

　さらに，保護司の高齢化と，専門的知識を有する保護司の確保の困難も課題として挙げられる。実費弁償以外は完全にボランティアである保護司の平均年齢は63.3歳と高く，何らかの障がいのある対象者への対応等，近年の保護観察対象者の質的変化に対応できる，専門的知識をもった保護司の確保は難しいとされる。従来，人生経験や「素人」としての強みこそが保護司の利点とされ，これらの強みは今もなお重要であるものの，保護司の一部公募制等，従来の保護司とは異なるバックグラウンドをもった多様な保護司の確保が検討されるべきとの意見もある。

仮釈放制度の概要

　仮釈放制度とは，国の刑事政策として，刑務所などの矯正施設に収容されている者を収容期間満了前に仮に釈放して更生の機会を与え，その円滑な社会復帰を図ることを目的とした制度である。いわば施設内処遇から社会内処遇への

「ソフトランディング」を図るための制度であり，円滑な社会復帰に資するとされる。仮釈放には以下の4つが規定されている。

【仮釈放の種類】
① 拘禁刑受刑者に対する仮釈放
② 拘留受刑者又は労役場留置者に対する仮出場
③ 少年院在院者に対する仮退院
④ 婦人補導院在院者に対する仮退院

　このうち，①③④をパロール（parole）と呼び，釈放にあたって一定の遵守事項を遵守しなければならない。
　仮釈放の手続は以下のようなものである。

① 矯正施設の長から身上調査書受理
　まず施設収容後速やかに被収容者ごとに身上調査書を作成し，施設管轄地の地方更生保護委員会（以下，地方委員会）および本人帰住地の保護観察所へ送付する。生活環境の調整の資料となる。
　身上調査書の内容としては，本人の身分関係，裁判・執行関係，心身の状況，生活歴，犯罪（非行）の概要，動機・原因，帰住予定地，引受人の状況，共犯者の状況，被害者の状況，釈放後の生活計画等が含まれる。
② 地方委員会の委員・保護観察官による調査
　面接・関係書類の精査を行う。帰住環境が整わないと仮釈放を許可する決定はありえない。
③ 矯正施設の長から申出書を受理
　応当日後，仮釈放の実質的要件（＝許可基準にあてはまる）があるかどうかを勘案して，施設長が申出を行う。なお，地方委員会の職権による審理開始として，刑事施設長の申出がなくとも，仮釈放審理を開始することが可能である。しかし，実際にはほとんど活用例がない。
④ 合議体（地方委員会の委員3人）による審理
　委員による面接を実施し，仮釈放等審理調査票を作成する。関係書類の精査も実施する。そのなかに，審理対象者の申告（申告票の提出）もあり，犯罪の

動機や被害弁償等および釈放後の生活計画などについて申告票に記載，提出することができる。これは，対象者による審理への関与の機会でもある。

　また，被害者等からの意見等聴取も，被害者等から仮釈放に関する意見および被害に関する心情を述べたい旨の申出があったときに行われる。これは「社会の感情」の一部として考慮されるもので，近年，仮釈放の許可を行うか否かにおいて影響力をもっているともされる。

⑤ 合議体による評議

　仮釈放等の許否を以下の基準に照らして判断し，釈放すべき日などを検討する。

【仮釈放の実質的要件（許可基準）】

a．悔悟の状および改善更生の意欲があると認められること……中心的要件（優先的に判断）

b．再び犯罪をするおそれがないと認められること……aにより推認可

c．保護観察に付することが改善更生のために相当であると認められること……包括的要件

d．社会の感情が仮釈放を是認すると認められること……abcを満たす場合に判断

　このうち，abcは積極的要件，dは消極的要件であって重視しすぎるべきではないとされる。dを過剰に重視すれば，仮釈放に対する萎縮効果が生じるからともされる。

⑥ 仮釈放を許す旨の決定

　仮釈放を許可する場合，特別遵守事項の設定も可能である。当該個人の問題性，特性に応じた条件を本人に通知し，その遵守を誓約してもらうこととなる。

　なお，仮釈放を許す決定以外を行う場合，審理等経過記録にその旨が記載されるものの，決定は出されない。この点，犯罪者予防更生法下では不許可の決定がなされることとされていたことに比して，不服申し立ての対象になりうる行政的決定がない点は問題であろう。

仮釈放率の低下と仮釈放の意義：仮釈放の積極化の必要性

出所受刑者に占める仮釈放者の比率は，戦後，概ね6割以上で推移していたが，一時5割を切るところまで低下した。さらに，棄却率（仮釈放が許された人員と仮釈放申請が棄却された人員の合計に対する後者の比率）も，1993年以降2%で推移していたところ，2005年に3.9%，2007年に4.8%，2011年頃からさらに低下し，その後5%前後で膠着している（なおこの間，仮釈放審理開始件数自体も減少している）。

この背景には，更生保護法の改正の契機となった保護観察対象者による重大再犯事件と，更生保護のあり方を考える有識者会議による「強靭な保護観察」の要請によって，仮釈放もまた厳格・慎重な運用がなされるようになったことがあるのではないかとされる。

同時に，仮釈放となるための社会的受け皿の確保の困難も指摘される。2000年代以降，日本の景気の悪化や社会的格差が進んだ結果，仮釈放になりうる人の家族等も余裕のない生活状況にあることで引受人になることが難しいといった事情や，そもそも家族をはじめとする社会内における人間関係が切れてしまっている人も少なくない。

しかし，このような仮釈放率の低下は，社会復帰に際して本来は一番支援が必要な人々を仮釈放できないこととなり，仮釈放の本来の意義からすると矛盾がある。仮釈放を積極化し，適切な仮釈放期間を確保して，社会へのソフトランディング（再犯に至りにくい支援体制の構築）を目指すべきである。

そのために，①社会的受け皿の確保，②地方委員会の職権による仮釈放審査の積極化がなされるべきである。さらに本来は③被収容者による仮釈放申請権の確立も必要であろう。

4 | 近時の日本における刑罰改革の動き

2020年少年法改正に向けた法制審議会（以下，法制審）での議論を経て，2022年に刑法・更生保護法が改正された。これにより，懲役刑と禁錮刑が廃止され，拘禁刑が導入された。また，社会内処遇のための環境調整が，刑事司

法手続の入口段階から出口段階まで，民間との連携のもと，従前よりも広く行われることとなった。

　今次の刑罰改革にかかる議論は，少年法改正に伴う若年者への対応を検討するなかで，また同時に，実務において問題視されていた高齢や障がいのある受刑者への対応が問題とされたなかで，付随的に検討され始めたものであった。一方，日本の懲役刑に対しては，2013年「国連社会権規約に関する第3回日本政府報告書審査」において国連社会権規約委員会が，その最終見解のなかで「日本の刑法典が本規約（国連社会権規約）の強制労働の禁止に違反し，刑の一つとして刑務作業を伴う懲役を規定していること」に懸念を示し，「矯正の手段又は刑としての強制労働を廃止し，国連社会権規約第6条の義務に沿った形で関係規定を修正又は破棄すること」を日本政府に対して要求していた。つまり，国際的にも懲役刑を廃止し，作業義務のない自由刑に単一化することを求められていたのである。

　ただし，国際的に志向されている自由刑は，あくまで自由刑を本来の刑罰内容のみに純化するものであった。しかし今次の改正は，「拘禁刑」に一本化したうえで，その刑罰内容として作業をはじめとする教育や職業訓練等「社会復帰に資する」ものを義務付けられうるものであり，むしろその強制の範囲を従来の禁錮受刑者や多様な活動に拡大するものであったといえる。果たしてこのような方向性の改革は，国際的批判に耐え得るものになっているのであろうか。また，今後の刑事司法は「社会復帰に資する」処遇を刑罰内容として提供しなければならないこととなるが，そのための矯正・保護における人的・物的体制の整備や，官のみではなしえない支援を行う民間の機関・団体や専門家との連携のための基盤が十分構築されなければならないであろう。

4　近時の日本における刑罰改革の動き

105

chapter **5**

犯罪被害者

1 | 被害者の登場：その歴史的意義

　犯罪により最も大きな影響を受けるのは誰か。それはやはり被害者であろう。犯罪によって命が奪われたり，大けがを負った被害者はいうまでもないが，そこまで大きな被害でなくてもその後の人生がまったく変わってしまう被害者も多い。しかし，被害者には充分な関心が向けられない時期が長く続いた。犯罪学の諸理論や刑事法の諸分野においても，何が加害者を犯罪に至らしめたのか，そして犯罪者をどのように罰し処遇するかに重点がおかれ，関心はつねに加害者に向けられていたといえよう。このような状況に対する反省から1970年代頃から欧米諸国を中心に，被害者への配慮の必要性に注目が集まり始めた。一方，わが国ではこれより遅れて，1990年代後半頃より被害者問題に注目が集まるようになった。

　このChapterでは，被害者という概念が歴史上どのように扱われてきたかについて概観したうえで，刑事司法制度における被害者の位置付けがどのように変化してきたかについて説明する。

被害者とは誰か

　ところで，「被害者」とはどの範囲の人を含むのだろうか。犯罪によって被害を受けた人びとはもちろん直接の被害者である。一方，被害者の家族や遺族はどうだろう。家族でなくても恋人や友人まで含めることができるのだろうか。わが国の刑事手続では「被害者等」というとき，「被害者又は被害者が死亡した場合若しくはその心身に重大な故障がある場合におけるその配偶者，直系の

親族若しくは兄弟姉妹」（刑訴法201条の2第一項第一号ハ）を指す。つまり、「被害者等」とは、「直接の被害者」、「被害者の家族」、そして「被害者遺族」を指すことになる。これらの人々の間には共通する思いやニーズが多いであろう。しかしまったく同じかというと、そうではないこともあろう。たとえば被害者が亡くなってしまった場合、遺族は犯人に対して死刑を望むかもしれない。しかし亡くなった被害者が死刑について反対だったのならどうだろうか。またこの逆もありうる。本Chapterでは法律と同じく「被害者等」という用語を便宜上使用することがあるが、被害から影響を受けた様々な人々が「被害者等」に含まれるとしても、それぞれニーズや思いは異なりうる、ということには注意が必要である。

　犯罪が発生すれば、一部の犯罪（たとえば薬物犯罪等のいわゆる「被害者なき犯罪」）を除けば、そこには必ず具体的な被害者がいる。つまり、刑事政策においては、被害者について考えることは非常に重要である。

被害者の扱われ方

　アメリカで最初に被害者学の教科書を書いたスティーブン・シェーファーによると、犯罪被害者の扱われ方は歴史的にみて以下の3段階に分けられるという。

⑴ 第Ⅰ期：被害者の黄金期

　古代、中世においては司法制度がまだ発達しておらず、被害者が加害者に血讐を行うことが認められていたし、むしろ奨励されていた。これは被害者やその遺族、あるいは被害者の一族が加害者に対し報復し、弁償を求めるかたちで行われた。

⑵ 第Ⅱ期：被害者の衰退期

　中世から近代に入ると、国家刑罰権が完成し、犯罪は「国家に対する侵害」ととらえられるようになる。刑事と民事の責任は分化され、国家や統治者が加害者に対する処罰権を有することになる。黄金期においては加害者から被害者に支払われた弁償金は、罰金として加害者から国家に支払われるようになり、被害者の地位は希薄化していく。

⑶ 第Ⅲ期：被害者の復活期

　民刑が峻別される一方で、被害者が軽視されてきたことへの反省の念が高ま

り，欧米などでは1970年代頃から被害者補償制度が導入され，また様々な被害者支援制度への必要性が唱えられるようになった。この動きは現在も多くの国で続いており，被害者のニーズにあわせて支援や補償の内容も大きな変遷をみせていく。

シェーファーによる分類は以上の3期であるが，この後に「第Ⅳ期」とでもいうべき，被害者の権利の発展期がわが国を含む多くの国でみられているともいえる。とくに欧米では1980年代以降に，またわが国では1990年代後半以降に，社会の間でも被害者救済の声が大きく上がるようになり，法制度や政策に対する被害者の要求が反映され，実際の改正につながることも多くなってきた。被害者の権利主張が強力に展開され，それが応報感情と過度に共鳴してしまうと，過剰な厳罰要求が生まれてしまう危険性も存在する。刑事政策においては，こうした問題にも留意しつつ，被害者問題について研究することが重要となる。

2 ｜ わが国における被害者保護を概観する

犯罪被害者等給付金制度の創設

わが国の最初の実質的な被害者支援制度は，「犯罪被害者等給付金支給法」によるものである。この法律は1974年の三菱ビル爆破事件を主な契機として1980年5月に制定され，1981年1月より施行された。さらに支給対象の拡大と支給基礎額の引き上げを中心とした法改正が行われ，2001年7月1日より「犯罪被害者等給付金の支給等に関する法律」が施行された。給付金には，犯罪により死亡した者の遺族に支給される「遺族給付金」，犯罪行為により重傷病を負った人に支給される「重傷病給付金」，そして犯罪行為により障害が残った人に支給される「障害給付金」の3種類がある。

この給付金は見舞金的性格のものであり，額も十分ではないとの批判も強かったが，2024年6月15日に施行された改正法令政令により，遺族給付金の最低額をそれまでの320万円から1060万円に引き上げる等の改正がなされた。また，被害者と加害者との間に親族関係がある場合は支給金の一部または全部が制限されたり，労働者災害補償保険法により公的給付が行なわれた場合は，

その限度において給付金が支給されないなどの問題も指摘されてきた。これらの問題について，2018年3月「犯罪被害者等給付金の支給等による犯罪被害者等の支援に関する法律施行令」（政令）が改正され，給付金制度の拡充が行なわれた（同年4月施行）。この改正により，幼い遺児の年齢および人数に応じて遺族給付金が引き上げられたり，親族間の犯罪であってもその関係が完全に破綻している場合は支給制限を受けないことなどが盛り込まれた。経済的支援が被害者の回復にとっても非常に重要であり，さらなる充実が目指される必要がある。

刑事手続における被害者支援

(1) 警察における被害者支援

　わが国における様々な被害者支援制度は警察がその先頭を走って進めてきたことに大きな特徴がある。被害者の多くが被害後はじめて助けを求める公的機関であるにもかかわらず，警察においては十分な被害者支援体勢がとられてこなかったことへの批判が1990年代後半頃より高まったことが大きな理由として挙げられる。とくに，性犯罪の女性被害者が男性警察官に配慮のない応対をされる等の，いわゆる「セカンド・レイプ」を受けてきたことへの批判が強くなされ，専属の女性捜査官による応対の必要性が声高に主張されたことが大きな後押しとなった。警察庁は1996年2月に「被害者対策要綱」を発出し，各都道府県警に女性警察官を中心とした性犯罪被害専門の窓口の設置や性犯罪専門の捜査官による性犯罪被害者への対応を行うこと等の被害者支援を進めた。

　被害者支援においては，被害者への情報提供もまた大きな役割を示す。1996年に警察庁により「被害者連絡実施要領」が制定され，身体犯の犯罪の被害者を中心に，被疑者の氏名や住所，逮捕や起訴，またその処分の状況について通知されることになった。2023年7月13日からは改正要領が実施され，被害者への連絡がさらに確実に実施されることや，関係諸機関との効果的な連携が図られている。

(2) 検察における被害者支援

　「被害者とともに泣く検察」と検察官が自らを表現することもあるように，検察官に対して被害者の味方としての役割を期待する見方は多い。しかし，検

事調べにおいて十分に被害者の心情に配慮した対応が行われていないなどの批判も少なくなかった。ところで，検察官のみが加害者を起訴するか不起訴にするかを決めることができるのであるから（国家訴追主義：刑訴法247条），被害者にとって検察官は重要な決定を行う存在である。しかし，被疑者を起訴したか否かについての情報さえもかつては被害者に提供されていなかった。しかし，1999年4月より全国の検察庁において被害者に対し事件の処理結果などについての情報を通知する「被害者等通知制度（以下，通知制度）」が実施されることとなった。この通知制度により，被害者等や目撃者が希望すれば，検察庁で受理したすべての事件において，事件の処理結果（起訴か不起訴か），公判期日，刑事裁判の結果，公訴事実の要旨，不起訴裁定の場合はその主文と理由の骨子，勾留および保釈等の身柄の状況と公判経過が通知される。さらに，加害者の有罪確定後の自由刑の執行状況や仮釈放の時期についても，情報が通知される。

(3) 被害者保護の展開：行動する被害者

　欧米諸国に比べると遅れをとってきたわが国の被害者支援であったが，1990年代後半ごろから大きな変化がみられる。この背景には，1995年の「地下鉄サリン事件」後，被害者支援体制の不備や，被害者が事件後抱える心の傷の問題に社会の注目が集まり始めたことが大きい。また，1997年の「神戸連続児童殺傷事件」後，被害者遺族による手記の発表が相次ぎ，また同時期より，被害者が自分たちのおかれている窮状を明らかにし，国や地方公共団体に対して，充実した被害者支援を求めるケースがみられるようになったことも重要である。

　このようななかで，1995年5月15日，全国被害者支援ネットワークは「犯罪被害者の権利宣言」を発表した。ここでは，①公正な処遇を受ける権利，②情報を提供される権利，③被害回復の権利，④意見を述べる権利，⑤支援を受ける権利，⑥再被害から守られる権利，⑦平穏かつ安全に生活する権利が挙げられている。

　被害者等が具体的な法改正を求めて運動したり，要求書を提出したりすることが多くみられるようになると，それに呼応するかたちで国民の被害者問題への関心も高まった。かつては被害者がその感情を吐露する機会が十分でなかったが，社会の側にも被害者の声を聴き，受け止める体制が少しずつできてきたことは評価できよう。このような流れのなかで，2000年以降，被害者保護を

はかる立法や法改正が続いた。以下ではこれらについて検討するとともに，被害者保護政策が被疑者・被告人の権利に与えうる影響についても考察したい。

犯罪被害者保護のための法的整備

2000年5月19日「刑事訴訟法及び検察審査会法の一部を改正する法律」（以下「2000年改正刑訴法」）および「犯罪被害者等の保護を図るための刑事手続に付随する措置に関する法律（以下「犯罪被害者保護法」）が公布され，同年11月1日より施行された。この2つの法律をまとめて「犯罪被害者等保護関連二法」と呼ぶことがある。

(1) 刑事訴訟法および検察審査会法の一部を改正する法律

「2000年改正刑訴法」は被害者等の証人に対する保護を大きく促進させ，また被害者が希望すれば刑事裁判において意見を陳述できる機会が創設された。

①証人への付添い（刑訴法157条の4）

性犯罪の被害者や児童等，裁判で証言する際に大きな心理的負担を受ける証人の精神的苦痛を和らげるため，児童の親や心理カウンセラーなどが証人に付き添えることができる。しかし同条は「裁判官若しくは訴訟関係人の尋問若しくは証人の供述を妨げ，又はその供述の内容に不当な影響を与えるおそれ」がある者は，付添人として認められない，としている。証人の付添人への信頼度が高ければ高いほど，証人は影響も受けやすく，そのことが証言の内容に影響を及ぼすことを防ぐことも重要である。近年では，被害者である児童が証言する際に，セラピー犬を付添わせる法廷付添犬の活動も始まりつつある。

②証人への遮へい措置（刑訴法157条の5）

被害者にとっては被告人と向かい合って，また多くの傍聴人の前で証言することは大きな精神的負担であろう。そこで，証人と被告人の間に，あるいは証人と傍聴人の間に遮へいを置くことが可能である。しかし，被告人との間に遮へいを設置することは，被告人の証人審問権を制限するのではないかという懸念もある。ゆえに被告人との間の遮へい措置は，裁判所が犯罪の性質や証人の心身の状態などの諸事情を考慮し，証人が被告人の面前において供述すると，圧迫を受け精神の平穏を著しく害されるおそれがあると認める場合に限り，検察官および被告人または弁護人の意見を聴いたうえでとることができる（同条

第1項）。また，この遮へい措置は弁護人が出廷している場合に限りとることができる（同条同項但書）。

③ビデオリンクシステム（刑訴法157条の6）

　性犯罪の被害者などは法廷で証言することにとくに大きな精神的負担を感じるであろう。証人が希望すれば，裁判所の判断により，証人をビデオカメラとテレビモニターを設置した別室で証言させ，それを法廷にいる訴訟関係者がそれぞれのモニターをみながら証人とのやりとりを行うこともできる。この措置はその後，2016年の刑訴法改正により，同一構内以外の場所（別の裁判所）とをビデオリンクで結ぶことも可能となった。

④「被害者の保護」VS「裁判の公開，被告人の証人審問権」？

　被害者を中心とした証人の保護をすることで，証言が得られやすくなれば，真実の解明につながることは間違いない。しかし一方で，これらの措置は裁判の公開（憲法82条1項，37条1項）や被告人の証人審問権（憲法37条2項前段）に反しないのであろうか。最高裁はこの点につき，証人の保護措置がとられていても裁判が公開されていることには変わりなく，また被告人は音声で証人の証言を確認でき，自ら反対尋問できること，弁護人は証人の証言を映像と音声の両方で確認できることを理由に合憲であるとの判断を示した（最判平成17・4・14刑集59・3・259）。しかし厳密にいえば，被告人にとっては音声は聞こえても視覚情報が制限されるわけであるから，証人審問権を侵害しないわけではない。被害者の保護と被告人の権利がぶつかり合う場面のひとつである。

⑤被害者等の意見陳述（刑訴法292条の2）

　従来から被害者は証人として被害状況や処罰感情について証言する機会はあった。しかし，2000年改正刑訴法により，292条の2が新設され，裁判所は，被害者またはその法定代理人から申出のあるときは，公判期日において被害者等に，被害に関する意見の陳述をさせることとなった。これは，主に欧米諸国を中心に，被害者影響陳述（Victim Impact Statement，略してVISと呼ばれる）として採用されてきた制度に倣ったものである。しかし，事実認定手続と量刑手続が分けられていないわが国では，被害者の意見陳述が量刑だけでなく事実認定にも影響してしまうことも危惧された。そこで，この意見陳述は犯罪事実を認定するための証拠とすることは許されないことが明記されている（同条第9項）。

この意見陳述については，被害者の刑事手続への主体的な関与を始めて認め
たものであり，2000年改正刑訴法においても最も大きな改正であったといえ
る。刑事手続において被害者に積極的に発言させることで，被害者の傷ついた
心の治療的効果を見出す実証的研究もある。しかし，被害者の発言内容によっ
て量刑に大きな差が出てしまわないか，あるいは逆に，被害者の意見陳述が量
刑にとり入れられなかった場合の被害者の落胆にどう対応するかの問題も残さ
れている。被害者にはその意見を述べる機会を刑事手続においても可能な限り
与えるべきであるという意見もあるし，被害者の生の声を被告人が聴くことで，
真の贖罪の念を引き起こさせるに果たす役割への期待もあろう。そしてこの点
については，修復的司法に期待するところは大きいと考えられる。

(2) 犯罪被害者等の権利利益の保護をはかるための刑事手続に付随する措置に関する法律

① 公判手続の傍聴

　刑事被告事件の係属する裁判所の裁判長は，被害者等から申出があるときは
当該被告事件の公判手続を傍聴できるように配慮しなければならないことが裁
判所の法的義務となった（同法2条）。事件の裁判を傍聴したいという被害者の
当然のニーズに応える配慮が制度化されたものである。

② 公判記録の閲覧および謄写

　刑事被告事件の係属する裁判長は，被害者等から申出があるときは，正当な
理由があると認める場合には，申出をした者に当該事件の訴訟記録の閲覧また
は謄写をさせることができるものとされた（同法3条）。民事裁判による損害賠
償請求のための準備を被害者等が速やかに行えることを可能とした点で，被害
者保護に果たす役割は大きい。

③ 刑事訴訟手続における民事上の争いについての和解

　被告人と被害者等は，両者の間における民事上の争いについて合意が成立し
た場合には，刑事被告事件の係属する裁判所に対し，共同して当該合意につい
て公判調書への記載を求める申立てをすることができ，その合意が公判調書に
記載されたときは，その記載は裁判上の和解と同一の効力を有するものとされ
た（同法19条）。刑事和解制度とよばれる。

　被害者等が被告人との間で成立した示談書を刑事裁判で証拠として提出する
ことは従前から行われていたが，被告人が実際に被害弁償を行わない場合，示

談書だけでは被告人に対して強制執行を行うことができなかった。このような場合，被害者等は刑事裁判とは別に民事裁判を起こし，その判決に基づいて強制執行を行うしかなく，被害者等にとって大きな負担であった。刑事和解制度では，民事訴訟を経ることなく，被害者等が債務名義を取得できるため，被害者の手続的負担が軽減されたという大きな意味がある。また，これに類似して2008年12月1日より損害賠償命令制度も導入された（後述）。

またこの他にも，1999年以降，被害者保護を目指す様々な法律が制定，施行されている。これらにはたとえば，「児童虐待防止法」や「ドメスティック・ヴァイオレンス防止法」，また「ストーカー行為等の規制等に関する法律」などがある。従前は加害行為として認識されにくかったこれらの問題への社会の認識が高まり，またその被害者の保護のための法的整備が進んだことは評価できよう。

3　発展する被害者保護政策：犯罪被害者基本法と基本計画

これまで述べてきたように，被害者に対する支援制度はわが国でも徐々に整備されてきた。被害者の権利保護をいっそうはかるために，2004年12月「犯罪被害者等基本法」（以下，基本法）が制定され，2005年4月より施行された。基本法は被害者のための施策の基本理念を定め，その基本構想を条文化したものであり，その法施行に伴い，特別の機関である犯罪被害者推進会議が内閣府におかれた。

さらにこの基本法のもとでは，被害者のための施策についての具体的計画とその体系を構築し，推進していくために「犯罪被害者等基本計画」（以下，基本計画）が策定され，2005年12月27日に閣議決定された。この基本計画では以下の5つの重点課題が掲げられた。

① 損害回復・経済的支援等への取組み
② 精神的・身体的被害の回復・防止への取組み
③ 刑事手続への関与拡充への取組み
④ 支援等のための体制整備への取組み

⑤ 国民の理解の増進と配慮・協力への取組み

　ここでは，あわせて258項目もの施策が盛り込まれた。さらに，2007年6月
20日，「犯罪被害者等の権利利益の保護を図るための刑事訴訟法等の一部を改
正する法律」が成立し，これらの施策が実現に向けて進められた。上記のうち
ここではとくに①と③について説明する。

被害者の損害回復支援

　上記①については，2006年6月13日に「組織的な犯罪の処罰及び犯罪収益
の規制等に関する法律の一部を改正する法律」および「犯罪被害財産等による
被害回復給付基金の支給に関する法律」が成立し，同年12月1日より施行さ
れたことで，財産犯罪等の犯人からその犯罪収益を剝奪し，損害回復にあてる
ための法整備が進んだ。

　さらに，刑事裁判の成果を利用した民事裁判による損害賠償命令制度が採用
された（「犯罪被害者等の権利利益の保護を図るための刑事手続に付随する措置に関す
る法律」17条）。これは，刑事事件を担当した裁判所が，有罪判決言い渡し後，
引き続き損害賠償請求についての審理も行い，加害者に損害の賠償を命じるこ
とができる制度である。刑事手続の成果を利用して損害賠償請求を行うことが
できることから，被害者の立証の負担が軽減される。おおむね4回以内の審理
で結論が出され，申立て手数料は，請求金額にかかわらず，2,000円であり，被
害者の負担を軽減したものとして評価できよう。対象事件は，ⅰ．故意の犯罪
行為によって人を死傷させた罪，ⅱ．強制わいせつ，強制性交等罪，ⅲ．逮捕
監禁，誘拐等の一定の自由を奪う罪であり，過失犯と財産犯は対象とならない。

被害者のPTSDとその精神的支援

　PTSD（Post Traumatic Stress Disorder＝心的外傷後ストレス障害）は犯罪や災害
などにより心に傷を受けた後のストレスによる不調や不安障害により，侵入（突
然被害体験を再体験する）や回避（事件に関係のある場所を避けようとする）などの
諸症状が6カ月以上続く状態をいう。PTSDは1980年よりアメリカで，ベト
ナム戦争帰還兵の抱える心の問題として関心が払われるようになったが，わが

国ではとくに1995年の「阪神・淡路大震災」の被災者や「地下鉄サリン事件」の被害者がその後，様々な身体的・精神的不調を訴えたことから注目されるようになった。

PTSDの治療は難しいといわれており，症状がみられなくなっても何年かして突然またその症状が現れることもありうる。現時点では，治療法として，運動療法，投薬療法，グループワークなどが有効とされているが，被害者が精神的に負担を感じた際に相談できるカウンセリング機関の充実がいっそう図られる必要があろう。

わが国においては，PTSDは民事裁判において，とくに交通事故の被害者の後遺障害として扱われ，認定されてきた。しかし2000年に発覚した「新潟女児監禁事件」後，被害者にPTSDの症状を生じさせたことが傷害罪にあたるか否かが議論されることになった。この事件では警察は，医師の被害者に対するPTSDについての診断をもとに犯人を傷害罪ででも逮捕したが，検察は傷害罪での起訴を見送った。しかしこれ以降は，PTSDを傷害として認定する判決もみられるようになった。同じ被害を受けてもそれによる「心の傷」は人によって違いうる。個人差のある被害を今後どのように客観的に認定するかについては課題も多い。

ところで，基本法が施行されたことで，国や地方自治体の犯罪被害者支援相談窓口の設置が進められてきた。また，全国に公益社団法人全国被害者支援ネットワークが置かれ，警察の犯罪被害者支援との連携も図られている。また，被害経験のある当事者同士が語り合うことで，被害者の回復を目指す，自助グループ等の当事者団体も重要な存在である。

被害によるトラウマ経験は様々な症状を被害者にもたらすが，「被害を経験したことで他人の気持により共感できるようになった」とか「今後はさらに強い人間になれる」等，被害者が自身が考えることを，トラウマ後のポジティヴな成長や変化（Post Traumatic Growth, PTG）と呼ぶ。もちろん，周りが被害者にPTGを期待することなどあってはならない。しかし，被害者に対する充実した支援が行われたことで，被害者がPTGを感じる状態になれたとしたら，そのことは肯定的に評価できるであろう。

被害者参加制度：「当事者」化する被害者

　上記③については，2007年改正刑訴法を受け，2008年12月より「被害者参加制度」が導入された。ところで，被害者は事件の当事者ではあるが，刑事訴訟における当事者ではない。刑事訴訟における当事者はあくまで被告人と検察官であり，被害者は「証拠の一つ」として位置付けられてきたのである。このことに対する被害者の不満は大きく，より「直接的に」刑事裁判に関与することを求める被害者の声が大きくなった。

　被害者参加制度のもとでは，一定の重大事件を対象（刑訴法316条の33第1項）に，その被害者等（直接の被害者および刑訴法231条の告訴権者がここに含まれる）若しくは当該被害者の法定代理人またはこれらの者から委託を受けた弁護士が手続への参加を申し出た場合は，裁判所は相当と認めるときはその参加を許すものとされる。被害者等が参加を希望する場合，その申出は検察官に対してなされ，検察官は意見を付して裁判所に通知する（刑訴法316条の33第2項）。手続に参加する被害者等は被害者等参加人と呼ばれる。

(1) 公判期日への出席（刑訴法316条の34）

　裁判所は審理の状況，被害者参加人等の数その他の事情を考慮して相当でないと認めるときを除き，被害者参加人の公判期日への出席を認めることになる。「その他の事情」とはたとえば，法廷で被害者が不規則発言などをするおそれが非常に高い場合などが含まれよう。公判期日への出席が認められると，被害者は検察官のすぐ後ろ等に着席する。

(2) 証人尋問（刑訴法316条の36）

　検察官に続いて被害者参加人も証人尋問ができる。被害者参加人が証人に尋問できるのは情状に関する事項（犯罪事実に関するものを除く）に限定される。したがってその証人尋問におけるやり取りは量刑の資料となるに過ぎない。

(3) 被告人に対する直接質問（刑訴法316条の37）

　被害者参加人は将来行う意見の陳述のために必要があるときは，被告人に質問することができる。ここにいう「意見の陳述」とは，上で述べた「被害者等による意見の陳述」（刑訴法292条の2）と，次に述べる「被害者参加人等による弁論としての意見陳述」の両方を指すといえよう。被害者参加人はこれらの

意見陳述をより効果的に行うために，被告人に質問することになる。質問事項は情状に関する事項に限定されず，したがって被害者参加人と被告人の質問と応答は事実認定の証拠としても量刑のための資料にもなりうる。

⑷ 弁論としての意見陳述（刑訴法316条の38）

被害者参加人等は証拠上認められる「事実」や「法律の適用」についての意見を述べることができる。前に説明した「被害者等による意見陳述」との違いは，ここでは被害者に「事実」や「法律の適用」についても意見を陳述する機会を認めたところにある。すなわちこの意見陳述は被害者参加人が検察官とは別個に行う「論告・求刑」であるといえよう。

本条により被害者参加人等が意見陳述を認められるのは，裁判所が審理の状況・申出をした者の数・その他の事情を考慮して相当と認めるときである。このうち，とくに「その他の事情」については，被害者参加人がその峻烈な被害感情をぶつけることなどで法廷が混乱することが懸念される場合等は意見陳述が制限されることが予想される。

なお，意見陳述が認められるのは「訴因として特定された事実の範囲内」である。たとえば，傷害致死の訴因で起訴された事件の裁判において，被害者参加人が被告人には殺意があった旨陳述することや，傷害致死罪の法定刑に規定されていない死刑を求めることなどは認められない。

ところで，被害者参加人は刑事訴訟の当事者ではない以上，訴因設定権，証拠調べ請求権，上訴権等は認められていない。被害者の裁判への参加を認め，当事者「的」役割を与えることは，刑事訴訟の構造にどのような影響を及ぼすのかについてはさらなる検討が必要である。被害者参加制度の実施状況については，**表5-1**を参照されたい。

強制起訴につながる検察審査会：被害者にとっての頼みの綱？

犯罪被害者が刑事手続に大きな影響力を及ぼすことができる制度として，検察審査会制度がある。検察審査会は公訴権の実行に関し民意を反映させてその適正を図るため，政令で定める地方裁判所および地方裁判所支部の所在地に置かれている（検審法第1条1項）。各審査会は18歳以上の選挙権を有する者のなかからランダムに選ばれた11人の市民で構成され，検察官の不起訴処分の当

否を審査する。検察審査会制度は1948年に導入された。戦後，日本の司法の民主化を望むGHQは，米国で実施されている大陪審制度を日本にも導入させたかったが，当時の日本政府はこれに強く反発し，日本独自の制度を創設したのであった。

わが国では検察官のみが起訴の権限を有し（刑訴法247条：国家訴追主義），たとえ証拠や嫌疑が十分にあっても，検察官は事件を起訴猶予にすることもできる（刑訴法248条：起訴便宜主義）。不起訴となれば，加害者が処罰されないことになるだけでなく，真相も解明されないわけであるから，被害者はこれに納得できないであろう。

被害者が不起訴処分に納得できない場合，付審判請求制度（刑訴法262条以下）と検察審査会制度がある。前者は対象が公務員による職権乱用の罪に限定されているが，後者は罪種に限定はない。検察審査会は告訴人，告発人，請求人，または被害者からの申立てがある場合，あるいは審査会自身が不起訴処分についての審査を必要と判断した際（職権）に不起訴処分についての審査を行う。つまり，被疑者が不起訴となったことに納得のいかない被害者にとっては，検察審査会制度はまさに「最後の頼みの綱」である。

検察審査会は検察官の不起訴処分について，「起訴相当」「不起訴不当」「不起訴相当」のいずれかの議決を出す（検審法39条の5）。議決は多数決でなされるが，起訴相当議決については11人中8人以上の賛成が必要である。

ところでこの制度は施行後も長きに渡り，検察官の不起訴処分に是正を勧告できるに過ぎない機関であった。上記3種類の議決を出しても，検察官が被疑者を再度不起訴処分とすれば，そこで手続は終わりであった。しかし司法制度改革において，検察審査会制度も大きく改正され，一度目の審査会で上記の「起訴相当」議決が出された場合，それでも検察官が不起訴処分にした場合は，二段階目の審査会が開かれ，そこで審査会が起訴議決（11人中8人以上の多数決が必要）を出せば，事件は強制起訴されることとなった（検審法41条の6）。二段階目の審査会を開く際には，リーガルアドバイザーとしての審査補助員（弁護士）に委嘱することが必要である（検審法第41条の4）。また，起訴議決をするときには，必ず検察官を呼んでその意見を聞かなければならない（検審法第41条の6第3項）。強制起訴された事件の裁判では，指定弁護士が検察官役として

表 5-1　通常第一審における被害者参加制度の実施状況の推移

(平成30年～令和 4 年)

年　次	被害者参加		証人尋問	被告人質問	論告・求刑	遮へい	付添い	弁護士への委託	国選弁護士への委託
30	1,485	(363)	221	605	698	361	149	1,184	649
元	1,466	(320)	204	623	723	318	106	1,157	602
2	1,378	(301)	205	569	688	337	135	1,116	614
3	1,523	(356)	241	681	783	407	149	1,246	697
4	1,476	(324)	246	610	651	432	151	1,175	655

注　1　司法統計年報及び最高裁判所事務総局の資料による。
　　2　「被害者参加」は，通常第一審において被害者参加の申出があった終局人員のうち，それぞれの被害者参加制度において，被害者参加が許可された被害者等の数（延べ人員）であり，同制度が開始された平成20年には被害者参加の申出があった終局人員はなかった。（　）内は，そのうち，裁判員の参加する合議体において審理及び裁判された事件におけるものであり，21年は，5 月21日から12月31日までの数である。
　　3　「論告・求刑」は，刑事訴訟法316条の38に規定された事実・法律適用に関する意見陳述をした被害者等の数（延べ人員）である。
出典：『令和 5 年版犯罪白書』6-2-1-3 表。

公訴を維持する。

　2019年 5 月に制度が改正して以来，強制起訴された事件は合計11件（被告人の数は15人），一部有罪を含めると，うち 3 件が有罪となっている（2024年 9 月時点）。被害者にとって心強い存在にもなり得るこの制度であるが，審査を申立てた被害者は意見又は資料を提出することができる（検審法第38条の 2 ）ものの，審査会の場で直接意見を述べることはできない。さらい，審査会がどのような証拠を見てその議決に至ったかについても申立人に対してすべて明らかにされるわけではないことから，この制度はブラックボックスのような存在になっているという批判もある。

弁護士による被害者支援

　法曹三者のなかで，被害者に最も近い立場にあるのは，被告人への処罰を求める検察官であることは間違いない。一方，刑事事件の弁護士は一般的には「悪い奴（被疑者被告人）の味方」というイメージが強いであろう。しかし当然，

民事裁判では弁護士は被害者（原告）の代理人となることもある。また，弁護士法がその1条1項で弁護士の使命として「社会正義の実現」を掲げており，被害者支援に法律家として果たすべき役割も大きい。

ところで，日本弁護士連合会は1965年の第3回人権擁護大会において被害者の人権擁護についての決議を採択したが，その後は長きに渡り被害者問題のための具体的な対応を積極的にはとってこなかった。しかし，被害者問題への対応の必要性が主張されるなかで，弁護士の被害者支援に対する期待も高まるようになった。1997年に日本弁護士連合会に「犯罪被害回復制度等検討協議会」が設置され，各弁護士会において犯罪被害者支援委員会や被害者支援センターが設立されることとなった。

また，2006年6月2日より施行された「総合法律支援法」のもと，同年10月より業務を開始した「日本司法支援センター」（法テラス）の主な業務のひとつとしても犯罪被害者支援が掲げられている。

また，前述した被害者参加制度において，資力要件（200万円未満）を満たす被害者参加人については国選弁護制度を利用できる（被害者参加国選弁護士と呼ばれる）。

さらに，上記の検察審査会によって強制起訴された事件の指定弁護士についても，被害者支援に精通している弁護士が就くことが望ましいであろう。

また，被害者と加害者が対面し，和解をはかる修復的司法（⇒Chapter7）においても，被害者側の弁護士の役割が大きく期待されるところである。とくに少年犯罪の被害者に対して，少年犯罪被害者支援弁護士ネットワークが結成され，被害者の回復と，また加害者少年の改善更生の両方を視野に入れた活動を行なっていることは評価できよう。

各弁護士会には被害者支援委員会が置かれており，またたとえば兵庫県弁護士会のように「被害者加害者対話支援センター」や「謝罪文銀行」など，被害者の多様なニーズに応えようとする試みもある。しかし，このような修復的司法に基づいた取り組みはまだ少ない。

このように，とくに近年は刑事事件の被害者支援においても弁護士の果たす役割は大きい。被害者への法的な支援とそのバックアップは被害者の回復の過程で重要な役割を果たす。被害者問題に詳しい，いわゆる被害者精通弁護士を

積極的に養成していくことが期待されるところである。

被害者情報の秘匿と被疑者被告人の防禦

　これまでみてきたように，刑事手続への積極的な参加は被害者の大きなニーズのひとつである。一方で，プライヴァシーに関わる情報を秘匿したいと考えることもまた，被害者の大きなニーズである（被害者のなかには積極的に手続参加するが，個人情報の秘匿を希望する人もいる。この2つはもちろん両立しうる）。2007年改正刑訴法によって，公開の法廷における被害者特定事項の秘匿のための措置がとれるようになり（同法290条の2），公開の法廷でその情報が明らかにされることでプライヴァシーの侵害や二次被害を受けがちな性犯罪の被害者の氏名等を秘匿することが可能となった。

　また，被害者の情報が明らかにされることで再被害の恐れがある場合は，逮捕状や起訴状においても被害者を匿名とすることが，警察庁や検察庁の通達により2018年頃より実施されてきた。2023年5月に成立した改正刑事訴訟法（2024年2月15日施行）のもとでは，性犯罪被害者らの保護を図るため，刑事手続全般で被害者の氏名や住所を匿名化し，逮捕状，勾留状及び起訴状においても被害者の個人情報を抜いたものが被疑者被告人に提示，送付されることとなった（刑訴法201条の2，207条の2，271条の2）。この措置により被告人の防禦権が損なわれるおそれがあれば，被告人やその弁護人は裁判所にその情報の通知を請求できる。このような場合でも，被告人に知らせないことを条件に弁護人には被害者の個人情報が記載された起訴状の謄本が送達されなければならないが（刑訴法271条の3第1項・2項），このような措置によっても被害者の身体や財産等が害されるおそれがある場合等は弁護人にも情報が伏された起訴状の抄本が送達される（同条第3項）。被害者保護と被疑者被告人の防禦権が対立する場面のひとつであり，その運用には注意が必要である。

公訴時効の廃止：もはやタイム・リミットはなし？

　公訴時効とは，犯罪終了後一定期間が経過することにより，検察官が公訴を提起できなくなる制度を指す（刑訴法250条〜255条）。その根拠は風化した証拠による訴追はえん罪を招きやすいこと，いつ訴追されるかわからない不安定な

地位にいつまでも加害者をおくのは不利益が大きいこと，時の経過により加害者に対する処罰感情も緩和すること等が挙げられている。

しかし，犯人を処罰してほしいという被害者の気持ちはいくら時間がたっても変わるものではないであろう。被害者のこのような思いに応える形で2010年4月から施行された改正刑訴法によって，殺人罪や強盗致死罪等，法定刑に死刑を含む犯罪の公訴時効が廃止された。またこれ以外の犯罪についても，無期刑にあたる罪については30年（改正前は15年），長期15年以上の罪については20年（10年），長期15年未満の罪については10年（7年）と，それぞれ大幅に延長された。この背景には被害者の要望だけでなく，DNA資料など，時間の経過により風化しにくい証拠や科学的捜査手法への信頼と期待もあろう。

一方で，証拠の管理をどうするのかという大きな問題が残されている。また，捜査機関も長期間が経過した事件にどの程度時間とコストを割くことができるだろうか。犯人も逮捕されず，捜査も充分には行われない，しかし時効が完成しない以上は，被害者にとっても「一区切り」が訪れない，となれば，被害者の新たな苦しみとならないかも懸念される。

4 │ 被害者支援を多角的に考える

被害者が被害後受ける様々な苦痛は刑事手続に起因するものだけではない。そして被害者への支援もまた，刑事司法制度の枠組みのなかだけで完結できない。被害者が回復を目指して日々の生活をしていくなかで，地域社会や周りの人々がどのように被害者をサポートできるかという視点が重要となる。ここではそれらについても目を配りながら，被害者支援を多角的に考えてみたい。

■マスコミと被害者

「加害者は匿名報道されることもあるのに，なぜ被害者は実名で報道されるのか」という疑問は多くの人が感じてきたことであった。マスコミによる実名，写真入の報道によって被害者や遺族は深く傷つけられ，被害からの回復を大きく阻害することも少なくない。

被害者についての報道のあり方が本格的に議論される大きなきっかけとなっ

たのは，1989年に発覚した「女子高生監禁殺人事件」である。この事件報道では，被害者の顔写真入り記事を掲載したこと等に世間からの抗議が広く寄せられた。また1988年から1989年にかけて東京で起きた「連続幼女誘拐殺人事件」での加熱報道も被害者遺族に大きな苦しみを与え，公判段階に至っては，ほとんどの主要各紙が被害者の実名報道を差し控えたのである。

　再び被害者への配慮を欠いた報道のあり方が大きな問題になったのは1997年の「東京電力社員殺人事件」であった。この事件では，被害者女性の性的なプライバシーにまで深く踏み込んで報道したマスコミも少なくなく，被害者遺族を深く苦しめる内容の報道を行った。

　ところで，上述の基本計画では，事件の警察発表において，被害者を実名，あるいは匿名で発表するかは警察の判断に任されることが規定された。これは被害者のプライヴァシーに配慮してのものであると評価される一方，警察にその判断を一任してしまうことには疑問も残った。そこではそもそも被害者の希望は必ずしも尊重されない。また，警察が事件や被害者に対して偏見を有している場合，事実が解明されにくくなるし，マスコミの報道も加害者の供述に依拠してしまう。そして，何とか被害者について知ろうとするマスコミの報道がいっそう過熱する危険性もあろう。

　被害者についてその実名や顔写真を掲載するとき，マスコミは単に「自社の刊行物の販売数を伸ばしたい」という思いにのみによってそうするのではないことは理解できよう。被害者を一人の人間として，より可視性をもって国民に対して報道することで，人びとのなかに「犯罪を憎む気持ち」を育成させようとマスコミも考えているのであろう。しかしやはり，被害者の側に立って報道を見直すという意識をマスコミはもっと強めるべきである。基本法はその6条で，「国民は，犯罪被害者等の名誉又は生活の平穏を害することのないよう十分配慮する」ことを定めているが，報道機関も例外ではない。今後の課題として，マスコミの被害者に対する報道において，メディア・スクラムの防止や写真の掲載などについて，各社間で共通の倫理規定を作成するなどの努力がいっそう要求されよう。

地域で行う細やかな被害者支援の実現：被害者支援条例

　上述の基本計画は2004年の策定後，数度にわたり発展を繰り返してきた。

　まず，第2次基本計画（2011年4月〜2015年3月）では，犯罪被害給付制度のさらなる拡充が行われた。また，被害者参加制度を利用する被害者への旅費等の支給の実施や，被害者参加人が国選弁護士制度を利用する際の資力要件が150万円未満から200万円未満に緩和された。

　第3次基本計画（2016年4月〜2021年3月）のもとでは，中長期的な被害者支援の実現に焦点が置かれた。具体的には，全国の地方公共団体において被害者支援のための条例を制定する動きが広がったのである。こうした条例のなかには，被害者の日常生活の支援や，真相究明のために被害者が行う活動の経済的支援を行う等，独自の被害者支援を行うものも多い。とくに，「明石市犯罪被害者等の支援に関する条例」においては，加害者に対する損害賠償請求権に係る債務名義についての請求権を被害者から市が譲り受け，それと同額の立替支援金（上限300万円）を被害者に支払い，後に市が加害者に求償するという，ユニークな支援制度を採用している。被害者が加害者に対して賠償請求しても，実際には支払えない加害者が多い現状を考えると，このような支援制度は非常に重要であろう。

　警察庁の調査によると，2023年4月の時点で都道府県は39団体，指定都市は11体，市区町村（指定都市を除く）は435団体が何らかの被害者支援条例を制定している。

　第4次基本計画（2021年4月〜2026年3月）においては，被害者支援条例制定の拡充に焦点が置かれた。被害者の居住する地域において被害者支援が充実することは，被害者にとって支援へのアクセシビリティが上がることが期待される。一方で，政府が被害者支援の充実させる責務を地方自治体に転嫁してしまうことがあってはならない。また，支援内容の地域格差にも留意する必要がある。さらに今後，第5次基本計画が行われるにあたり，国に犯罪被害者庁を設立し，様々な被害者支援を取りまとめ，効果的なサポートが提供されるようにすることが目指されている。

被害者の声を反映した立法：大きく変わった性犯罪をめぐる法律

このChapterでもみてきたように，わが国では1990年代後半より，被害者の声を反映した立法や法改正が多くみられるようになった。この動きがとくに顕著にみられるのは，性犯罪の領域である。性犯罪は「魂の殺人」とも呼ばれ，被害者が被害により受ける苦痛が大きいだけでなく，被害後の二次被害（セカンド・レイプ）に苦しめられる被害者も少なくない。

2010年の第3次男女共同参画基本計画のなかで，「性犯罪への対策の推進」が掲げられ，2014年10月，法務省内に「性犯罪の罰則に関する検討会」が設置され，刑法の性犯罪規定の見直しの議論が始まった。こうしたなか，2017年6月「刑法の一部を改正する法律」が成立し，同年7月13日に施行された。この2017年改正では，①刑法第177条「強姦罪」の名称を「強制性交等罪」と変更し，処罰対象行為を「姦淫」から「性交等」にまで拡げたことで，被害者に男性も含まれることとなった。②刑法第177条の法定刑の下限を「3年以上」から「5年以上」に引き上げた。③子どもに対する家庭内での性的虐待に対応するために，監護者わいせつ及び監護者性交等罪を新設した。④性犯罪について非親告罪化した。等の大きな改正が行われた。

しかしこの改正においても，強制性交等罪もまた強姦罪と同じく「暴行・脅迫」要件が残る等の課題が山積みであった。同時期にはアメリカのハリウッドから＃Me Too運動が起こり，性犯罪被害者が声を上げることに対する社会的気運が社会に広まりつつあった。

わが国でも，2019年3月に性犯罪に関する裁判の無罪判決が4件続いたことから，これらの判決に対する批判が大きなきっかけとなって，フラワー・デモが全国的に展開された。

こうしたなか，2017年改正刑法の見直しが進められ，2023年6月16日「刑法及び刑事訴訟法の一部を改正する法律」が成立した。この2023年改正においては以下の改正がなされた。①強制性交等罪は不同意性交等罪に，強制わいせつ罪は不同意わいせつ罪に名称変更され，被害者が「同意しない意思を形成したり，表明したり，全うすることが難しい状態」で性交等やわいせつな行為を行えば罰せられることとなった。つまり，「暴行・脅迫」要件は廃止され，

被害者が同意したかどうかが犯罪成立の中核に据えられた。②性交同意年齢を改正前の「13歳未満」から「16歳未満」に引き上げた。これは，年齢の低い若者の未熟さに付け込んだ性犯罪を防ぐための改正であったが，たとえば中学生同士のカップルの間の同意に基づいた性行為が処罰対象とならないよう，行為者が相手より「5歳以上年長」のときのみ処罰されることとした（刑法177条3項）。③わいせつ目的で16歳未満の者に対して面会を強要することを犯罪化した（刑法182条）。④さらに，性犯罪の公訴時効期間をそれぞれ5年延長し，時効の起算点についても，被害者が18歳未満の場合は18歳になったときとすることとした。

被害者の回復を支える社会

長い間，刑事手続において「陽の当らない存在」であった被害者は近年，刑事司法制度において重要な役割を占めている。2000年以降の多くの刑事立法，また刑法，刑事訴訟法の改正は「被害者への配慮」のもと行われてきた。このChapterでもみてきたように，刑事手続において被害者が果たしうる役割はより積極的なものに変化しつつある。このことは上記「基本計画」において「刑事司法は，犯罪被害者等のためにもある」と明確に記されていることにもみてとれる。

加害者に対する刑罰を軽い，と感じる被害者は多いであろう。どれだけ重い刑罰が科されたとしても被害者の苦痛に見合うものではないし，それによって絶対的に被害者の回復が得られるわけではない。

「被害者は厳罰を望むに違いない」と被害者をステレオタイプ化し，「だからこそ犯罪者は厳罰に処すべきだ」と社会やマスコミが声高に叫び，その要求に政治家が過剰に反応し，エヴィデンスに基づかずに刑事政策が形作られてしまう流れはまさに「ペナル・ポピュリズム」である。

加害者を非難し，厳罰を科し，社会から排除することで被害者のためになったと満足する社会になるのか，被害者に寄り添い，ニーズに耳を傾け，その回復を長期間サポートできる社会になるのか。それは私たちに投げかけられた問いである。

chapter **6**

非行少年に関わる司法制度と処遇・支援

1 │ 少年非行

非行少年の定義

　少年法3条1項は，犯罪少年（14歳以上20歳未満で罪を犯した少年），触法少年（14歳未満で刑罰法令に触れる行為をした少年），ぐ犯少年を家庭裁判所の審判に付すべき非行少年として定義している。

　ぐ犯少年とは，①保護者の正当な監督に服しない性癖のあること，②正当の理由がなく家庭に寄りつかないこと，③犯罪性のある人もしくは不道徳な人と交際し，またはいかがわしい場所に出入りすること，④自己または他人の徳性を害する性癖のあることのいずれかに該当し，性格または環境に照らして，将来，罪を犯し，または刑罰法令に触れる行為をするおそれのある少年をいう。なお2021年の少年法改正は，新たに規定した「特定少年」（18歳および19歳の少年）につき，ぐ犯を非行少年から除外した（65条1項）。

　刑事責任年齢に満たないため犯罪が成立しない触法少年と犯罪事実も触法事実も存在しないぐ犯少年を，家庭裁判所が少年審判の対象とするのは，少年審判手続と保護処分が非行少年の健全育成に資するという前提がある。しかし，これらは自由制限という不利益処分的側面をも有し，適正手続の保障が不可欠となる。

図6-1 少年による刑法犯等 検挙人員・人口比の推移

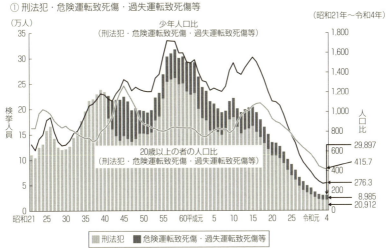

注 1 警察庁の統計,警察庁交通局の統計及び総務省統計局の人口資料による。
2 犯行時の年齢による。ただし,検挙時に20歳以上であった者は,20歳以上の者として計上している。
3 触法少年の補導人員を含む。
4 昭和45年以降は,過失運転致死傷等による触法少年を除く。
5 少年の「人口比」は,10歳以上の少年10万人当たりの,20歳以上の者の「人口比」は,20歳以上の者10万人当たりの,それぞれ刑法犯・危険運転致死傷・過失運転致死傷等の検挙人員である。

出典:『令和5年版犯罪白書』3-1-1-1図。

少年非行の動向と社会的背景

(1) 戦後少年非行の動向

　戦後の少年非行の動向を少年による刑法犯等検挙人員でみた場合,3ないし4つの波が確認できる。

　1951年をピークとする第1の波は,戦争で親を失い,戦災で家を失った子どもたちが街にあふれ,一方で,政府を含め大人は子どもたちの衣食住を確保できない戦後の混乱期において,生存のための非行が激増したことを意味した。1964年頃をピークとする第2の波は,戦後の混乱が収束した時期における非行の増加で,社会が高度経済成長政策による繁栄を享受するなか,いわばその「代償」といえるものであった。

そして，1983年をピークとする第3の波では，次のような特徴が指摘された。第一に，14・15歳の年少少年の占める割合が増加したこと（少年非行の低年齢化），第二に，ひとり親家庭や貧困家庭に代わり，中流家庭出身の少年の非行が増加したこと（少年非行の普遍化），第三に，少年非行の多数を占める窃盗の多くが利欲と遊びを犯行動機とするとともに，シンナー乱用などの遊興的・享楽的非行が増加したこと，（犯行動機の享楽化），第四に，粗暴犯・凶悪犯が共犯事件として行われ，暴走族が社会問題化したこと（犯行の集団性），第五に，女子非行とりわけ中学生・高校生の性非行や万引きが増加したことが挙げられた。さらに1980年前後には学校内暴力が社会問題となっていた。なお第3の波を構成した刑法犯の増加は万引きや放置自転車の乗り逃げなど軽微な非行であり，犯罪統計上の数値は被害者，社会，警察の対応のあり方に影響されることに留意する必要がある。その後，少年刑法犯検挙人員は，第4の波と評価されることもある1998年をピークとする高止まり状態を経て，2003年以降減少している。2022年における少年刑法犯検挙人員は2万912人，10歳以上の少年10万人当たりの刑法犯検挙人員（少年人口比）は193.3人，罪名別構成比は窃盗が52.1%，遺失物等横領6.3%であった。

　また，正課内外における「暴力」，インターネットを介した「いじめ」など学校教育現場における児童生徒の暴力の克服が，教育，福祉，司法等に関わる重要な課題であり続けている。2022年における学校内暴力事件の検挙・補導人員は636人，いじめに起因する事件の検挙・補導人員223人となっているが，文部科学省の「児童生徒の問題行動・不登校等生徒指導上の諸課題に関する調査」によれば，小中高・特別支援学校におけるいじめの認知件数は68万1948件，児童生徒1000人あたりの認知件数は53.3件と報告されている。

　これらの数値の落差が示すとおり，犯罪統計の数値からだけでは，深刻な教育現場の実態を理解することはできない。

⑵ 非行克服の課題

　高度経済成長以降，物質的欲求や経済的理由よりも刺激や快楽を求める万引き，性非行，薬物非行が拡がる一方で，教育支援や福祉支援を必要とする少年の非行も増加している。

　現代非行は大人社会の歪を反映している。高度経済成長政策が契機となった

核家族化と少子化は，子どもの保護・教育機能など家庭の諸機能を喪失ないし変容させ，親子関係の調整や子育て支援，児童虐待への迅速・適切な対応が喫緊の課題となっている。また，「教育改革」と称する様々な提案が行われているが，その根幹は市場原理の導入と国家統制であり，子どもの多様な成長発達と学習権を保障する教育改革とは大きく乖離している。さらに，異年齢のあそび仲間集団の解体や放課後の消滅のように，子どもをめぐる自然的，社会的，文化的環境は一変し，急速な都市化による都市的生活様式の拡散や匿名性の増大は，地域社会の犯罪統制能力を縮小ないし消滅させた。このほか「情報社会」や「格差社会」の進展に伴う諸問題も現代非行の背景として看過してはならない。

2 | 少年法の理念と少年司法制度の特徴

少年法の理念

少年法は，非行少年を成長発達上の様々な困難を有する者とし，その成長発達を援助することを目的とする。少年法の理念は，社会の側からみれば健全育成であり，少年の側からみれば成長発達の保障である。この点で「刑罰法令を適正且つ迅速に適用実現することを目的とする」刑事訴訟法とは大きく異なる。

少年法1条の健全育成は，児童福祉法1条の「心身の健やかな成長及び発達並びにその自立」と共通の精神および目的であり，少年法は児童福祉に関する法律の一環としての性格を有する。また，少年法は刑事政策の一翼を担うとともに，教育法の一翼をも担い，少年法における健全な育成とは，教育基本法前文にいう「個人の尊厳を重んじ，真理と正義を希求」する「豊かな人間性と創造性を備えた人間の育成」と共通の少年観・教育観を有する。

このように司法機関である家庭裁判所の処分決定による規範的解決にとどまらず，より実質的な問題解決を目指して少年の立ち直りを支援する姿勢が少年刑事政策の特徴である。「司法による決定が有効と思われる課題について，心理，教育，社会福祉などの知見や方法を活用して，当事者の権利擁護に寄与する実体的な問題解決・緩和を行うための諸施策，諸活動」（日本司法福祉学会編（2017）

『司法福祉［改訂新版］』生活書院）を総称して「司法福祉」と定義されている。司法福祉に立脚すれば，正確な事実認定の確保を前提とした，少年の教育と福祉の実現が少年司法の課題となる。

非行少年に対する介入を正当化する考え方

　個人の行動に対して国家が強制的介入を正当化できる根拠は，個人が他人の権利を侵害したことにある（侵害原理）。しかし，少年法は，触法行為やぐ犯行為に対しても国家による介入を認めている。他人に対する権利侵害行為が存在しないにもかかわらず，本人の利益保護を目的として，国家の介入を正当化する考え方がパターナリズムである。少年法においては，子どもの保護・教育を適切に行っていない親に代わって，国家が非行少年に保障する「国親思想」を背景に，犯罪少年，不良行為少年，要保護少年を対象とする1899年イリノイ州少年裁判所法が制定された。

　パターナリズムについては国家による過剰な介入が危惧され，1960年代後半のアメリカ少年法改正においては，ダイバージョンと適正手続きの保障が焦点となった。また，侵害原理については，ぐ犯少年に対する介入，軽微な非行事実を認定された少年に対して，要保護性に基づく「重い」保護処分を決定する場合に正当化できないとの批判がある。

少年司法制度の根幹となる特徴

(1) 全件送致主義

　非行少年の手続と処遇は，①家庭裁判所の少年審判を中心とする「保護事件」，②家庭裁判所の検察官送致決定により開始される「刑事事件」の2系統に大別することができる。

　司法警察員および検察官は，捜査の結果，犯罪の嫌疑または審判に付すべき事由があると判断する場合には，家庭裁判所へ事件を送致することが義務付けられる（少年法41条・42条1項）。これを全件送致主義といい，20歳以上の者の刑事事件において微罪処分（犯罪捜査規範198条）や起訴猶予処分（刑訴法248条）を認める刑事司法制度とは大きく異なる。全件送致主義は，非行事実と要保護性の認定について，科学的調査・審判機能と司法的抑制機能を備えた司法機関

図6-2 非行少年処遇の概要

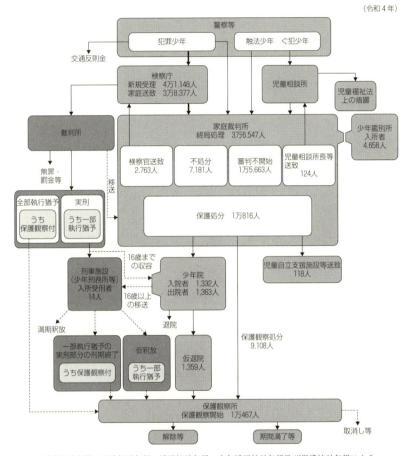

注 1 検察統計年報、司法統計年報、矯正統計年報、少年矯正統計年報及び保護統計年報による。
  2 「検察庁」の人員は、事件単位の延べ人員である。例えば、1人が2回送致された場合には、2人として計上している。
  3 「児童相談所等送致」は、知事・児童相談所長送致である。
  4 「児童自立支援施設等送致」は、児童自立支援施設・児童養護施設送致である。
  5 「出院者」の人員は、出院事由が退院又は仮退院の者に限る。
  6 「保護観察開始」の人員は、保護観察処分少年及び少年院仮退院者に限る。
  7 本図及び数値は、令和4年3月までは少年法の一部を改正する法律（令和3年法律第47号）施行前の手続により、同年4月以降は同法施行後の手続による。
出典：『令和5年版犯罪白書』3-2-1-1図。

である家庭裁判所に専権的な処理権限を与えようとするもので，少年司法制度の根幹ともいえる特徴である。

(2) 調査前置主義

家庭裁判所は，「審判に付すべき少年があると思料するときは，事件について調査しなければならない」（少年法8条1項）とし，「家庭裁判所調査官に命じて，少年，保護者又は参考人の取調その他の必要な調査を行わせることができる」（同条2項）とする。家庭裁判所調査官の調査は，少年，保護者または関係人の行状，経歴，素質，環境等について，医学，心理学，教育学，社会学その他の専門的知識，とくに少年鑑別所の鑑別結果を活用して行われる（少年法9条）。このように事件を受理した家庭裁判所においては，調査過程が審判過程に先行すること（調査前置主義），家庭裁判所調査官制度を置いたことも少年司法制度の特徴である。調査官の調査報告・処遇意見は，裁判官が処分決定を行う際の重要な資料として活用される。

(3) 保護処分優先主義

1923年に施行された旧少年法は検察官に先議権があり，行政機関たる少年審判所に先立って，刑事処分か保護処分かの実質的判断を検察官が行っていた。これに対して現行少年法においては，全件送致主義により家庭裁判所に先議権があり，保護処分ではなく刑事処分が必要であると家庭裁判所が判断した場合に限り，事件は検察官に送致される。これを保護処分優先主義といい，これが採用された理由は，非行事実の軽重に応じた制裁ではなく，非行の原因を除去し，健全育成のために必要な支援を行うという理念に重きを置くからである。

3 | 少年法改正

改正前史

1948年に制定された現行少年法では，全件送致主義と保護処分優先主義に基づき，司法機関である家庭裁判所が保護処分に関する審理を行う。それゆえに，現行少年法は制定当初から繰り返し，捜査機関の手続関与を中心とする改正論議にさらされ，1966年の「少年法改正構想」，1970年の「少年法改正要綱」

を経て，1977年に，検察官の審判関与，捜査機関の不送致処分などを骨子とする法制審議会の「中間報告」が示されたが，改正に至ることはなかった。

2000年改正

メディアや社会が注目する少年事件の発生を契機として，1998年，法制審議会少年法部会で改正論議が開始され，2000年に，①事実認定手続の適正化，②少年事件の処分等のあり方の見直し，③被害者等への配慮の見直しを主柱とする少年法第一次改正が実現した。

(1) 事実認定手続の適正化

改正の内容は，第一に，家庭裁判所に3人の裁判官による裁定合議制を導入すること（裁判所法31条の4），第二に，少年鑑別所に送致する観護措置期間を最長8週間に延長すること（少年法17条9項），第三に，検察官および弁護士たる付添人が関与した審理の導入・対審構造化（少年法22条の2，22条の3），第四に，検察官の抗告受理申立て制度の導入（少年法32条の4）である。

少年審判における事実認定手続は，処分の前提と処分内容の範囲・限界を明確にする過程であると同時に，非行事実が存在する場合には少年自身がその事実と直面し，自ら成長発達上の問題を克服することを援助する過程でもある。少年審判における「事実」とは，法律上のみならず，家庭や学校など環境の問題，精神的心理的状態をも含むものであり，少年に対する処分の選択・支援と相即不離の関係にある。とすれば，検察官が審判に出席して，少年に不利な証拠を提出し，追及・弾劾するという対審的方法は，適正かつ客観的な事実認定を確保するという事実認定改革の目的や，「自己の非行について内省を促すものとしなければならない」（少年法22条1項）とする審判の方式に矛盾する。このような考え方に対しては，保護処分をもっぱら少年の福祉のための処分と解して責任を軽視するならば，少年の責任を問うためには刑罰を科さざるを得なくなるとの批判がある。

(2) 少年事件の処分等のあり方の見直し

処分等のあり方の見直しについては，法制審議会を経ることなく，政府与党による議員立法という形式で行われた。その改正内容は，第一に，刑事処分適用年齢を検察官送致決定時年齢16歳以上から，行為時14歳以上に引下げ（少

年法20条1項），あわせて少年院収容受刑者制度を創設したこと（少年法56条3項），第二に，殺人・傷害致死など，故意の犯罪行為により被害者を死亡させた少年の事件は原則として検察官送致・刑事処分とする「原則逆送制度」の導入（少年法20条2項），第三に，行為時18歳未満の少年に対する無期刑の必要的緩和を裁量的減軽に改め（少年法51条2項），第四に，死刑を無期刑に緩和した場合の仮釈放が可能なる期間を7年から10年に延長したこと（少年法58条2項）であり，少年非行を刑事事件として取扱う手続きを整備した。

刑罰による抑止を目指す少年非行厳罰化論は，少年非行の原因を詳細に検討し，根本的な克服に向けた方策を整備するのではなく，対症療法的な姿勢にほかならない。それは少年法の理念である健全育成や成長発達の教育・福祉的支援，家庭裁判所創設以降一貫して追求されてきた司法福祉の考え方と相容れるものではない。いじめ，体罰，不登校，児童虐待，自死などと同様に，子どもの人権を侵害する問題として少年非行を位置付け，関連する諸領域の専門職・実践家・ボランティアが協働できる，非行克服のネットワークの構築と担い手の育成こそが焦眉の課題である。

(3) 被害者等への配慮

たとえ加害者が少年であっても，被害者や遺族にとっては，事件によって受けた苦しみや支援のニーズは成人事件の犯罪被害者（Chapter5参照）と同様である。しかしながら，司法参加や被害補償の点においては，成人事件の犯罪被害者との差異が埋められることはなかった。一方で，1997年の「神戸児童連続殺傷事件」以降，少年事件の被害当事者からは厳罰化を含む少年法改正が強く主張された。その第1歩として，看過されてきた被害者の視点から，①被害者による審判記録の閲覧・謄写（少年法5条の2），②被害者の申出による意見の聴取（少年法9条の2），③被害者等への審判結果等の通知（少年法31条の2）が新設された。

2007年改正

低年齢の少年による重大事件の発生を背景に，刑事訴訟法に基づく捜査ができない触法少年事件に関して，①警察官の調査権限（少年法6条の2），②強制処分としての押収，捜索，検証および鑑定の嘱託（少年法6条の5），③重大触

法事件の原則家庭裁判所送致（少年法6条の7）などが新設された。

2008年改正

2004年に制定された犯罪被害者等基本法，2005年に閣議決定された犯罪被害者等基本計画に基づき，少年審判における被害者等の権利・利益の保障を主柱とする改正が行われた。第一に，少年審判の傍聴（少年法22条の4），第二に審判の状況についての説明（少年法22条の6）を被害者等から家庭裁判所に申出ることが可能になった，そして第三に，記録の閲覧・謄写の対象範囲の拡大や要件の緩和が行われた（少年法5条の2）。

近年の被害者の司法参加の動向は少年審判にも影響を及ぼし，少年審判の非公開の原則は大きく変更された。被害者等の審判傍聴については，少年が委縮または警戒して自らの心情を述べにくくなるとか，逆に被害者等が少年の言動に傷ついて2次被害を発生させるなどの問題点が指摘されている。

2014年改正

第一に，家庭裁判所の裁量による国選付添人制度および検察官関与制度の対象事件が「死刑又は無期若しくは長期3年超える懲役若しくは禁錮に当たる罪」に拡大され，従来の殺人や強盗などに加え，窃盗，詐欺，傷害など広範囲な少年事件に付添人と検察官が関与することが可能になった。

第二は，少年刑事事件の処分規定の見直しである。少年の不定期刑について，長期を10年から15年に，短期を5年から10年に引き上げ（少年法52条1項），犯行時18歳未満の少年に対して無期刑を緩和した場合に言い渡す，有期刑の上限を15年から20年に引き上げた（少年法51条2項）。

また，監獄法改正などの立法動向や少年院における不適正処遇事案の発覚を背景として，2014年に新少年院法が，それと連動して少年鑑別所法が新たに制定された。少年鑑別所法は，医学，心理学，教育学，社会学などの専門的知識・技術に基づいた鑑別（少鑑法16条），在所者の生活態度に関する助言および指導（少鑑法28条），学習の機会の提供（少鑑法29条）など「再非行の防止に向けた取組みの充実」，在所者の権利義務・職員の権限の明確化，保健衛生・医療の充実，不服申立制度の整備など「適切な処遇の実施」，少年鑑別所視察委

員会の設置（少鑑法7条）など「社会に開かれた施設運営の推進」を主柱とした。

同様の3本柱に立って，新少年院法は少年院の種類の見直し（少院法4条），矯正教育の目的・内容・方法等の明確化，少年の特性に応じた計画的・体系的・組織的な矯正教育の実施など「基本的制度の法定化」，保護観察所との連携による帰住先の確保・就労等の支援（少院法44条）など「社会復帰支援の実施」，外部交通，規律秩序維持の措置，懲戒の内容・手続，社会一般の医療水準の確保（少院法48条），運動の機会の保障（少院法49条）を明定した。

2021年改正

少年法の適用年齢は変更することなく，18歳および19歳の少年を「特定少年」として，特例を新設した。改正内容の第一は，18歳および19歳の少年事件について，検察官送致の対象事件を罰金以下の事件にも拡大するとともに，原則逆送の対象を「死刑又は無期若しくは短期1年以上の拘禁刑に当たる罪の事件」に拡大し，強盗罪，強制性交等罪（不同意性交等罪）等が含まれることになった。第二は保護処分において「犯罪の軽重」を考慮すること（少年法64条1項），第三にぐ犯の除外（少年法65条1項），第四に不定期刑や資格制限の緩和など少年刑事事件に関する特例を，検察官送致後は原則として適用せず，推知報道が解禁された（少年法68条）。

適用年齢と全件送致主義は形式的には維持された。しかし，健全育成・成長発達の理念や保護処分優先主義は実質的に確保されたのであろうか。18・19歳の青少年層の設置を根幹とした1970年の少年法改正要綱から50年，特定少年についての少年法の刑事司法化を危惧し，批判する見解も少なくない。

4　少年審判手続

少年非行と警察

(1) 少年非行の発見活動

非行少年に対する警察活動は，非行の発見活動，非行防止活動，捜査・調査活動に大別できる。

非行の発見活動は，非行少年に加えて，「飲酒，喫煙，深夜はいかいその他自己又は他人の徳性を害する行為をしている」不良行為少年，「犯罪その他少年の健全な育成を阻害する行為により被害を受けた」被害少年，「児童福祉法による福祉のための措置又はこれに類する保護のための措置が必要と認められる」要保護少年に対して行われる（少年警察活動規則2条）。

少年警察活動は，①少年の健全な育成を期する精神をもって，規範意識の向上および立直りに資するよう配意すること，②少年の心理などの特性に理解をもって当たること，③非行の原因究明や犯罪被害等の状況の把握に努め，適切な処遇方法を講ずるようにすること，④少年の秘密の保持に配意することに加え，⑤少年の非行の防止および保護に関する国際的動向に十分配慮することを基本に据えて行われる（少年警察活動規則3条）。

国際的動向については，1985年の「少年司法運営に関する国連最低基準規則」10.3は，「法執行機関と少年犯罪者との接触は，個々の事案の実情に適切に応じて，少年の法的地位を尊重し，少年の福祉を増進し，少年を害さないような方法で行わなければならない」と規定している。

(2) 非行防止活動

少年警察活動規則は，非行防止活動として，街頭補導，少年相談などを規定している。街頭補導は，非行性（不良性）が軽微な行為について，その場限りで注意・助言を行う警察の措置であり，警察法2条，警察官職務執行法2条および3条，少年警察活動規則7条を根拠とし，「自らの身分を明らかにし，その他相手方の権利を不当に害することのないよう注意して行う」とされている（同規則7条1項）。

少年相談は，少年または保護者その他関係者から警察が受ける非行問題等に関する相談で，「内容に応じ，指導又は助言，関係機関への引継ぎその他適切な処理を行う」（同規則8条1項）。

このほか，警察が行う非行防止活動として，少年の規範意識の向上等に資する活動（同規則9条），少年非行および犯罪被害の実態に関する情報の発信（同規則10条），有害環境の少年への影響を排除するための都道府県知事への連絡（同規則11条）がある。

⑶ 少年事件の捜査と調査

少年事件の捜査は，憲法・刑事訴訟法の適正手続保障はもちろん，少年審判の前段階ともいうべき性格と少年の自己防御力の未熟さゆえに，特別の配慮が必要である。犯罪捜査規範203条は「少年事件の捜査については，家庭裁判所における審判その他の処理に資することを念頭に置き，少年の健全な育成を期する精神をもつて，これに当たらなければならない」と規定する。

少年の被疑者については，できる限り，逮捕，留置等の身体拘束を避けることが原則とされる（同規範208条）。少年の勾留は，やむをえない場合でなければ許されず（少年法48条1項），勾留する場合には，少年鑑別所で拘禁できる（少年法48条2項）。捜査段階における身体拘束について，少年司法運営に関する国連最低基準規則10.1は，少年を逮捕した場合の親ないし保護者への速やかな告知を，10.2は遅滞なき釈放を規定し，13.1は「審判のための身体拘束は最後の手段としてのみ使用され，かつ，その期間はできる限り最小限度にとどめられなければならない」と規定する。

触法調査（少年警察活動規則15条），ぐ犯調査（同規則27条）を行うに当たっては，とくに家庭裁判所および児童相談所との連携を密にしつつ，行われなければならない（13条2項）。2007年少年法改正では，警察の調査権限の強化が行われた。

少年審判の機能

家庭裁判所の審判開始決定（少年法21条）によって進められる手続が少年審判である。少年審判手続の核心は，裁判官によって行われる直接審理と判断の過程である。少年審判は非行事実につき確信の心証を得るための非行事実認定過程と，要保護性を判定し適切な処分を決定する処分決定過程に分けられる。

少年審判は福祉的機能と司法的機能が車の両輪のごとく働くとされている。福祉的機能とは健全育成・成長発達を追求する機能で，試験観察など調査・審判過程において専門職・実践家によって行われる教育的・福祉的取組みである。

司法的機能は人権保障的機能と社会防衛的機能の二側面から理解される。人権保障機能は非行事実認定過程と処分決定過程における適正手続の保障と理解されている。少年審判手続や保護処分は成長発達の保障という利益処分的性格

のみならず，身体の自由をはじめ人権を制限する不利益処分的性格を有するため，適正手続の保障が少年審判の機能として要請される。社会防衛機能とは，犯罪から社会の安全を維持するという刑事司法制度の一翼を担う機能である。

少年審判の方式

(1) 少年審判手続の開始と観護措置決定

事件を受理した家庭裁判所は，審判に先立って，事件について調査しなければならない（調査前置主義・少年法8条1項）。家庭裁判所は審判条件・非行事実が存在する蓋然性を有すると判断した場合には，教育学・社会学・心理学・法律学等の専門性を有する家庭裁判所調査官に調査（社会調査）を命じることができる（少年法8条2項）。調査の方針として，少年法9条は，「少年，保護者又は関係人の行状，経歴，素質，環境等について，医学，心理学，教育学，社会学その他の専門的智識特に少年鑑別所の鑑別の結果を活用して，これを行うように努めなければならない」と規定する。

家庭裁判所は，調査の結果，審判の開始が相当であると認めるときは，審判開始決定を行う（少年法21条）。審判に付することができない，または審判に付することが相当でないと認めるときは，審判不開始決定を行う（少年法19条1項）。2022年において，過失運転致死傷等保護事件およびぐ犯を除く一般保護事件の48.0％が審判不開始決定で終了していた。

家庭裁判所は調査・審判を行うために必要があるときは，少年の身体拘束と心身の鑑別を行う観護措置をとることができる（少年法17条）。観護措置には，家庭裁判所調査官の観護（在宅観護）と少年鑑別所送致（収容観護）がある。観護措置の要件としては，①審判条件が存在すること，②非行事実の存在を疑う相当の理由があること，③審判を行う蓋然性があること，④観護措置の必要性の存在が求められている。

少年鑑別所法1条は「少年鑑別所の適正な管理運営を図るとともに，鑑別対象者の鑑別を適切に行うほか，在所者の人権を尊重しつつ，その者の状況に応じた適切な観護処遇を行い，並びに非行及び犯罪の防止に関する援助を適切に行うことを目的とする」と規定している。

⑵ 少年審判の方式

　対審構造，当事者主義によって行われる成人の刑事裁判とは異なり，少年審判は原則として一人の裁判官が担当し，非行事実の認定と要保護性の判断を行う，職権主義的審問構造を採用する。少年法22条1項は，「審判は，懇切を旨として，和やかに行うとともに，非行のある少年に対し自己の非行について内省を促すものとしなければならない」と規定する。審判の席には，裁判官および裁判所書記官が列席し，家庭裁判所調査官が出席するが，少年が出頭しないときは審判を行うことができない（少年審判規則28条）。2000年少年法改正では，裁定合議制の採用，検察官の審判出席と国選付添人制度が認められ，2014年少年法改正では国選付添人制度と検察官関与の対象事件が拡大した。

　少年審判は非公開で行われる（少年法22条2項）。これは，少年の情操の保護に加え，少年や家族のプライバシーを保護し，社会的包摂をすすめる。なお，2008年少年法改正で導入された被害者等の審判傍聴は，2022年において，29件・60人に認められた。また，少年審判に付されたか公訴提起された少年の情報については，「氏名，年齢，職業，住居，容ぼう等によりその者が当該事件の本人であることを推知することができるような記事又は写真を新聞紙その他の出版物に掲載してはならない」（少年法61条）。これに対して，2021年少年法改正では，18歳・19歳の特定少年について，公訴提起後の推知報道が解禁された。

⑶ 試験観察

　家庭裁判所は，保護処分を決定するために必要があるときは，少年を家庭裁判所調査官の試験観察に付することができる（少年法25条1項）。試験観察は，保護処分の蓋然性がある場合に，終局処分を留保して行われる中間的処分である。処分決定手続の一環たる地位を占めると同時に，処遇の一形態たる性格をも兼ね備える。家庭裁判所は，試験観察において，①遵守事項を定めてその履行を命ずること，②条件を附けて保護者に引き渡すこと，③適当な施設，団体または個人に補導を委託すること（補導委託）の措置をとることができる（少年法25条2項）。試験観察は近年減少傾向にあるが，「親子合宿」や「友の会活動」などの試みも行われている。2022年における試験観察総数は634名，うち補導委託は119名であった。

　また，2000年少年法改正では，保護者に対して，少年の監護に関する責任

を自覚させ，非行を防止するため，家庭裁判所みずからまたは家庭裁判所調査官に命じて，訓戒，指導その他の適当な措置をとることができると規定した（少年法25条の2）。

(4) 終局決定

家庭裁判所が行う終局決定には7種類あり，調査過程において行われる決定と審判過程を経て行われる決定に分けられる。①家庭裁判所は，調査の結果，非行事実不存在などで審判に付することができない，または要保護性が認められない，もしくはきわめて微弱で，処分の必要性がない場合には，審判不開始決定を行う（少年法19条1項）。

家庭裁判所は，審判の結果，②児童福祉法上の措置を相当と認めるときは，知事または児童相談所長送致決定を行い（少年法18条1項），③拘禁刑以上の刑に当たる罪で，罪質および情状に照らして刑事処分を相当と認めるときは，検察官送致決定を行う（少年法20条1項）。また，故意の犯罪行為により被害者を死亡させた犯行時16歳以上の少年の事件について，犯行の動機および態様，犯行後の情況，少年の性格，年齢，行状および環境その他の事情を考慮し，刑事処分以外の措置を相当と認める場合を除き，検察官送致決定を行わなければならない（少年法20条2項）。さらに，2021年少年法改正によって，死刑または無期若しくは短期1年以上の拘禁刑に当たる罪を犯した特定少年の事件が，原則逆送対象事件に追加された（少年法62条2項2号）。

家庭裁判所は，審判の結果，④保護処分に付することができないか，またはその必要がないと認める場合には不処分決定を行い（少年法23条2項），これらを除く事件につき，⑤保護観察，⑥児童自立支援施設または児童養護施設送致，⑦少年院送致のいずれかの保護処分を決定しなければならない（少年法24条1項）。

保護処分は刑罰ではない。非行事実の重さが処分の倫理的限界を画し，要保護性が処分の必要性の限界を画する。重大な非行事実であっても要保護性が小さいときは，処分は保護のために必要な限度にとどまり，他方，軽微な非行事実であっても要保護性が大きい場合には，軽い処分にとどめ，非強制的な保護的措置で補完することが考えられる。しかし，2021年少年法改正は特定少年に対する保護処分の特例として，犯罪の軽重を考慮して，相当な限度を超えない範囲内において，①六月の保護観察に付すること（罰金以下の刑に当たる罪の

事件のみ），②二年の保護観察に付すること，③少年院に送致することを規定した（少年法64条）。

5 | 少年刑事事件の手続

刑事処分相当性の判断基準

「罪質及び情状に照らして」判断される刑事処分相当性については，保護処分優先主義に立つ見解と保護手続と刑事手続を並列関係に置く見解に大別できる。さらに保護処分優先主義に立つ場合でも，①保護処分では保護の見込みがない場合（保護不能）や刑事処分の方が処遇上有効な場合に例外的に検察官送致を認める見解，②保護処分が可能な場合においても，事案の性質，社会感情，被害者感情等から保護処分で対処することが相当でない場合（保護不適）には検察官送致を認める見解があり，保護不能のほか，保護不適の場合も含むとするのが判例の立場である。しかし，保護不適にまで刑事処分の可能性を拡大することについては，保護手続と刑事手続の並列的・二元的な少年法の構造に帰結する危惧あることが指摘されている。

刑事処分の選択可能性の拡大

一連の少年法改正が有する一側面は，刑事処分の選択可能性の拡大である。これは，14・15歳の少年による事件を「推進力」として，少年非行の深刻化・凶悪化，低年齢化および被害者に対する配慮が強調されることにより立法化された。しかし，刑事処分の拡大は健全育成・成長発達を保障する法制度全体の変更に関わる問題であり，慎重な検討が必要である。すなわち，「厳罰化」に象徴される対症療法的な方策ではなく，少年非行の要因を多面的，科学的に精査し，社会変革をも視野に入れた根本的な克服に向けた方策こそが求められている。

刑事処分の選択可能性の拡大を厳罰化であると批判する立場に対して，保護処分をもっぱら少年の福祉のための処分と解するのではなく，保護処分と刑罰を行為者の責任を前提とした同質のものととらえ，犯罪をした少年と犯罪から

守られるべき社会の双方にとって，刑罰と保護処分のどちらがより適切であるかを説明することが必要とする見解がある。これには保護処分に責任を導入することによって，刑事処分の利用拡大を回避しようとするかのような意図が示されているが，現実には，保護処分に刑罰的性格が注入され，保護処分と刑罰の差異が縮小する危惧がある。自己の行為が被害者や地域社会に及ぼした影響に気づくことが，少年の立ち直りの第一歩であり，そのような意味での「責任」は，すでに要保護性の判断・保護処分の決定において考慮されており，刑事処分との接近を図る必要はないように思われる。

少年刑事手続と健全育成

　家庭裁判所から送致された事件につき，公訴提起するに足りる犯罪の嫌疑が存する場合，検察官には公訴提起の義務がある（少年法45条5号）。成人の刑事事件においては起訴便宜主義（刑訴法248条）に基づき，検察官は起訴猶予の権限を有するが，少年刑事事件においては検察官の処遇選択は著しく制限されている。ただし，検察官送致後，訴追が相当でないとする事情が発見されたり生じたりした場合には，検察官は公訴を提起せず，家庭裁判所に再送致しなければならない。

　検察官送致後，送致前と同様の捜査が行われ，必要な場合には身体拘束が行われる。少年の被疑者・被告人は，他の被疑者・被告人とりわけ成人から分離し，その接触を避けなければならない（少年法49条1項）。

　少年に対する刑事事件の審理は，少年法9条の趣旨に従って行わなければならない（少年法50条）。すなわち，保護事件と同様に，少年，保護者または関係人の行状，経歴，素質，環境等について，医学，心理学，教育学，社会学その他の専門的知識や少年鑑別所の鑑別結果を活用して行う。これは，少年の刑事裁判においても，少年法の健全育成の理念が及ぶことを明らかにしている。同様に刑事訴訟規則も「少年事件の審理については，懇切を旨とし，且つ事案の真相を明らかにするため，家庭裁判所の取り調べた証拠は，つとめてこれを取り調べるようにしなければならない」（279条）とし，さらに必要的弁護事件でなくても，少年の被告人に弁護人がいないときは，なるべく職権で弁護人を付さなければならない（279条）として，少年ゆえの特別な配慮を規定している。

なお，少年審判とは異なり，少年の刑事事件は公開の法廷で審理され，傍聴も許されているため，社会記録の取扱いも含め少年法の理念に適合する審理方式の検討が課題となる。そこで，傍聴人から遮蔽措置や審理自体の非公開も提案されている。また，少年事件も裁判員裁判の対象から除外されていないために，原則逆送事件の多くが裁判員裁判の対象事件となりうる。被害者参加や少年法に対する理解度が裁判員の判断に影響を及ぼすことも危惧され，少年事件を裁判員裁判の対象から除外することも検討されるべきではなかろうか。

少年に対する刑罰の特則

(1) 特定少年（年長少年）の死刑

犯行時18歳未満の少年に対して，死刑を科すことはできない。死刑をもって処断すべきときは無期刑に必要的緩和する（少年法51条1項）。18歳未満の少年に対する死刑廃止は，児童の権利条約37条にも明記されており，国際的に承認されている。

問題は，死刑が存置されている現行制度のもとで，18歳・19歳の特定少年（年長少年）に対する死刑適用の是非である。「永山事件」において，犯行時19歳の少年に対する死刑判決を破棄した東京高裁は，「法律上は死刑を科することは可能である。しかし，少年に対して死刑を科さない少年法の精神は，年長少年に対して死刑を科すべきか否かの判断に際しても生かされなければならない」（東京高判昭和56・8・21）としたが，最高裁は，「死刑制度が存置する現行法制のもとでは，犯行の罪質，動機，態様ことに殺害の手段方法の執拗性・残虐性，結果の重大性ことに殺害された被害者の数，遺族の被害感情，社会的影響，犯人の年齢，前科，犯行後の情状等各般の情状を併せ考察したとき，その罪質が誠に重大であって，罪刑均衡の見地からも一般予防の見地からも極刑がやむをえない認められる場合には，死刑の選択も許される」（最判昭和58・7・8）とした。そして，このように犯罪事実の重大性を重視し，極刑を望む被害者遺族の応報感情を重要な量刑因子のひとつとして斟酌する判例の流れは，犯行時少年であったこと，更生可能性など酌むべき事情を十分考慮しても，刑事責任はあまりにも重大であり，死刑を是認せざるをえないとした「光市母子殺害事件」第2次上告審判決（最判平成24・2・20），そして，犯行時19歳の特定少年

による「甲府殺人放火事件」における2024年1月18日甲府地裁死刑判決（被告人の控訴取下げにより確定）へと引き継がれた。少年法の理念が少年刑事事件をも包摂するとすれば，矯正可能性がある場合でも死刑を選択できるとする判例の流れは疑問なしとしえない。「疑わしきは被告人の利益に」が用いられ，特定少年に対しても死刑は廃止されるべきであろう。

(2) 刑の緩和と不定期刑

犯行時18歳未満の少年に対して無期刑をもって処断すべき場合には，裁判所の裁量により，有期拘禁刑を科することが可能で，その刑は10年以上20年以下において言い渡す（少年法51条2項）。

少年に対して有期拘禁刑をもって処断すべきときは，定期刑ではなく不定期刑が言い渡される（少年法52条1項）。その理由は，可塑性に富む少年に対して，刑期に幅をもたせることで柔軟な処遇が可能になるとされている。しかし，2014年少年法改正によって，成人と少年の刑罰の格差は縮小する傾向にある。不定期刑の短期と長期の上限が5年引き上げられ，短期10年，長期15年となった（少年法52条1項）。長期と短期の定め方については，処断すべき刑の範囲内において，長期を定め，長期の2分の1（長期が10年を下回るときは，長期から5年を減じた期間）を下回らない範囲内において短期を定める。執行猶予の場合には定期刑が言い渡される（少年法52条3項）。なお特定少年については不定期刑が適用されず（少年法67条4項），その結果，最長30年の拘禁刑の定期刑となる（刑法14条1項）。

不定期刑の終了時期は，地方更生保護委員会が刑事施設または少年院の長の申出に基づき決定する（更生保護法44条1項）。刑事施設または少年院の長は，被収容少年の不定期刑の短期が経過し，かつ，刑の執行を終了することが相当と認めるときは，地方更生保護委員会にその旨を申出なければならない（更生保護法43条）。仮釈放は，刑の短期の3分の1を経過した後に可能となる。

(3) 少年刑事事件の量刑

少年刑事事件の量刑は少年法の理念に沿って行われる。すなわち，成人事件における犯行の動機，態様，被害結果，社会的影響および前科の有無などの一般的な量刑要因に加えて，成育歴・生活環境，人格的成熟度および矯正可能性などの主観的・個別的要因を重視して行われ，それは年長少年による重大犯罪

の量刑についても妥当する。これに対して，少年の健全育成という理念は，少年に対する刑罰の目的や性格まで変容させるものではなく，教育的配慮が優先し，行為責任の枠から外れた軽い刑が言い渡されるわけではないとの考え方が示されている（川出敏裕（2022）『少年法［第2版］』有斐閣）。

少年刑事事件の量刑のあり方につき，「女子高生監禁殺人事件」控訴審判決において，東京高等裁判所は「犯罪の内容が重大，悪質で，法的安全，社会秩序維持の見地や，一般社会の健全な正義感情の面から，厳しい処罰が要請され，また，被害者の処罰感情が強く，それが，いたずらに恣意によるものではなく，十分首肯できるような場合には，それに応じた科刑がなされることが，社会正義を実現させる」とし，寛刑をもって臨むことは，「一般社会の刑事司法に対する信頼をゆるがせるばかりでなく，少年に対し，自己の罪責を軽視させ，いたずらに刑事処分に対する弛緩した意識を抱かせるなど，少年自身の更生のためにも適当と思われない」と判示した（東京高判平成3・7・12）。刑罰の言い渡しが刑法の基本原則である責任主義から逸脱するは許されない。しかし少年刑事事件は「健全育成」という保護事件と同一の理念のもとに位置付けられた「例外的な」手続きであり，一般予防的考慮ではなく，行動科学の知見に裏打ちされた矯正可能性という特別予防的考慮が量刑の基本に据えられるべきである。

6 | 非行のある子どもに対する支援・処遇

非行のある子どもの地域での支援

⑴ 要保護児童対策地域協議会

市町村に設置されている要保護児童対策地域協議会は，要保護児童もしくは要支援児童およびその保護者等への適切な支援を行うため，情報の交換と支援内容に関する協議を行う（児童福祉法25条の2）。要保護児童とは，保護者のない児童または保護者に監護させることが不適当であると認められる児童で，虐待を受けた児童だけでなく，障害をもった子ども，不良行為をする，またはするおそれのある児童をいう。要支援児童とは，養育上の支援により要保護児童となることを予防する支援対象である。具体的には，育児不安を有する親に監

護されている子ども，不適切な養育環境に置かれている子どもなどが含まれる。協議会は，市町村の児童福祉担当者のほか児童相談所，福祉事務所，保健所の職員，学校，警察の関係者，民生・児童委員などで構成され，守秘義務が課される。

(2) 警　　察

　警察も地域における非行防止に重要な役割を果たしている。非行少年のほかに，不良行為少年，被害少年，要保護少年，児童虐待を受けたと思われる児童を対象とする。不良行為少年に対する措置としては，不良行為が単純かつ軽微で，少年に反省を促して訓戒する「現場限りの措置」，保護者，学校の教員，職場の雇い主に注意を喚起し，その理解と協力を得る「連絡措置」，保護者等に引き渡し適切な指導を行う「引き渡しの措置」がある。被害少年については，現場における助言，関係各機関の紹介，再被害防止の指導が行われ，保護者の同意を得て，カウンセリング，関係者への助言など継続的な支援をすることができる（少年警察活動規則36条2項）。要保護少年については，児童相談所への通告や一時保護を適切に実施するため，本人またはその保護者に対する助言，学校その他の関係機関への連絡その他の必要な措置をとる（少年警察活動規則38条）。児童虐待を受けたと思われる児童については，児童相談所その他の関係機関との緊密な連携のもと，当該児童に対するカウンセリング，保護者に対する助言または指導その他の当該児童に対する支援を的確に実施する（少年警察活動規則39条3項）。

非行のある子どもと児童福祉

(1) 児童相談所・一時保護所

　触法少年および14歳未満のぐ犯少年は，児童福祉法上，要保護児童として取扱われる。これらの少年を発見した警察官は，児童相談所に通告する（児童福祉法25条）。児童相談所には，児童福祉司，相談員，精神科医・小児科医または保健師，児童心理司，心理療法担当職員，弁護士などの専門職が配置されている。児童相談所は，児童および家庭につき，必要な調査ならびに医学的・心理学的・教育学的・社会学的および精神衛生上の判定を経て，①児童と保護者に，非行や不良行為に至った原因を指摘して注意を促し，克服を約束させる

「訓戒・誓約」，②児童や保護者との定期的な面接，学校等関係機関との継続的な調整を行う「児童福祉司等の指導」，③児童福祉施設に入所または通所させる措置，④非行のある児童の家庭裁判所への送致を行う。

　触法少年については2007年少年法改正によって，警察の調査権限の強化や重大触法事件の原則家庭裁判所送致が規定された。このような方向とは別に，児童福祉の中核的専門機関である児童相談所の人的・物的資源の充実や司法的関与が喫緊の課題となっている。児童相談所長は，「児童の安全を迅速に確保し適切な保護を図るため，又は児童の心身の状況，その置かれている環境その他の状況を把握するため」児童の一時保護を行うことができる（児童福祉法33条）。一時保護は児童相談所長の権限とされ，親権者の意に反して行うことができる。一時保護の期間は原則２月を超えてはならないが，２月を超えて引き続き一時保護を行おうとするときは家庭裁判所の承認を得なければならない。このように一時保護の手続きは児童福祉法の改正によって整備されてきたが，児童が生活する一時保護所（児童相談所に付設）は，施設環境，処遇環境，学習環境（入所児童の学習は施設内で行われる）の面で，改善を必要とする点も少なくない。

(2) 児童福祉施設

　児童自立支援施設と児童養護施設は児童福祉法によって設置された開放施設で，施設長の監護に服することを除いて，入所児童の自由は制限されない。児童の行動の自由を制限し，又はその自由を奪うような強制的措置が必要である場合には，都道府県知事は事件を家庭裁判所に送致しなければならない（児童福祉法27条の３）。

　児童自立支援施設は，不良行為をなし，またはなすおそれのある児童および家庭環境その他の環境上の理由により生活指導等を要する児童を入所，通所させて，必要な指導を行い，その自立を支援することを目的とした施設である（児童福祉法44条）。その前身は「教護院」である。児童は施設内に設置された近隣校の分校・分教室に「通学」する。以前は，学校教育法上の就学義務猶予・免除の適用を受け，小学校または中学校に「準ずる教育」にとどめられていたが，児童福祉法48条によって，施設の長は「保護者に準じて」，入所児童に対する就学義務が課せられることになった。処遇形態としは，夫婦である職員が８〜10名程度を収容する小舎で児童と起居を共にして生活する「小舎夫婦制」を

特徴としてきたが，職員の過重な負担を理由に，大舎制・交替制に移行した施設も少なくない。

　児童養護施設は，保護者のない児童，虐待されている児童その他環境上養護を要する児童を入所させて，養護する施設である（児童福祉法41条）。児童は施設を生活の本拠とし，そこから校区の学校へ通学する。

非行のある子どもの矯正施設での支援・処遇

⑴ 少年鑑別所

① 少年鑑別所の制定

　少年鑑別所法は，新少年院法制定と連動して2014年に新たに制定され，⑦再非行防止に向けた少年鑑別所の機能の強化，④少年の権利義務・職員の権限の明確化，⑨社会に開かれた施設運営の推進（少年鑑別所視察委員会の設置）が主柱となっている。処分決定前という法的地位を保障しつつ，健全育成のための支援を行うことに特徴がある。

② 鑑　　別

　少年鑑別所は，⑦鑑別対象者の鑑別を行うこと，④観護の措置がとられて少年鑑別所に収容される者に対して，健全育成のための支援を含む観護処遇を行うこと，⑨地域社会における非行および犯罪の防止に関する援助を行うことを業務とする矯正施設である（少鑑法3条）。

　鑑別の種類には，⑦調査・審判を受ける者に対して行う審判鑑別（少鑑法17条1項1号），④保護処分の執行を受ける者，拘禁刑／懲役・禁固の刑を受ける20歳未満の者に対して行う処遇鑑別（同条1項2号，3号），⑨少年院送致または戻し収容の決定を受けた者に対して，収容すべき少年院を指定するために行う指定鑑別（少鑑法18条）がある。

　鑑別につき，少年鑑別所法16条1項は「医学，心理学，教育学，社会学その他の専門的知識及び技術に基づき，鑑別対象者について，その非行又は犯罪に影響を及ぼした資質上及び環境上問題となる事情を明らかにした上，その事情の改善に寄与するため，その者の処遇に資する適切な指針を示すもの」と定義している。鑑別のための調査事項としては，「性格，経歴，心身の状況及び発達の程度，非行の状況，家庭環境並びに交友関係，在所中の生活及び行動の

151

状況」その他の鑑別を行うために必要な事項とされている（同条2項）。

③ 観護処遇

　少年鑑別所の役割は，家庭裁判所の調査・審判を受ける者に対する鑑別にとどまらず，在所者の健全育成のための支援，非行防止のための地域援助に拡大している。在所者の観護処遇の原則につき，少年鑑別所法20条は「懇切にして誠意のある態度をもって接することにより在所者の情操の保護に配慮するとともに，その者の特性に応じた適切な働き掛けを行うことによりその健全な育成に努める」とし，医学，心理学，教育学，社会学その他の専門的知識および技術を活用して行うとする。

　在所者の健全育成のための支援としては，生活態度に関する助言および指導（少鑑法28条），学習，文化活動等の機会の提供（少鑑法29条）を規定し，とくに義務教育を終了しない在所者に対しては，学習機会の提供が配慮されなければならない（同条2項）。このほか，保健衛生および医療や外部交通など在所者の生活と処遇に関する少年鑑別所法の規定の多くが健全育成の支援と不可分な関係を有する。

(2) 少年院

① 新少年院法の制定

　1948年に制定された旧少年法は2014年に全面改正され，新少年院法が制定された。新少年院法は，㋐少年院の種類の見直しや矯正教育の目的・内容・方法等の明確化など再非行防止に向けた処遇の充実，㋑少年の権利義務・職員の権限の明確化や保健衛生・医療の充実，不服申立制度の整備など適切な処遇の実施，㋒施設運営の透明性確保など社会に開かれた施設運営の推進を主柱としている。

　少年院は，保護処分の執行を受ける者および少年院において懲役または禁錮の刑の執行を受ける16歳未満の受刑者を収容する国立の矯正教育施設である（少院法3条）。

　少年院には第1種から第5種までの種類がある。第1種は心身に著しい障害がないおおむね12歳以上23歳未満の者，第2種は心身に著しい障害がない犯罪的傾向が進んだおおむね16歳以上23歳未満の者，第3種は心身に著しい障害があるおおむね12歳以上26歳未満の者，第4種は少年院において刑の執行

を受ける16歳未満の者，第5種は2022年少年院法改正によって新設され，2年の保護観察中，重大な遵守事項違反があり，改善および更生を図るためには少年院における処遇が必要とされた特定少年，を収容する少年院であることを規定する（少院法4条）。

② 少年院の処遇原則

少年院法15条は，処遇原則として人権尊重，教育主義，科学主義，個別処遇を明示し，「人権を尊重しつつ，明るく規則正しい環境の下で，その健全な心身の成長を図るとともに，その自覚に訴えて改善更生の意欲を喚起し，並びに自主，自律及び協同の精神を養うことに資するよう行うものとする」（1項）とし，また，処遇のあり方につき，「医学，心理学，教育学，社会学その他の専門的知識及び技術を活用するとともに，個々の在院者の性格，年齢，経歴，心身の状況及び発達の程度，非行の状況，家庭環境，交友関係その他の事情を踏まえ，その者の最善の利益を考慮して，その者に対する処遇がその特性に応じたものとなるようにしなければならない」（2項）と規定する。

③ 少年院における矯正教育の内容

矯正教育は少年院における処遇の中核であり，少年院法23条は「在院者の犯罪的傾向を矯正し，並びに在院者に対し，健全な心身を培わせ，社会生活に適応するのに必要な知識及び能力を習得させることを目的とする」と規定する。

矯正教育の内容には，生活指導，職業指導，教科指導，体育指導，特別活動指導の5分野があり，個人別の矯正教育計画が策定される。生活指導とは「善良な社会の一員として自立した生活を営むための基礎となる知識及び生活態度を習得」するための指導（少院法24条1項）で，矯正教育の主柱である。生活指導の内容は，㋐基本的な生活訓練，㋑問題行動指導，㋒治療的指導，㋓被害者心情理解指導，㋔保護関係調整指導，㋕進路指導で，これらについて，全体講義，面接指導，作文指導，日記指導，グループワークなどの方法を用いて実施される。また，個々の在院者の事情に応じた特定生活指導として，㋐被害者の視点を取り入れた教育，㋑薬物非行防止指導，㋒性非行防止指導，㋓暴力防止指導，㋔家族関係指導，㋕交友関係指導が行われる。

職業指導は「勤労意欲を高め，職業上有用な知識及び技能を習得させる」ために行われる（少院法25条1項）。職業指導としては，㋐職業能力開発指導，㋑

6 非行のある子どもに対する支援・処遇

153

自立援助的職業指導，㋬職業生活設計指導が実施されている。教科指導は「義務教育を終了しない在院者その他の社会生活の基礎となる学力を欠くことにより改善更生及び円滑な社会復帰に支障があると認められる在院者に対して」，小学校または中学校の学習指導要領に準拠した指導を行う（少院法26条1項）。体育指導は「善良な社会の一員として自立した生活を営むための基礎となる健全な心身を培わせるため」に行われる（少院法28条）。特別活動指導は「情操を豊かにし，自主，自律及び協同の精神を養うことに資する社会貢献活動，野外活動，運動競技，音楽，演劇その他の活動の実施に関し必要な指導を行う」（少院法29条）。

各少年院が実施する矯正教育課程（表6-1）は，義務教育を終了していない者に対して行う義務教育課程，社会適応を円滑に行うための各種の指導を行う社会適応過程，障がい等その特性に応じて，社会生活に適応するための各種の指導を行う支援教育課程，心身の疾患，障がいの状況に応じた各種の指導を行う医療措置課程，少年院において刑の執行を受ける者を対象とする受刑在院者課程に大別される。

(3) 少年刑務所

拘禁刑／懲役または禁錮の言い渡しを受けた少年は，少年刑務所（函館，盛岡，川越，松本，姫路，佐賀）において，刑の執行が行われる。本人が26歳に達するまでは，少年刑務所において刑の執行を継続することができる（少年法56条2項）。少年受刑者の矯正処遇については，教科指導を重点的に行い，できる限り職業訓練を受け，一般作業に従事する場合においても，有用な作業に就業させるなどの配慮をしている。さらに個別担任制を採用し，面接，日記指導等を継続的に実施している。

また，16歳未満の少年が拘禁刑を言い渡された場合には，16歳に達するまでの間，少年院において，刑を執行することができる（少年法56条3項）。その場合，少年に対しては，矯正処遇ではなく，矯正教育を行う。

非行のある子どもの更生支援

(1) 保護観察

保護観察は，社会内で自律的な生活を営みながら，保護観察官，保護司の指導監督，補導援護を受けて，改善更生を図る処遇方法である。

表6-1 少年院入院者の人員（矯正教育課程別）

少年院の種類	矯正教育課程	符号	在院者の類型	矯正教育の重点的な内容	標準的な期間	人員
第1種	短期義務教育課程	SE	原則として14歳以上で義務教育を終了しない者のうち、その者の持つ問題性が単純又は比較的軽く、早期改善の可能性が大きいもの	中学校の学習指導要領に準拠した、短期間の集中した教科指導	6月以内の期間	4 (0.3)
	義務教育課程I	E1	義務教育を終了しない者のうち、12歳に達する日以後の最初の3月31日までの間にあるもの	小学校の学習指導要領に準拠した教科指導	2年以内の期間	—
	義務教育課程II	E2	義務教育を終了しない者のうち、12歳に達する日以後の最初の3月31日が終了したもの	中学校の学習指導要領に準拠した教科指導		47 (3.5)
	短期社会適応課程	SA	義務教育を終了した者のうち、その者の持つ問題性が単純又は比較的軽く、早期改善の可能性が大きいもの	出院後の生活設計を明確化するための、短期間の集中した各種の指導	6月以内の期間	149 (11.2)
	社会適応課程I	A1	義務教育を終了した者のうち、就労上、修学上、生活環境の調整上等、社会適応上の問題がある者であって、他の課程の類型には該当しないもの	社会適応を円滑に進めるための各種の指導		513 (38.5)
	社会適応課程II	A2	義務教育を終了した者のうち、反社会的な価値観・行動傾向、自己統制力の低さ、認知の偏り等、資質上特に問題となる事情を改善する必要があるもの	自己統制力を高め、健全な価値観を養い、堅実に生活する習慣を身に付けるための各種の指導		114 (8.6)
	社会適応課程III	A3	外国人等で、日本人と異なる処遇上の配慮を要する者	日本の文化、生活習慣等の理解を深めるとともに、健全な社会人として必要な意識、態度を養うための各種の指導		8 (0.6)
	支援教育課程I	N1	知的障害又はその疑いのある者及びこれに準じた者で処遇上の配慮を要するもの	社会生活に必要となる基本的な生活習慣・生活技術を身に付けるための各種の指導		68 (5.1)
	支援教育課程II	N2	情緒障害若しくは発達障害又はこれらの疑いのある者及びこれに準じた者で処遇上の配慮を要するもの	障害等その特性に応じた、社会生活に適応する生活態度・対人関係を身に付けるための各種の指導		94 (7.1)
	支援教育課程III	N3	義務教育を終了した者のうち、知的能力の制約、対人関係の持ち方の稚拙さ、非社会的行動傾向等に応じた配慮を要するもの	対人関係技能を養い、適応的に生活する習慣を身に付けるための各種の指導	2年以内の期間	272 (20.4)
第2種	社会適応課程IV	A4	特に再非行防止に焦点を当てた指導及び心身の訓練を必要とする者	健全な価値観を養い、堅実に生活する習慣を身に付けるための各種の指導		13 (1.0)
	社会適応課程V	A5	外国人等で、日本人と異なる処遇上の配慮を要する者	日本の文化、生活習慣等の理解を深めるとともに、健全な社会人として必要な意識、態度を養うための各種の指導		—
	支援教育課程IV	N4	知的障害又はその疑いのある者及びこれに準じた者で処遇上の配慮を要するもの	社会生活に必要となる基本的な生活習慣・生活技術を身に付けるための各種の指導		2 (0.2)
	支援教育課程V	N5	情緒障害若しくは発達障害又はこれらの疑いのある者及びこれに準じた者で処遇上の配慮を要するもの	障害等その特性に応じた、社会生活に適応する生活態度・対人関係を身に付けるための各種の指導		3 (0.2)
第3種	医療措置課程	D	身体疾患、身体障害、精神疾患又は精神障害を有する者	心身の疾患、障害の状況に応じた各種の指導		45 (3.4)
第4種	受刑在院者課程	J	受刑在院者	個別的事情を特に考慮した各種の指導		—
第5種	保護観察復帰指導課程I	P1	保護観察再開に向けた社会適応上の指導を要する者のうち、その者の持つ問題性が比較的軽く、早期改善の可能性が大きいもの	保護観察を再開するための、短期間の集中した各種の指導	3月以内の期間	—
	保護観察復帰指導課程II	P2	保護観察再開に向けた社会適応上の指導を要する者（保護観察復帰指導課程Iに該当する者を除く。）	保護観察を再開するための、集中した各種の指導	6月以内の期間	—

注 1 少年矯正統計年報による。
　　2 第5種が指定される在院者は、令和4年4月から計上している。
　　3 （ ）内は、矯正教育課程別の構成比である。
出典：『令和5年版犯罪白書』3-2-4-9表。

非行少年の保護処分では，家庭裁判所の決定により実施される保護観察（更生保護法48条1号）と，少年院仮退院者に実施される保護観察（同条2号）がある。刑事処分が科せられた少年も，仮釈放者（同条3号）・執行猶予者（同条4号）に対する保護観察の対象者となりうるが，それは極めて少数である。

　保護観察処分少年および少年院仮退院者に対する処遇は，基本的には仮釈放者および保護観察付全部・一部執行猶予者に対する処遇と同様である。対象者の問題性その他の特性を非行態様等によって類型化して取組む類型別処遇が行われる。少年に対する保護観察については，シンナー等乱用，覚せい剤事犯，問題飲酒，暴力団関係，暴走族，性犯罪等，精神障害等，中学生，校内暴力，無職等，家庭内暴力，ギャンブル依存の類型がある。

　また，保護観察所の長は，必要があると認めるときは，保護観察処分少年または少年院仮退院者の保護者に対し，少年の監護に関する責任を自覚させ，改善更生に資するため，指導，助言その他の適当な措置をとることができる（更生保護法59条）。このほか，少年非行に関する講習会や，保護者同士が子育てに関する経験，不安や悩みを話し合う保護者会なども開催している。

　保護観察処分少年に対する保護観察の期間は，原則として20歳に達するまで（その期間が2年に満たない場合には2年間）とされるが（更生保護法66条），保護観察所長が保護観察を継続する必要がなくなったと認めるときは，解除の措置によって保護観察は終了する（更生保護法69条）。

　少年院仮退院者は，保護観察を継続する必要がなくなったと認めるとき，保護観察所長の申出に基づき地方更生保護委員会が退院を決定し，保護観察は終了する（更生保護法74条1項）。

(2) 少年院出院後の更生支援

　非行のある子どもの更生支援には，安心できる生活を支える家族などの帰住先，経済的基盤，就学（復学）・就労・社会参加の機会の確保と更生を支える人々の存在が不可欠である。少年院と地域社会を架橋する制度として更生緊急保護があり，少年院仮退院者・仮退院期間満了者に対して，原則として6カ月以内に限り，本人の申出により保護観察所において実施される。保護措置の内容としては，更生保護施設に宿泊させ，食事を給与するほか，生活指導，就職活動，環境調整などを行い，円滑な社会復帰を支援する。また，就労支援としては，

非行歴・犯罪歴のあることを承知のうえで雇用し，社会復帰に協力する民間事業者である協力雇用主，少年院在院者に対してハローワーク職員が実施する職業相談，少年院出所者や刑務所出所者の社会復帰を目指す職親プロジェクトがある。

近年，帰住先や就労の調整・確保に困難を有する者の社会復帰を促進するため，福祉との連携が推進されている。障がいを有し，かつ適当な帰住先がない受刑者および少年院在院者に対して，釈放後速やかに，適切な介護，医療，年金等の福祉支援を行う取組みとして，2009年から矯正施設と保護観察所が連携して「特別調整」が実施されている。この取組みの中心となる，各都道府県に設置された地域生活定着支援センターは，①社会福祉施設や福祉サービスの利用を支援するコーディネート業務，②特別調整対象者を受け入れた社会福祉施設に対して支援や助言を行うフォローアップ業務，③福祉サービスの利用者や関係者に対する相談支援業務を行っている。

7 │ 少年犯罪被害者の支援

少年矯正における被害者の参加

1996年から警察において実施された「被害者連絡制度」，1999年から検察庁において実施された「被害者等通知制度」は，少年犯罪被害者にも適用された。

また，2000年，2008年の少年法改正においては，少年審判手続きにおける被害者への情報提供と司法参加に一定の前進がみられた。2022年において，少年事件記録の閲覧・謄写は延べ747人，意見の聴取は延べ236人，審判結果等の通知は延べ741人に認められ，非公開で行われる少年審判の傍聴は29件・60人に，審判状況の説明は275人に認められた。

少年矯正における被害者への情報提供は，収容中の少年に対する生活環境の調整における関係者調査（更生保護法82条）などを除き行われてこなかったし，被害者支援を直接的な目的とするものでもなかった。しかし，2007年，犯罪被害者等基本計画を受けて，少年院長は，収容されている少年院の名称，少年院における教育状況，出院年月日・出院事由等を，希望する被害者等に通知す

る制度が導入された。2022年において，少年院での処遇に関する事項について202件の通知が行われた。

そして，2022年の少年院法改正においては，少年院における被害者等の「心情等聴取・伝達制度」が新設された（少年法23条の2）。改正前から少年院においては，「被害者の視点を取り入れた教育」の中で，被害者や支援団体等による講話など矯正教育の一端を担う取組みが存在していたが，被害者一般についての理解を深めることに留まっていた。この改正によって，被害者等から申出があったとき，その心情等を聴取すること，被害者等から希望があったときには，聴取した心情等を在院者に伝達する具体的な被害者・加害者の交流が可能になった。

少年更生保護における被害者の参加

少年更生保護における被害者支援は，犯罪被害者等基本計画を受けて，2007年，被害者等への情報提供が開始され，地方更生保護委員会は，①仮退院審理の開始に関する事項，②仮退院審理の結果に関する事項を，保護観察所長は，①保護観察の開始に関する事項，②保護観察中の処遇状況に関する事項，③保護観察の終了に関する事項を，希望する被害者等に通知することになった。2022年において，仮退院に関する事項について延べ82件，保護観察状況に関する事項につい延べ462件の通知が行われた。

また，被害者等には少年の仮退院に際して意見を述べる機会が認められ（更生保護法38条），さらに保護観察中の少年に対して被害者の心情等を伝える制度（更生保護法65条1項），保護観察所において被害者の不安等への寄り添いや各制度の内容・利用に関する相談・支援が実施されている。2022年において，仮退院の審理に関する被害者等の意見聴取は23件，加害少年に対する被害者の心情等の伝達は31件であった。

このような少年矯正と更生保護の段階における被害者等の参加は，加害者の社会復帰のみならず，被害者の立ち直りの契機としても重要である。これを実現するために，矯正・保護の実務家，法律専門職である弁護士，福祉専門職である社会福祉士や心理専門職である臨床心理士などの連携・協働が焦眉の課題となっている。

chapter **7**

刑事司法と犯罪の原因・背景となりうる社会課題へのアプローチ

1 | 「犯罪」という現象の理解と社会課題

　犯罪は，個人による行為であると同時に，社会における現象でもある。むしろ，社会のなかで他者とともに生きることを前提にしなければ，そもそも犯罪行為は生じない。なぜなら，何が犯罪であるのか，またそれをどう罰するのかを決めているのは社会を構成するわれわれ自身であって，われわれ人間同士の関係性のなかにおいて何らかの軋轢や葛藤が生じ，それが時に犯罪という現象として認識されるのである。

　過去の犯罪現象に学ぶと，しばしばその軋轢や葛藤を生じさせうる要因，すなわち犯罪行為という結果に行き着いてしまいやすいような背景は，多くの場合，いわゆる社会課題として認知されているものであることが少なくない。それはたとえば，虐待やDVのようなファミリーバイオレンス（家族間暴力）の問題であったり，さらにその背景にある貧困やジェンダーの問題であったりする。

　またそれらの課題と犯罪との結びつきは，第三者による分析のみでは十分に把握しきれるものではなく，当事者自身の語りによって初めて明らかになることもある。また，当該課題に直面してきた人への支援において，当事者と専門家との間に，支援の前提となる信頼関係を構築することに困難を伴う場合もある。その場合，実際にその課題を抱えた当事者，犯罪行為に至った人自身の語りからしか判らないことや，当事者間のコミュニケーションによって築かれる信頼関係を前提に成立しうる支援もある。

159

しかし，このような当事者の背景を理解しようとする過程は，現行の刑事司法のなかで十分予定されているのであろうか。われわれの社会は，犯罪現象を契機としてかような社会課題へのアプローチをどのように行うことができるのか，そこが問われているのではないだろうか。

　本Chapterでは，犯罪学研究において犯罪・非行の原因・背景として言及されてきた一部の社会課題につき，その対応の現状と犯罪・非行との繋がりについて概観したうえで，かような社会課題にわれわれが向き合うための基本的な考え方として「治療共同体（Therapeutic Community：TC）」と「修復的正義（司法）（Restorative Justice：RJ）」を中心に説明し，今後，犯罪現象から学ぶ社会のあり方をわれわれが追求していくうえで，これらの考え方を共有していくことの重要性を述べる。

2 ｜ ファミリーバイオレンス

　犯罪・非行の原因・背景として，家族の問題はしばしば指摘される。たとえば，家庭裁判所における少年事件の審理に際して，家庭裁判所調査官は，少年の成育歴を調査して犯罪・非行行動の理解を深める一材料とする。また，刑事裁判においても情状鑑定の一環として家族に関わる要素が含まれることは少なくない。そのような意味で，犯罪・非行行為者の家族は，犯罪・非行の原因・背景のひとつとしても理解されてきた。同時に，犯罪・非行行為後の社会復帰の過程においては，本人を支える資源のひとつとしても理解されてきたものといえる。

　しかし，成育過程において存在した家庭内の暴力は，それが本人に対するものであれ，他の家族間のものであれ，同じ家庭内で生活する人に対して心身ともに大きな負の影響をもたらすものであることが明らかとなっている。本来，人間にとって最も安心できる場所であるはずの「家庭」という場が，われわれにとって安心・安全な場ではないということは，自分自身への理解や，他者との関係性構築を難しくしたり，様々な葛藤への対処能力を育んだりすることを阻害しうる。当然ながら，犯罪・非行行為後に社会生活を再建する際にもそのような場が適さないことはいうまでもない。

以下では，具体的なファミリーバイオレンスの一類型として，児童虐待とドメスティックバイオレンス（Domestic Violence：DV）の，日本の現状について概観する。

児童虐待

　児童虐待とは，保護者（親権を行う者，未成年後見人その他の者で，児童を現に監護するもの）がその監護する児童（十八歳に満たない者）に対して，①身体的虐待，②性的虐待，③ネグレクト，④心理的虐待を行うものをいう（児童虐待の防止等に関する法律（以下，児童虐待防止法）2条）。

　2000年に児童虐待防止法が制定されて以来，日本において児童に対する虐待行為が，社会問題として公的に可視化されるようになり，その数は増加の一途を辿っている。このことは，1990年代に児童虐待に対する制度的対応の必要性が主張されるよりも以前から，児童虐待としてみなされるべき現象がなかった訳ではなく，制度改正によりその実態が顕在化するようになったものとされる。

　2020年の児童相談所（以下，児相）における児童虐待相談対応件数は205,044件（1990年は1,001件，2000年は17,725件，2010年は56,384件）と一貫して増加傾向にある。とりわけ心理的虐待の相談対応件数の増加が著しく，件数としても最も多い（2022年は129,484件（59.1％））。次いで身体的虐待の割合が高い（同年51,679件（23.6％））。

　児相への相談経路としては，警察を通じた相談が最も多く（2022年は112,965件（51.5％）），次いで知人・隣人（24,174件（11.0％）），家族・親戚（18,436件（8.4％）），学校（14,987件（6.8％））となる。

　児相は，児童福祉法と児童虐待防止法を根拠に，児童虐待への対応を担う中心的行政機関である。2000年の児童虐待防止法成立以来，同法は2017年までに5回の法改正がなされており，被虐待児童の死亡事件等が発生するたび，児童虐待防止対応に関する問題点が指摘され，児相の機能のあり方についても議論が重ねられてきた。

　2018年に発生した東京都目黒区での児童虐待死事件に端を発して，改めて公的機関による児童虐待対策が問題視され，政府の「経済財政運営と改革の基

本方針」（いわゆる「骨太の方針」）にも，児童相談所の職員体制や専門性の強化が盛り込まれた。翌年7月に，政府が再発防止策を検討するための関係閣僚会議において「緊急総合対策」が取りまとめられることとなった。

同対策においては，とくに①児童相談所の体制強化，②関係機関間の連携強化が大きな課題として指摘されている。

①については，「児童虐待防止対策体制総合強化プラン」に基づいて，児相における児童福祉司等の専門職の職員体制・専門性の強化や，弁護士・医療職等の配置の促進等が謳われている。現場では，児相への相談件数の増加に職員数の増加が追いついていないため，児相の業務の繁忙，深刻な職員不足の状況が続いている現状を改善するための施策である。

しかし，児童福祉司が実際に虐待対応や児童・保護者への援助を行う力を身につけるためには，最低5～10年の経験が必要であり，研修を受ければすぐ業務をこなせるというものではなく，急速に増員を進めることは困難であるとの指摘もある。

②について，2016年頃から，警察による被虐待児童発見時の児相への通告の徹底や情報共有，また児相による警察との人事交流や研修，警察官OBの児相配置を推進といった施策が進められてきた。さらに「緊急総合対策」においては，児童相談所と警察の情報共有の強化として，a.虐待事案等に関する情報，b.通告受理後，子どもと面会ができず，48時間以内に児童相談所や関係機関において安全確認ができない事案の情報，c.bの児童虐待に起因した一時保護・施設入所等の措置をしている事案で，かつ当該措置を解除し，家庭復帰するものに関する情報については，必ず児童相談所と警察との間で共有することを明確化し，これを全国ルールとして徹底するとされた。

しかしながら，警察との全件情報共有については，警察への情報提供を行うことで保護者との信頼関係が崩れ，保護者が児童相談所を避けることへの懸念や，第三者が通告をためらう理由となりうること，また，保護者が児相に対してそもそも子育てに関する相談をしにくくなるといった指摘もなされている。

本来，児童虐待の予防・対応をスムーズに進めるには，福祉のみならず，保健，医療，教育，警察，司法等の様々な分野の関係者が参画する必要があり，要保護児童や要支援児童，特定妊婦等に関する情報共有や，支援についての協

議を行うための連携の基盤となりうる機関として，2004年児童福祉法改正において は「要保護児童対策地域協議会（以下，要対協）」（児童福祉法25条の2）が法的に位置付けられた。

しかし要対協の設置そのものは進んでも（2016年時点で全国1,741市町村のうち1,727カ所（99.2%）に設置），参加機関のバラつきや，調整役を担うことが可能な専門資格を有する職員の不足等，その実際の運営のあり方につき，多くの課題が挙げられている。

ドメスティックバイオレンス (Domestic Violence : DV)

日本におけるDVへの対応は，2001年に「配偶者の暴力の防止及び被害者の保護等に関する法律」（以下，DV防止法）が制定され，3回の改正を経てその対策が進められてきた。DVの明確な定義はないものの，日本では「配偶者や恋人など親密な関係にある，又はあった者から振るわれる暴力」という意味で使用される。その点で，ストーカー規制法等とともに語られることも多い（警察統計等では，ストーカー事案と配偶者からの暴力（DV）事案を併せて「人身安全関連事案」として計上されている）。またDV防止法は，DVの被害者を女性に限定してはいないものの，DV被害者の多くが女性であることから，DVに関する問題は，男女間の性別役割分業観といったジェンダーに関わる問題や，男女間の経済的格差の問題など，女性の人権問題として社会問題化してきた経緯がある。

警察への人身安全関連事案の統計の推移をみると，2017年をピークにストーカー事案の相談件数は微減している一方（2017年23,079件→2022年19,131件），DV事案の相談件数は増加の一途を辿っている（2013年49,533件→2022年84,496件）。その対応内容において，刑法犯として検挙されたものはそう多くなく（2022年8,535件），DV防止法に基づく保護命令にかかわる対応件数もそれほど多くない。最も多いのは加害者への指導警告（2022年60,539件）や防犯指導・防犯機器貸出し（2022年74,040件）である。

DV防止法に基づく保護命令（DV防止法10条）とは，（事実婚含む）夫婦関係の継続中に，身体に対する暴力または生命・身体に対する脅迫を受けた被害者（申立人）が，今後，身体に対する暴力を振るわれて生命や身体に重大な危害を受けるおそれが大きいときに，加害者（相手方）から被害者に対する身体への

暴力を防ぐため，裁判所が加害者に対し，被害者に近寄らないよう命じる決定である。

　保護命令には，①被害者への接近禁止命令，②退去命令，③電話等禁止命令，④被害者の子への接近禁止命令，⑤被害者の親族等への接近禁止命令がある。しかし，保護の対象者の範囲の限定，保護命令の対象行為の定義の狭さ，保護命令の種類・内容の不十分さ，緊急時の保護命令の不在，具体的な刑法犯に該当しない限り，加害者の責任は保護命令違反時以外に問うことができないといった問題点も指摘されている。

　DV被害者の保護については，婦人相談所がDVセンターとしての機能を担いつつ，一時保護も実施しているが，婦人相談所での生活ルールの厳格さゆえに，多様な問題を抱えている被害者がなかなか入所しづらく，一時保護件数は伸び悩んでいるともされる。また，そもそも婦人相談所は売春防止法をその設置の法的根拠とする施設であり，本来，DV被害者の保護を行う施設として適切であるのか否かにつき，疑問が呈されてもいる。

家族・家庭の問題への社会の関わり方：「介入」と「支援」をめぐって

　以上，ファミリーバイオレンスの主たる類型として，児童虐待とDVの現状について概観した。他にも，家族間の高齢者に対する虐待や，ひきこもり状態にある子どもによる保護者への家庭内暴力の問題等も社会課題として認識されている。また，児童虐待についても，近時，児童虐待防止法に明確には定義されていない「教育虐待（子どもの受忍限度を超えて勉強させる等の保護者の行為）」への対応が問題視されており，現代における家族・家庭内の身体的・精神的暴力の問題は多岐にわたる。さらに，日々の刑事事件の報道や公判廷において，こうしたファミリーバイオレンスの問題がその背景として指摘され，SNSを含めて公に語られることも少なくなくなったといえよう。

　そのような世論においては，かつてのように「民事不介入」として警察等が家庭のなかに「介入」することにも消極的であるべきではないとされ，家庭や家族の問題に警察をはじめとする公的機関が「介入」することに対する抵抗感は薄れている。むしろ「加害者」とされた人について，刑罰を科したり，強制的なプログラム受講等を義務付けたりする等，積極的に何らかの社会的な「介

入」がなされるべきであるとの意見も（とくに関連の事件が広く報道されるたび）強く主張される。

　当然ながら，いわゆる「介護殺人」の問題や「ヤングケアラー」の問題等にも明らかなとおり，家族の問題を家族内だけで解決しようとしたり，家族を家族だけで支えようとしたりすることが，さらに家族のなかに葛藤やストレスを生み，暴力，心身の疾患，物質依存，自死，犯罪等，様々な社会的逸脱状態につながってしまうことがある。家族以外の第三者が，家庭内の問題についても何らかのかたちで関わりを有していくことは，個人の社会的孤立と同じように，家族の社会的孤立を防ぐために不可欠なことであろう。

　しかし，それが刑罰をはじめとする，強制を伴う社会的介入であるべきか否かについては，慎重な議論がなされなければならない。なぜなら，かような問題がそもそもその家族の抱える困難に基づいて生じているのであれば，ただ個人を罰したりその人を他律的に変えようとしたりすることでは，問題の本質的解決にはつながらないこともありうるからである。そこに必要なことは，むしろその困難を理解したうえでなされる「支援」である場合もありうるのではないか。

　次項では，犯罪というかたちで顕在化する，家族の問題の背景にあるものを見極めていくための一類型として，貧困の問題を概観する。

3 ｜ 社会における貧困と犯罪

絶対的貧困と相対的貧困

　前項で言及した家族の問題の背景には，社会における様々な格差の問題，貧困の問題が存在することがしばしば指摘される。また，犯罪と貧困の間に一定の因果関係があるというのではないかということは，犯罪学における古典的テーマのひとつとされてきた。

　そもそも貧困には「絶対的貧困」と「相対的貧困」があり，前者は，社会の生活水準とは関係なく，人の生存に不可欠なもの（衣食住や医療等）が満たされていない状態のことをいう。おそらく一般的に貧困といったとき，われわれは

「絶対的貧困」をイメージしていることが多い。一方，「相対的貧困」とは，人がその社会の一員として認められる最低限の生活水準を下回っている状態のことをいう。「最低限の生活水準」は，経済や社会の進展の程度によって異なるものであるとされる。たとえば現代日本においては，携帯電話が社会における様々な関係性を維持するためのインフラとして当然視されている傾向があり，携帯電話を所持していることは，現代日本社会の最低限の生活水準に適うものであるかを測るひとつのバロメーターになりうるであろう。

　日本において，戦後すぐの少年犯罪における「第1の波」と称される時期には，戦禍で保護者を失った子どもたちが，今日明日の食べ物や居場所を求めて，つまりその生存に不可欠なものを得るための犯罪行為によって，犯罪認知件数が増加したとされる。まさに「絶対的貧困」が犯罪行為に直接的に結びつく，わかりやすい現象である。かような「絶対的貧困」が犯罪に繋がる可能性は誰しも想定できうるであろうが，むしろ犯罪学的により問題になりうるのは「相対的貧困」との関係である。「相対的貧困」と犯罪行為との因果関係はそれほど単純なものではなく，また直接的に犯罪に直結するものでもないからである。

日本における「相対的貧困」

　日本の相対的貧困率は，世界的に見て先進国のなかで非常に高い。相対的貧困率は，等価可処分所得の中央値未満の国民の割合を指す。概して，全国民のうち収入が真ん中より下の人を「貧困」と評価することになる。

　厚労省による「2022（令和4）年国民生活基礎調査」によれば，2021年の日本の相対的貧困率は15.4％であり，2018年の15.7％から若干低下したとされるものの，韓国（15.3％）やアメリカ（15.1％）よりも高くなっている。とくに，子どもの相対的貧困率は11.5％，そのうちひとり親世帯の貧困率は44.5％であり，いずれも2018年のデータからは若干低下しているが，全体では6.5人に1人が貧困，子どもは8.7人に1人が貧困，さらにひとり親の2人に1人が貧困状態にあるということになる。OECDにおける比較をみると，日本よりも相対的貧困率が高いのは，相対的貧困率が人口の約半分にまで上昇したメキシコ，イスラエルやコスタリカ等であり，日本の貧困率は先進国においてはやはり高いといわざるをえない。

とくに子どもの相対的貧困率について，ひとり親世帯の数値が格別高いことから，日本においては，ひとり親による子育てに困難を生じやすいこともみて取れる。ここでいう「ひとり親」は，実父・実母のみならず祖父母や兄弟等含めて，世帯主が18歳以上65歳未満の場合を指すが，一般に女性が一人で子育てを行なっている母子家庭においては，男女間賃金格差の大きさ（OECD比較においては，全体平均12.0％のところ，日本は韓国やイスラエルに次いで22.5％とかなり格差が大きい）が影響しているとされる（母子家庭の母親の雇用形態として正規職員・従業員48.8％，派遣社員3.6％，パート・アルバイト等38.8％。また仕事についていない人も全体の9.2％）。また，男女関わらず，家事と子育てを単独で担うため短時間労働にならざるをえないことや，子どもが病気になったときなどにフォローしてもらえる環境が不十分で非正規雇用になりやすいこと等もその要因として挙げられる。さらに養育費を受け取っていないひとり親世帯が全体の56.9％を占めている。なお，子どもの大学等進学率は，全世帯の進学率73.0％に比べ，生活保護世帯35.3％，児童養護施設27.1％，ひとり親家庭58.5％と，生活保護世帯や児童養護施設を出た子どもよりも高いものの，明らかに全世帯の数値よりも低い。

　日本はあくまで「相対的貧困」の割合が高いのであって，「絶対的貧困」状態にある人が多いわけではないのだから，贅沢な暮らしをしなければよいだけの話なのではないかという意見もある。しかし先に述べたとおり，貧困が人の生き方に及ぼす影響，またそこから生じる現象は，様々な社会的逸脱状況となってあらわれることが少なくないのである。

「相対的貧困」と「社会的排除」

　「相対的貧困」の状態におかれると，人はどのような心理状態におかれるのであろうか。また，そもそも「相対的貧困」状態はなぜ生じるのであろうか。

　「相対的貧困」の状態におかれるということは，経済的不平等に基づく相対的剥奪を感じることにつながりやすい。これは，社会において貧富が存在することにつき，個人や集団に不平等感を抱かせる状態のことであり，個人や集団に富への羨望，社会への憤りなどのストレスを溜め込ませることになる。それを感じる時の資源や機会の喪失の状況は，必ずしも客観的である必要はなく，

当事者によって主観的に定義される。その意味では，客観的には「相対的貧困」に当たる状態ではなかったとしても（自身の仕事と給与が見合っていない等の）経済的不平等を感じている場合は，同様の相対的剥奪を感じることはありうる。

　そこで，「相対的貧困」を生じさせるような客観的プロセスに着目した概念が「社会的排除（Social Exclusion）」である。「社会的排除」とは「人々が社会に参加することを可能ならしめる様々な条件（雇用，住居，諸制度へのアクセス，文化資本，社会的ネットワーク等）を前提としつつ，それらの条件の欠如が人生の早期から蓄積することによって，それらの人々の社会参加が阻害されていく過程」を指す。

　先に述べた子どもの貧困の問題は，「社会的排除」の観点からみると，その問題性の本質を理解しやすくなるところがある。子どもの貧困がなぜ様々な社会的逸脱状態につながりやすいのか。浅井春夫によれば，それは，①「相対的貧困」という経済的貧困が，②家庭内での「貧困の文化」の醸成につながり，やがて，③子ども本人の「発達の貧困」が子ども自身の自己否定や他者に対する否定的な行動につながってしまう，そのような負のスパイラルが展開されてしまいやすいことにあるという。

　①では，生活必需品の不足により子どもを含む家族の構成員に様々なストレスが生じ，また教育費の欠乏により，子どもは他の家庭の子どもに比して塾や習い事等に通うことができないことが出てくる。さらに，課外活動や友人との交流活動に参加できないこと等から，経験の貧困に陥ることにもなる。この経験の貧困は，親も同様であり，たとえば親同士で子育てに関する悩みを共有したりする場に参加することが困難になったり，子どもを様々な活動に参加させらないことから，他の家庭との交流が希薄となり，家庭が閉鎖的環境になりやすくなる。

　②では，経済的貧困によるストレスから親子間で虐待や暴力がみられるようになったり，そのような暴力的なコミュニケーションを「学習」することで，物理的・精神的暴力やお金等の何らかの権力で他者よりも優位に立つことに価値を見出したりするような傾向がみられる。現状の貧困状態から何とか脱したいと考えるものの，貧困ゆえに向社会的な方法論では容易にその状態を脱することができず，徐々に自身の現状に対するあきらめを感じるようになっていく。

③では，こういう環境に生まれた自分は何をやっても駄目だという自己肯定感の低下がみられたり，その自己肯定感の低さゆえに，自分にも他者にも暴力的な傾向を示したり，無謀な行動をとったりしやすいことが指摘される。一般に，われわれが何か目標や目的をもって努力できるのは，その努力が何らかの成果に結びついた経験を学習してきているからであって，そのような成功体験に乏しいまま発達の過程を経てきた場合，逆に「どうせ何をやっても無駄だ」という無力感を自ら学習することになる（＝学習性無力感）。

このような子どもの貧困のスパイラルは，「社会的排除」における「社会に参加することを可能ならしめる様々な条件」の欠如が蓄積していく過程に他ならない。さらに，このような「相対的貧困」状態におかれている少年が，まさに少年期にのみ犯罪・非行行為に至るのかといえば，必ずしもそうではない。「相対的貧困」の影響は，世代間で連鎖したり，相当時間を経て成人してからその影響が行動に表れたりすることもある。また，「相対的貧困」状態にある家庭ではなかったとしても，（たとえば教育虐待によるストレスや，夫婦間の関係性の不和等）家庭内に何らかのストレスから生じる親子間で虐待や暴力，そこから容易に脱却できないような方法論の欠如，自己肯定感の低下等があれば，そもそもこのようなスパイラルが「相対的貧困」状態の家庭でしか起こりえない訳でもないともいえよう。

改めて，このような家庭や個人のかかえる困難が，犯罪をはじめとする社会的逸脱の背景にあることが窺われる場合，その問題は果たして刑事的介入によって解決しうるのであろうか。近年の研究では，ある場面で「加害者」として現れた人が，かつては「被害者」としての側面を有していることが明らかになってきている。小児期逆境体験（Adverse Childhood Experiences：ACEs）研究によれば，非行・犯罪行為に至った人々のなかで，何らかの被害経験・トラウマ経験を有している人の割合が，一般人口に比して明らかに多いことが示されている。

そのような経験があるから加害者としての行為に対する責任を全く問うべきではないということではなく，その加害行為以前の社会のあり方を問う必要はないのか，ということである。かつてその人が「被害者」であった時，われわれ社会はどのようにその対応を行なったのであろうか。そのことを見直す契機

は，犯罪をはじめとする社会的逸脱状況が顕在化した時にこそ見出すことができる。つまり，われわれはこの社会を構成する一員として，犯罪対応を通じて，犯罪という現象から学ぶことができる立場にいるのである。

それでは「犯罪から学ぶ」ために，一体どのような方法があるのであろうか。次節では，その方法論について紹介する。

4 │ 犯罪対応とコミュニケーション：犯罪から学ぶ社会のあり方

「犯罪から学ぶ」ということが意識されるようになったのは，当初，社会によってではなく，当事者自身からであった。もっと遡ると，そもそもの始まりは犯罪行為を行なった当事者ではなく，精神科医療における患者と治療者（医師）との関係性において，当事者である患者同士によるコミュニケーションが，医師による治療よりも当事者の回復に寄与している，ということがわかってきたことに端を発する。つまり，何らかの疾患を治すのは専門家であって，当事者たる患者は治される客体でしかないという「常識」が覆されたのである。

われわれは，犯罪についても相似した感覚を有しているかもしれない。犯罪という現象が生じた時，刑事司法による介入が行われ，刑罰が犯罪という問題を解決してくれる。そのような「常識」を，われわれは信じて疑っていないかもしれない。しかし，ここで紹介する考え方は，そのような「常識」に疑問を投げかける契機になりうるであろう。

当事者間のコミュニケーション：Therapeutic Community（治療共同体）による対話

Therapeutic Community（治療共同体）（以下，TC）の定義は多様にあるが，代表的なものとして，アメリカとイギリス（ヨーロッパ）における定義を示す。

アメリカのDe Leonによれば，TCとは「個人のライフスタイルとアイデンティティの変化を促進するように意図したミクロな共同体のなかで，個人を情緒的に治療し，健全な生活に向けた行動や態度及び価値を身につける方法」であり，「方法としてのコミュニティ（community as method）といわれる，自分自身を変化させていくためにそのコミュニティを用いるように個人に伝えていく，コミュニティの意図した活用を中心とする心理社会的・社会的学習アプロー

チ」であるとする。

　一方，ヨーロッパのTC認証団体Community of Communitiesは，TCを「社会及びグループのプロセスを，治療上の価値あるものとして利用する，計画された環境」であるとする。それは「多様で，寛容であり，安全な環境における，公平かつ民主的な集団生活」であり，「対人関係と感情的な問題はオープンな場で議論され，メンバーは信頼関係を構築できること」，「相互フィードバックがメンバー自身の問題への直面や，対人行動についての認識を高めるのを助ける」と説明している。

　いずれからも窺えるTCの本質は，オープンで情緒的な関わりが可能になるような，安全な対話の場であるということであろう。専門家が一方的に何らかの方法で介入する場ではなく，そこに参加する人々皆が対等に参加し，相互に何かを得られるような場であることが必要である。

　TCの始まりは，第二次世界対戦の最中，イギリスの精神科医療の現場であった。とくに実践家として著名なのは精神科医のMaxwell Jonesである。Jonesは，医師と患者の二者関係ではなく，多くの患者・看護師・医師を巻き込んだコミュニティ・ミーティングを行い，日常生活における課題や，病棟運営等，日々の生活について関係者みんなで話し合う場を構築した。「医師が患者を治す」という権威のパラダイムから対等な人間関係における対話のパラダイムへと，課題解決の場を根本的に転換したのである。

　アメリカにおいてはややイギリスに遅れて，アルコール依存の状態にある人々がお互いを支え合うなかで回復を目指すAA（Alcoholic Anonymous）を設立した。AAは，その後の自助グループにおける回復の方針となる「12ステップ」を創出した。この方針は，当事者がなんらかの物質等への依存から「当事者が主体性を取り戻す」ために作られたもので，薬物依存の状態にある人々のグループ・NA（Narcotics Anonymous）をはじめ，現在に至るまで様々なアディクションの自助グループの方針として受け継がれている。日本におけるDARC（Drug Addiction Rehabilitation Center）も，NAからこの理念を共有して始められたとされている。

　TCと刑事司法制度との関わりが一般化し始めたのは1960年代以降である。ヨーロッパにおいても，アメリカにおいても，刑務所内でTCを行うプログラ

ムや民間団体等が現れ始めた。とりわけ，日本の官民協働刑務所・島根あさひ社会復帰促進センターでも，そのワークブックが翻訳され，導入されている，アメリカの民間団体・アミティ（Amity）による社会復帰支援プログラムが，日本においては知られている。これは，アミティの活動を追ったドキュメンタリー映画『Lifers』（坂上香監督作品）によるところも大きい。同作品のなかでは，実際にアミティがどのような対話を社会内や刑務所内で実施しているのか，またそこで重視される価値とはどのようなものであるのかが，様々な場面で描かれている。

　とくに，アミティに参加する人々がそこで得ていくのは，「エモーショナル・リテラシー」，すなわち，感情を健全な方法で特定し，理解し，表現する能力であり，感情に振り回されるのではなく，自分の感情を使いこなす能力である。様々な逆境体験を経てきた人は，心に傷を負った際の自らの感情から目を背けたり抑え込んだりすることによって，つまり自身との対話を断絶することで，犯罪行為や薬物等の使用によって自分の痛みをごまかしながら何とか生きてきている人がいる。そうした自身の負の感情や考えをまず受け止め，他者との対話を通じて，自分自身と対話できるようになることが求められている。そうすることで，犯罪行為や依存行為に頼らない問題解決の方法を学ぶことができるのである。

　このようなアミティの考え方のベースには，精神科医アリス・ミラーによる「子ども時代を剥奪された者の文化（＝子ども時代に愛情を十分に受けられず，一人の人間として当たり前に生きる権利を奪われてきた人特有の生き方）」の考え方があるとされ，ミラーは，子ども時代に受けた深刻なトラウマを放置することが，人が「（他害のみならず自傷を含む）暴力」に向かう可能性を強めることを主張している。アミティのアプローチでは，このミラーの考え方に基づき，参加者の抱える問題を「子ども時代」にまで遡りながら，徹底して解き明かしていくのである。

　また，北欧を中心とした諸外国の刑務所内で行われてきた対話実践の方法論として，「リフレクティング」がある。リフレクティングは，家族療法をもとに精神科領域で始まった方法で，一般的な議論のように「聴きながら考え，すぐに自分の意見をまとめて話す」ことをせず，①他者の言葉に耳を傾けながら，

それに関する自己との対話を行い，②対話した内容を言葉にすることで，自分の声と言葉を耳にして客観視を行い，③自分の会話について他者が感じたことに関しての会話を聴くことで，自分の内的会話を深めていくものである。こうした対話の方法が，1990年代から北欧の刑務所内で，受刑者とセラピスト，刑務官とセラピストという組み合わせで会話をしながら，それぞれの会話を聴く，といった取り組みが行われている。そうすることで，刑務官と受刑者が二者で話す時とは異なり，他者や自身に対する理解が深まるのだとされる。

　日本においては，先述のとおり島根あさひ社会復帰促進センターにおいてアミティのプログラムに倣った治療共同体プログラムが実施されており，一定の刑事施設再入率低下に寄与していることが評価研究により明らかになっている。また，『Lifers』の坂上監督によって制作された，同プログラムや社会内でのTCのドキュメンタリー映画『プリズン・サークル』においても，その社会的意義が描かれている。

　その他にも，近年，オープンダイアローグ，トラウマインフォームドケア等，TCに近似した理念に基づく対話の手法によって，刑事司法制度や犯罪に関わる当事者間や，当事者とその身近な支援者・関与者との対話実践は，徐々に活発になっている現状にある。

　しかし，当事者間や当事者と身近な支援者・関与者以外との対話，つまり，地域で暮らす一般の人々と，かような当事者や支援者・関与者との距離は，どのようにして近づく可能性があるのであろうか。もちろん，TCやリフレクティング等が，日常的に社会内の様々な当事者性を有する人たち同士の間で，職場の運営のあり方や課題解決等でも活用されていくことが一般化すれば，かような対話という手法についても，社会的な理解が現状よりは深まるものと思われる。ただ，そのような動きと並行して，犯罪という現象への対応において，「犯罪から学ぶ」ということがより社会的に意識される必要があろう。そのための考え方として，次項ではRestorative Justice（修復的司法）という考え方について述べることとする。

社会と当事者間のコミュニケーション：Restorative Justice（修復的司法）

　Restorative Justice（修復的司法）（以下，RJ）とは，邦語で「修復的・回復的」

な「司法・正義」等と訳され，犯罪行為に対する一定の具体的な対処方法，施策，プログラムや司法形態を示すものではなく，一定のアプローチ，グローバルな「考え方（ものの見方）」を示すものであるとされる。日本でこの概念が紹介された当初，「修復的司法」という訳語が一般化したために，これがあたかも一定の「司法」形態，とりわけ現行の刑事司法を表す「応報的司法」と対になる「司法」形態を示すかのようにとらえられやすいが，そのような捉え方はその本質を言い表すうえで不十分であるため，ここではRJと呼称する。日本では，RJが「加害者と被害者が対面して，犯罪行為について話し合う」といった対話プログラムとして一般的に理解されている傾向が強いが，かようなプログラムはRJという「考え方」を基礎として構築されたプログラムの一類型に過ぎないからである。

　そもそも，日本においてRJが着目された契機は，2000年の少年法改正論議であった。1997年に神戸児童連続殺傷事件，2000年に豊川市主婦殺人事件，西鉄バスジャック事件といった，少年による重大事件が発生し，そのセンセーショナルな報道がなされ，「少年法は少年に対して甘すぎる」との社会的な批判や，犯罪をした少年への厳しい刑罰を科すべく，成人と同様の刑事裁判を受けさせるべきであるとの声が高まった。RJは，このような犯罪少年に対する厳罰化への対抗軸として着目されるようになった。すなわち「少年に厳しい刑罰を科すべきである」という意見に対して，RJは「刑罰が一体何を解決しうるのか」という疑問が呈することとなったのである。

　それでは世界的にみたとき，なぜRJが着目されるようになったのであろうか。RJという考え方には，従来の伝統的な刑事司法との対比で語られる「消極的利点」と，RJ固有の「積極的利点」があるという。

　RJの観点からは，伝統的な刑事司法は「国家」対「犯罪行為者」という図式による「応報的司法（retributive justice）」であるとされる。応報的司法においては，限定された専門家（主に法曹）のみが刑事司法に関与し，限定された語彙（訴訟において意味をもちうる言葉や専門的用語）しか用いることができない。そこでは，事件の当事者やコミュニティが自由に話すことはできず，たとえば仮に被告人に対して被害者が率直に話を訊きたいと思ったとしても，訴訟上不利な証拠になりうる発言は被告人にはできない場合もある。また，逆に，実際

には深く被害者について考えていない被告人であったとしても，訴訟上有利に働くのであれば形式的な謝罪の言葉を述べることもある。つまり，事件の当事者やコミュニティが疎外されたプロセスにおける，形式的な対話とそれによる紛争解決がなされる場が，伝統的刑事司法の法廷だというのである。その結果，犯罪という紛争の解決過程に当事者や市民が関与できず，自らの問題としてとらえることができないまま，本質的な問題解決に至ることができないということが，RJによる応報的司法への批判であった。

　一方，RJという考え方においては，犯罪という現象は，「抽象的な法規範への違反」ではなく，社会における「関係性の侵害」としてとらえられる。ゆえにその解決にあたっては，犯罪によって生じた「害の修復・回復」が必要であって，それは「犯罪行為者」と「被害者」と「コミュニティ」の関係性のなかで果たされるべきものであるとされるのである。このように，当事者やコミュニティが関与した問題解決のための対話のプロセスを創出できること，それが伝統的刑事司法に相対するRJの「消極的利点」であるとされる。

　RJの「積極的利点」とは何か。すなわち，RJとは，コミュニティにおいて行われた「（犯罪に限定されない）不正な行い（wrongdoing）」に対して建設的な応答ができる社会となるための，社会変革理念であるとされる。RJは，その「不正な行い」をした行為者のみならず，周囲の人々をも含めた相互の責任を再構築し，改めて適切な関係性を築くことを追求する。つまり，RJの問題解決の過程においては，犯罪行為者だけに変容を求めるのではなく，すべての人の成長を促し，また，すべての人に対する敬意が払われることが求められるのである。またその過程において，RJは，犯罪行為者を含むすべての人の「人としての権利」が保障されることに価値を置く。「犯罪という現象」を契機に，当該現象の背景にある社会的課題や，今後の回復のための課題について学び，すべての人が「生きづらさ」を抱えることなく生きられる「よき社会（good society）」の在り方を要請すること，これこそがRJの積極的利点なのである。

　よってRJは，単に従来の応報的司法を代替するという消極的利点のみならず，より広く「不正な行い」から学ぶことのできる社会のあり方を追求するという積極的利点を有する考え方として，その意義を有しているのである。

RJの理念に基づく多様な実践

RJはあくまで「ものの見方・考え方」であるが，この理念を基盤として行われている実践やプログラムが世界中で展開されている。犯罪行為への対応に限らず，学校におけるいじめ，会社におけるハラスメント行為，家庭内における虐待・DVへの対応をも含めた，幅広い実践が存在し，その効果検証のための研究も行われている。

RJの理念に基づく犯罪・非行への対応として，とくに日本で広く紹介されているものに，ニュージーランドにおけるFamily Group Conference（家族集団会議），カナダ・アメリカ・カリフォルニア州等における Victim-Offender Reconciliation Program（被害者・行為者和解プログラム）等がある。これらは，刑事司法手続の途中の段階でその事案を手続から離脱させたり（ダイバージョン），あるいは，刑事司法手続の終了後に別途，当事者・関係者等が一堂に会して対話の場面を設定したりする。そこでは，メディエーターやファシリテーターといわれる中立的な立場の人による仲介のもと，公式な裁判外において参加者間の「対話」を行い，場合によっては一定の合意事項を形成するものである。こうした「対話」により，公式の手続においては語られることのない，当事者それぞれの任意の発話がなされることがまずもって目指されている。

このようなプロセスに各参加者が自律的に参加することで，公式の裁判における判決のような即時の形式的「解決」を必ずしも目指すのではなく，たとえば，犯罪によって生じた害の修復のために，各参加者が今後行う対応（犯罪行為者による被害者への賠償に向けた就労計画や，コミュニティの人々による犯罪行為者や被害者，その家族への支援計画等）について話し合い，その状況を継続的に共有しあうこと等が行われる。その過程のなかで，犯罪行為者自身が自らの「被害者性（たとえば，犯罪行為以前の被虐待経験や，家族・コミュニティとの葛藤等）」も語ることや，それに対して家族・コミュニティがどのように対応してきたのか等も語られ，当該犯罪行為の「加害者」・「被害者」という「当事者性」に限定されない，すべての参加者が何らかの「当事者性」をもってその場に参加することになる。

そうした対等な対話によって目指されていることは，犯罪行為者のみが周囲

から何らかの対応や変容を求められるのではなく，当該犯罪・非行が生じた背景についても話し合うなかで，社会も何らかの対応や変容を求められるということである。これは，犯罪行為者のみに刑罰を科すことによって問題を解決しようとする，従来の刑事司法においては見出しにくい姿勢であるといえよう。

ただし，こうした非公式の手続においては，制度的に柔軟な対応が可能になる一方で，公式の手続において法律上規定され，その遵守が重視されている適正手続保障が欠けうるおそれもある。たとえば，一方的・衝動的に誰かを攻撃するような発話を行う参加者がいた場合，実際にはファシリテーター等がその対応を行う。その前提として，こうした非公式の取り組みにおける原則やルールも必要である。その国際的ルールとして，2002年には国連犯罪防止刑事司法委員会において「刑事事象における RJ プログラムの活用に関する基本原則（Basic Principles of restorative justice programs in criminal matters）」も採択されている。

このように，RJに関する学問的議論や実践的取り組みは，今もなお多様に展開され，成熟し続けている途上にある。

しかし，このようなダイバージョン的なプログラムでは，やはり対話の場に関与する人が限られていて，「社会変革」というほど大きな動きにはなりえないのではないかとも考えられる。そこで，コミュニティ・ジャスティス（Community Justice（以下，CJ））という考え方をもとり入れながら，RJを基礎にして行われている実践を紹介する。

コミュニティ・ジャスティス（Community Justice）とRJ：地域を変える裁判所のあり方

CJとは，明確な定義がなされている訳ではないものの，地域社会において，中央集権的な官僚や専門家の組織ではなく，当該地域の構成員が中心となって積極的に地域の多様な正義の実現に参加していくものであるとされる。CJはその問題解決の「場」のあり方，具体的には地域のなかでの裁判所をはじめとする問題解決組織のあり方を追求している点に特徴がある。

CJの考え方に基づく実践としてよく知られているのは，1993年にアメリカ・ニューヨーク市に設置されたミッドタウン地域裁判所（Midtown Community Court）である。当時のニューヨーク市は，犯罪対策としてゼロトレランスと

呼ばれる厳しい取締りと厳罰化政策が採られており，何度も刑事司法手続に関わる再犯者の数ばかりが増えていく「回転ドア司法（revolving-door justice）」状況が生じていた。これに市民の不満が高まり，厳しい刑罰による刑事政策の限界が露呈していたのである。

そこに設置された当該裁判所においては，「地域に根ざした刑事政策」として，処分決定に一般市民が参加して被告人と対話できる場が設置され，さらに，そこで話し合われた問題解決型の処分や支援の実行のためのプログラムが行われるようになった。その結果，多くの事件が不起訴になる一方，その当事者に多機関協働による社会福祉・教育・医療・心理等のサービス提供を実施することで，犯罪の背景にある，そもそも当該地域や当事者がかかえていた問題，社会問題の解決を行い，地域の利益を確保しつつ，同時に犯罪が生じにくい地域づくりを目指したのである。

このような取り組みは他の地区や国においても注目され，同様の仕組みをもった地域裁判所が設置されることにつながった。オーストラリア・ビクトリア州においても，近隣司法センター（Neighbourhood Justice Centre）と称される地域裁判所が置かれている。このセンターは，CJとともにRJもその理念として掲げていることを明示している。

同センターの特徴は，裁判所としての機能のみならず，（公的機関・民間団体それぞれによる）地域サービスの出張所，地域の人々が集まることのできるコミュニティセンター，（民事事件についての）調停機能，ガラス張りで段差のない法廷等が同じ建物のなかにあり，事件の関係者それぞれが，犯罪を契機にあらゆる社会的課題にかかわる支援のコーディネートを受けることが可能な「ワンストップサービス」の拠点として存在していることである。同センターは刑事事件，民事事件，行政審判等，当該地域の住民に関連する事件はすべて扱うことが可能であり，さらに裁判のみならず，何らかの支援プログラムの実施やカウンセリング等，裁判外活動もここで行われている。

同センターは，地域住民の司法へのアクセスを改善するということだけではなく，地域住民自らが（犯罪そのもののみならず，その背景や前提にある）地域の問題解決のために自律的に行動することに価値が置かれており，「犯罪と社会的排除（social exclusion）によって害を被っている人々や場」を，「補修し，社

chapter 7 ● 刑事司法と犯罪の原因・背景となりうる社会課題へのアプローチ

178

会復帰を支援し，回復するために，刑事司法と社会正義を統合する」ことが目的とされているのである。

ミッドタウン地域裁判所も，近隣司法センターも，いずれも犯罪の認知件数が他の地域よりも多く，また，社会的にも生きづらさを抱えている人が多く居住する地域である。しかし，これらの裁判所が実践を行うことで，これまで様々な社会的支援につながらなかった人が支援を受けられる体制を整えられたり，地域の他の住民との関係性を改善することにつながったり，より住みやすい地域づくりに寄与していることが，これらの取り組みの評価事業からも明らかになっている。地域のあり方が，犯罪を契機に少しずつ変わりつつあるのである。

RJの理念やその実践に今学ぶべきこととは

日本を含め，こうした実践はまだ世界各国において標準的であるとまではいえない。しかし，犯罪・非行への対応に向けた取り組みが，単に刑罰を科すのみでは解決できない問題に取り組もうとしている点には注目すべきである。

日本国内においては，RJの理念に基づく実践は，2000年代半ば，警察において制度的導入が検討された時期があったが，コストや事件処理に時間がかかりすぎる等の課題から，結局正式な制度としては導入されなかった。その他，矯正や保護の領域で，個別に受刑者や保護観察対象者と被害者等との対話が行われた実例がいくつかあったり，民間団体や弁護士が仲介をして対話を行ったりしている例があるが，決して数としては多くはない。

また，刑事司法手続における被害者等参加制度や，心情伝達制度等を，RJ的な実践としてとらえようとする試みもあるものの，果たしてそこでRJが重視している価値，たとえば立場性を超えた対等な会話や，中立な仲介者による対話の仲介による自由な対話等が実現できるのかは，疑問なしとしないところである。何より，現在の日本におけるRJに対する理解は，前述のとおりあくまで限定的な当事者間のやり取りのみに収斂されており，社会変革理念としての役割を果たすことができるような，RJの積極的利点を社会に活かしていく実践が目指されているとはいまだ言い難いのではないだろうか。

むしろ，日本においては2000年代以降の「司法と福祉の『連携』」といわれる実践や，「治療的司法」の考え方に基づく情状弁護の実践等において，本人

の生活再建に向けた環境調整や，家族やそれ以外の支援者，地域との関係性構築等に目を向けていくことに，「犯罪から学ぶ」RJの考え方に近い姿勢をみてとることもできる。また2016年以降の再犯防止推進計画に基づく自治体との連携においても，まさに地域づくりと犯罪の背景にある社会課題を見直す契機を見出している自治体もみられる。2022年の刑法・更生保護法改正により，矯正・保護いずれにおいても，犯罪をした人の社会復帰支援が重視される刑事司法制度への変容を求められている今，刑事司法のみで犯罪の背景にある課題を解決すること等およそできないことを前提に，他領域との連携のなかで，社会全体がいかに犯罪から学び，今後の社会のあり方に活かすことができるのかを追求するべきであろう。

　一方で，刑罰では解決しえない課題を，犯罪をした本人にとっても一見「良かれ」と思われる方法で，すなわち福祉的・教育的に支援していこうとしたとき，本人の問題を他律的に治療・解決しようとしたり，従前と何ら変わらない社会へと本人を過剰に包摂したりすることに繋がってしまう危険性をも孕んでいる。このような，福祉や教育がもともと有するパターナリズムや権力性に対しても，当事者の視点を理解することを重視するTCやRJの考え方は，大きな示唆となりうる。

　犯罪・非行という現象は，事件の当事者だけの問題としてではなく，社会の側の変容をも求める契機として再構成されうることを，世界各地で行われる先進的な取り組みは指し示している。RJの理念がわれわれのなかに少しずつ根付くその過程こそが，「修復的社会 (Restorative Society)」へとつながるのである。

chapter **8**

罪を犯した人への支援の理論と実践

1 │ 刑事司法と福祉

刑事司法と福祉の連携・協働

⑴ 「再犯防止」への関心の高まり

① 再犯防止政策前史：生活安全条例

　再犯防止政策の前史ともいえる生活安全条例は，地域の都市化やグローバル化の進展による，生活の安全に対する住民の不安感増大を背景として，全国的に制定された。従来の警察主導の「防犯活動」から，警察が行政や地域社会と連携して，犯罪・事故・災害を未然に防止する「地域安全活動」，すなわち「安心・安全なまちづくり」政策が展開された。

　しかし，地域安全活動や不審者情報の提供は万能ではない。それは，障がい者，ホームレス，酩酊者，外国人に「不審者」の烙印を押す。とりわけ，社会的包摂や共生の考え方が共有されていない地域社会においては，「警察発」の不審者情報や地域安全活動，再犯，再非行の防止や安心・安全のまちづくりという標語は，少数者の排除，地域住民相互の信頼関係や安心感の喪失につながる危惧がある。

② 再犯防止政策の展開

　2002年をピークに刑法犯認知件数が急増するなか，2003年，犯罪対策閣僚会議は「犯罪に強い社会の実現のための行動計画―『世界一安全な国，日本』の復活を目指して―」を策定し，「平穏な暮らしを脅かす身近な犯罪の抑止」を挙げ，地域連帯の再生と安心・安全なまちづくりを重点課題とした。2005

年の「経済財政運営と構造改革に関する基本方針 2005」では，「世界一安全な国，日本」の復活を図るための強力な治安対策を推進するとし，PFI，民間委託等の拡充，児童生徒等の安全を守るための官民連携による地域防犯活動の促進，再犯の防止や官民連携による安全・安心なまちづくりの推進を図るとされた。「再犯防止」，「官民連携」，「まちづくり」が関連付けられて登場したという意味では，ここに現在の再犯防止政策の起源を求めることができる。

さらに犯罪対策閣僚会議が策定した「犯罪に強い社会の実現のための行動計画2008」は，刑務所出所者等の再犯防止につき，具体的施策として，福祉による支援を必要とする者の地域定着支援，入所中から出所後まで一貫した就労支援と就労先の確保を明示した。これ以降，高齢や障がいのある刑務所出所者等の福祉との連携に関心が集まり，犯罪者の社会的排除から包摂への転換点ともいわれた。

(2) 「連携」に関する様々な考え方

① 司法福祉論

「司法と福祉の連携」という考え方は，山口幸男の司法福祉論に起源を有する。山口は，「国民の司法活用の権利を実質化し，司法を通じて一定の社会問題の個別的・実体的緩和—解決を追求する政策とその具体的業務」を司法福祉と定義した。そして，「実務的には裁判所・弁護士会・法務省・厚生省・警察庁・各自治体等々の業務に分散されて展開されているが，重要なことはそれらの業務が当該問題の解決に関する限り最終的に責任を負う立場にある裁判所を核として，法の精神に添った『問題解決』に向けて統一された分業・協業として展開されることである」（山口幸男（2005）『司法福祉論・増補版』ミネルヴァ書房）とした。

山口が念頭に置いた少年司法や家庭裁判所調査官の業務から，現在の活動領域の拡大に対応するため，加藤幸雄は，「司法福祉とは，司法による決定が有効と思われる課題について，心理，教育，社会福祉などの知見や方法を活用して，当事者の権利擁護に寄与する実体的な問題解決・緩和を行うための諸施策，諸活動を総称する」（日本司法福祉学会編（2012）『司法福祉』生活書院）とし，司法福祉の活動領域について，⑦法的決着により問題解決を行うものの，実体的問題解決を必要とする領域（少年司法，家事審判・調停，刑事司法における犯罪心理・

社会鑑定），④法的決定に基づいて教育的，福祉的処遇が行われる領域（矯正・更生保護，刑の執行猶予・仮釈放，矯正施設内外の福祉事業），⑤実体的問題解決を行う際に，法的決着が課題となる領域（児童虐待，高齢者・障がい者，虐待，DV，成年後見，被害者支援）に整理した。

② 様々な「司法福祉」の登場

「再犯防止」が政策課題に挙げられるに伴って，いわば「検察庁の司法福祉」，「弁護士会の司法福祉」，「社会福祉士会の司法福祉」のように様々な「司法福祉」の考え方と実践が登場した。

⑦検察庁が唱える司法福祉の考え方は，被疑者に対する福祉支援に加えて，被害者支援を 中心に据えることにある。すなわち，被害者支援の充実なくして，更生保護への理解は得られないとの立場から，被害者の心情に寄り添い，市民が安心・安全に暮らせる地域社会を目指すとの視点をもって，再犯防止の取組みを進めていくことが重要であるとする。

④弁護士会では，施設内処遇ではなく，地域社会において高齢や障がい特性に応じた生活支援を行う方が，効果的であるとの考え方に基づき，罪に問われた高齢者や障がい者の適正手続保障と権利擁護の観点から活動が行われている。

⑦社会福祉士会では，被疑者・被告人段階での安定した支援活動を行うためには，釈放後の住居や支援体制の確保において，自治体の積極的な関与が重要であるとした。

このように，刑事制度の段階や各機関の任務によって，司法と福祉の連携に関する考え方と実践には差異がみられる。

刑事制度における福祉支援

(1) 刑事制度におけるソーシャルワーク

犯罪や非行をした人には，社会的孤立や社会的排除を体験し，多様な援助ニーズを有する場合も少なくない。また，犯罪被害からの回復を図るためにも支援やケアが必要とされている。

ソーシャルワークとは，社会福祉専門職が行う活動であるが，その基盤となる学問体系も含まれる。社会福祉専門職であるソーシャルワーカーの国家資格

としては，社会福祉士と精神保健福祉士がある。2014年に国際ソーシャルワーカー連盟と国際ソーシャルワーク学校連盟によって採択されたソーシャルワーク専門職のグローバル定義によれば，「ソーシャルワークは，社会変革と社会開発，社会的結束，および人々のエンパワメントと解放を促進する，実践に基づいた専門職であり学問である。社会正義，人権，集団的責任，および多様性尊重の諸原理は，ソーシャルワークの中核をなす。ソーシャルワークの理論，社会科学，人文学，および地域・民族固有の知を基盤として，ソーシャルワークは，生活課題に取り組みウェルビーイングを高めるよう，人々や様々な構造に働きかける」。

刑事制度における福祉支援の必要性は，刑事司法・矯正保護の各段階において，福祉と連携した制度の整備を推進した。すべての地方検察庁に「社会復帰支援室」などを設置し，社会福祉士を社会福祉アドバイザーとして採用したり，社会福祉士会と連携するなどの支援を行っている。

高齢または障がいを有し，適当な帰住先がない受刑者および少年院在院者について，釈放後速やかに，適切な介護，医療，年金等の福祉サービスを受ける取組みとして，2009年から矯正施設および保護観察所が連携して特別調整を実施している。また，厚生労働省は，高齢または障がいを有し，福祉支援を必要とする出所者や被疑者・被告人を支援するため，各都道府県に地域生活定着支援センターを設置し，刑事司法・矯正保護機関，福祉機関等と連携・協働しつつ，身体拘束中から釈放後まで一貫した相談支援を実施している。

刑事施設においては，特別調整などの福祉支援を実施するため，社会福祉士または精神保健福祉士の資格を有する非常勤職員や常勤の福祉専門官を配置している。また，介護が必要な高齢受刑者等に対応するため，介護福祉士および介護専門スタッフを配置している。さらに，女性の受刑者を収容する刑事施設における医療・福祉等の問題に対処するため，地域の医療・福祉等の団体の協力を得て，「女子施設地域連携事業」を行っている。

(2) 刑事司法と福祉支援のジレンマ

刑事司法と福祉の間には，用語，原理，手続，役割などにおいて大きな隔たりがある。

①刑事司法の捜査・公判・矯正保護の過程においては国家権力による強制を

伴うが，それは，利用者の意思を最大限に尊重するという利用者本位のソーシャルワーク実践とは本質的に異なる。

　②矯正施設においては，拘禁を確保するため，外部社会とは異なる自由と権利の制限が被収容者に対して課せられている。これに対して，「ソーシャルワーカーの倫理綱領（日本ソーシャルワーカー連盟，2020年）が規定するクライエントに対する倫理責任によれば，ソーシャルワーカーには，クライエントの利益を最優先に考え，自己決定を尊重し，権利擁護のために行動することが求められる。

　③刑事司法では，捜査の開始によって犯罪や非行をした人への関与が開始され，刑期など処分期間の終了によって関与も終了する。これに対して，ソーシャルワークでは，刑事司法における処分期間の終了後も支援を継続することが求められる。

　④刑事司法は，人々に安心・安全な生活を確保すること，すなわち再犯防止を目的のひとつとしている。これに対し「倫理綱領」では，「ソーシャルワーカーは，あらゆる差別，貧困，抑圧，排除，無関心，暴力，環境破壊などに立ち向かい，包摂的な社会をめざす」とする。

　これら刑事司法と福祉支援のジレンマが，司法と福祉の連携を実践する際の課題となっている。

⑶ 再犯防止と福祉支援

　刑事制度におけるソーシャルワークとは，非行や犯罪行為からの離脱に向けて，必要とされる支援の提供であり，福祉支援の目的は，非行や犯罪をした人の幸福の追求や生活の質の向上である。これに対して，福祉支援と再犯防止の一体化は，シームレスかつ無期限に，行動の監視や自由の抑制が支援の名目で強制される危惧がある。

　再犯防止は福祉支援の目的ではないために，再犯防止に取組む人的物的資源は福祉機関には現存しないし，ソーシャルワークの直接的な役割でもない。福祉が刑事司法の「下請け」として取り込まれる状況を回避するためには，「治安的介入と福祉的介入との差異を明確に区別し，治安的介入を招かないよう細心の注意を払いつつ，福祉的対応の強化を求めることが要請されている」（前野育三（2012）「中山先生の『治安刑法』研究」犯罪と刑罰22号）。

そのためには，福祉支援の担い手が職域拡大に奔走したり，再犯防止の要請に同調したりするのではなく，高齢，障がい，生活困窮などの背景を有する犯罪や非行をした人の生活支援を追求し，刑事・少年司法における福祉支援の力量を蓄積することが求められている。

⑷ 刑事制度とインクルージョン

　1971年の国連「知的障害者の権利宣言」，1975年の国連「障害者の権利宣言」を経て，2006年に国連総会において採択された「障害者の権利に関する条約」13条1項は「締約国は，障害者が全ての法的手続（捜査段階その他予備的な段階を含む）において直接及び間接の参加者（証人を含む）として効果的な役割を果たすことを容易にするため，手続上の配慮及び年齢に適した配慮が提供されること等により，障害者が他の者との平等を基礎として司法手続を利用する効果的な機会を有することを確保する」とし，同条2項は「締約国は，障害者が司法手続を利用する効果的な機会を有することを確保することに役立てるため，司法に係る分野に携わる者（警察官及び刑務官を含む）に対する適当な研修を促進する」と規定する。また，14条1項（b）は「不法に又は恣意的に自由を奪われないこと，いかなる自由の剥奪も法律に従って行われること及びいかなる場合においても自由の剥奪が障害の存在によって正当化されないこと」を締約国は確認するとしている。

　このような国連の取組みの根底には「ノーマライゼーション（Normalization）」があり，それは，健常者に近づかなければ生活を送ることも，学ぶこともできないというのではなく，障がいをもったまま社会のなかでの生活を保障しようとする考え方である。

　ノーマライゼーションは，あらゆるマイノリティが，その存在をマジョリティから脅かされることがないように，広範な取組みを要求する「インクルージョン（Inclusion）」へと発展した。インクルージョンは，①社会的排除が社会の安定を損なうという認識のもと，排除されてきた人々が多元的な価値観をもった民主主義社会を構成する一員であるという認識を共有し，②社会的に孤立し，居場所を喪失し，社会の底辺に組み込まれた人々を対象とし，③就労の場の確保など社会政策全般に及び，④予防的措置に重点が置かれている。

　インクルージョンを基盤とする刑事制度のあり方は，まず，高齢者，障がい

者など社会的弱者に公正な裁判を保障することである。高齢者，障がい者，未成年者，その他様々な個性や文化を有する者が，刑事制度の各段階において，その特性を配慮されなかったために，適切な取調べ，弁護，裁判，処遇，支援を受けられなかったとすれば，それは適正手続が保障されたとはいえない。

2 | 犯罪をした人への福祉支援

格差社会と刑事政策

近年，教育や雇用など様々な場面における格差の拡大が指摘されている。たとえば，職業紹介の自由化，派遣労働職種の拡大などの雇用流動化政策に後押しされて，非正規雇用が拡大している。また，正規雇用においても，常態化する長時間労働や成果主義の賃金体系によって，労働現場の過酷さは一層深刻化している。これらは，非行や犯罪をした人の支援に関わる教育，福祉，医療の現場においても例外ではなく，また，外国人技能実習制度などを利用した「外国人労働者」の支援も対応が急がれている。

格差社会の根底にある新自由主義は，人間の競争と優劣を基盤として，社会に分断を創出する。人種，民族，宗教，性的指向に関して特定の属性を有する個人や集団に対する偏見によって引き起こされるヘイト・クライム（Hate Crime），高齢者，障がい者，子ども，女性，ホームレスに対する虐待被害の予防・救済が社会的・政治的問題となっている一方で，これら社会的弱者の加害行為については必罰的対応が支持され，国家の司法的干渉が正当化される傾向にある。

犯罪をした精神障害者の支援

(1) 精神障害者と犯罪

精神障害者とは，「統合失調症，精神作用物質による急性中毒又はその依存症，知的障害，精神病質その他の精神疾患を有する者（精神保健福祉5条）」と定義されている。2022年における刑法犯検挙人員16万9409人のうち精神障害者は1039人，精神障害の疑いのある者は305人で，全体の0.8%を占めるにすぎない。

精神障害者の「犯罪」は，心神喪失が認められれば処罰されず，心神耗弱の場合には刑が減軽される（刑法39条）。2022年において心神喪失を理由とする不起訴人員は370人，第一審裁判所における心神喪失を理由とする無罪は４人であった。心神喪失または心神耗弱の状態で，重大な他害行為（殺人，放火，強盗，不同意性交等，不同意わいせつ，傷害）を行った者は，2005年施行の「心神喪失者等医療観察法」（以下医療観察法）の対象となる。

　精神障害者であっても，心神喪失や心神耗弱が認められなければ，健常者と同様に量刑が行われ，刑の執行段階において専門的治療が必要である場合には，医療刑務所などに収容される。2022年において，入所受刑者総数の16.8％，2435人が精神障害を有する受刑者であり，少年院入院者総数の34.5％，459人が精神障害を有する者であった。

(2) 触法精神障害者の支援

　医療観察法により新たに，社会復帰調整官が保護観察所に配置された。「社会復帰調整官は，精神保健福祉士その他の精神障害者の保健及び福祉に関する専門的知識を有する者として政令で定めるものでなければならない（医療観察法20条３項）」とし，保健師，看護師，作業療法士，社会福祉士も資格要件を有する者とされている。

　社会復帰調整官の業務は，生活環境の調査，生活環境の調整，精神保健観察，関係機関相互の連携である。触法精神障害者を支援する福祉専門職は，一般の社会福祉領域で活動する専門職と同様に，社会福祉の価値や倫理に則り，業務を行う。生活環境の調査は，司法的関与終了後の支援を念頭に置き，治療歴，生活歴，周囲の環境や人々の認識など多様な事柄について情報収集を行う。社会復帰調整官は，生活環境の調整計画を作成し，指定入院医療機関からの退院に向けた支援を行うとともに，退院後の地域精神保健福祉について調整を行う。

　入院によらない医療を受ける決定を受けた者に対しては，精神保健観察が行われる（医療観察法106条）。社会復帰調整官は，対象者の医療に関する状況を把握するとともに，関係機関との連携によって生活の支援を行う。すなわち，保健所や市町村が実施する地域精神保健福祉活動，福祉事業所が行う障害福祉サービスによって，対象者の地域社会における生活が支えられる。

　また，福祉専門職の支援と合わせて，インクルージョンの考え方に基づき，

隣人や友人，居住先の家主や管理人などの関わりも重要で，対象者のプライバシーを保障しつつ，インフォーマルな支援を実践することが課題となっている。

犯罪をした高齢者の支援

(1) 犯罪者の高齢化の背景

　犯罪者の高齢化現象は，単に人口構成の高齢化から説明することは妥当ではなく，老年期における不安定な生活を看過することはできない。戦前のイエ制度は，国家の財政的基盤を確立するための徴税の単位，兵力を確保するための徴兵の単位，そして社会保障の代替物としてイエを機能させた。高齢者の扶養をイエに委ねてきた特徴は，イエ制度が廃止された戦後・現代においても存続し，とりわけ1980年代以降の高齢者福祉は，自助・自立と財政難を強調することによって，老親扶養に対する家族の責任を強化した。

　一方で，子ども家族には，老親に対する扶養を履行できない現実がある。それゆえに，高齢者の経済的自立が余儀なくされるが，それは容易ではなく，子どもと同居できない高齢者の生活は深刻化する。2021年において，65歳以上の者のいる世帯数は2580万9千世帯で，全世帯の49.7％を占めている。そのうち，夫婦のみの世帯が32.0％，単独世帯が28.8％で合わせると約6割を占め，これに対して三世代世帯は9.3％にとどまる。また，2021年における65歳以上の生活保護受給者は105万人で，全体の約5割を占めている。

　高度経済成長以降の生活様式の変容は，老親子同居家族においても老親側に深刻な葛藤を内面化させ，地域社会における人間関係の希薄化がそれに拍車をかけ，高齢者の孤立が深まる状況にあり，高齢者の「孤独死」や，「老老介護」，「認認介護」，「高齢者虐待」などの問題として表出している。

　このような社会的な孤立や生活苦が高齢者犯罪の背景ともなっている。

(2) 犯罪をした高齢者の支援

　2022年における65歳以上の高齢者の刑法犯検挙人員は3万9144人，このうち70歳以上の者は3万283人であった。罪名別の構成比は49.3％が窃盗（万引）であった。刑法犯における起訴猶予率は65歳以上56.8％，70歳以上65.1％で，全体の起訴猶予率53.6％と比較して高い。なお，高齢被疑者に対する起訴猶予率の高さは，国家による司法的干渉を行わないことにとどまらず，本人が福

社支援を求めている場合には，適切かつ迅速に医療・福祉制度に架橋すること
を意味しなければならない。

　犯罪者の高齢化は，受刑者の高齢化を推進した。1992年以降，入所受刑者
総数に占める高齢者の比率はほぼ一貫して上昇し，2022年における65歳以上
の高齢者率は14.0％であった。これは，医療体制の整備（医師，看護師，理学療
法士などの配置），施設および所内生活のバリアフリー化など，刑事施設におけ
る高齢者および障害者への配慮を不可避とする。高齢受刑者に対する養護的措
置につき，刑事収容施設法65条1項は「刑事施設の長は，老人，妊産婦，身
体虚弱者その他の養護を必要とする被収容者について，その養護を必要とする
事情に応じ，傷病者のための措置に準じた措置を執るものとする」と規定する。
「傷病者のための措置」については62条1項が規定しており，具体的には，①
診察，②栄養補給，③病室への収容，④安静，⑤特別の衣類，寝具，日用品等
の使用，⑥身体の状況に応じた食事の支給などが含まれる。これらの措置に加
えて，同房の受刑者により，食事，入浴，排泄などの介護が行われる場合もあ
る。

　高齢受刑者の特徴としては，仮釈放率が低いこと，再入者の占める割合が高
いことが挙げられる。2022年における高齢出所受刑者の仮釈放率は43.6％で，
出所受刑者全体の仮釈放率62.1％よりも低く，年齢層別では，65歳以上が
47.8％，70歳以上は41.2％であった。また，2017年における65歳以上の高齢
受刑者2278人のうち，入所度数が6度以上の男性は42.5％（非高齢者14.4％），
2ないし5度の男性は32.3％（非高齢者44.3％）となっている。これらは，保護
観察がつかない高齢の満期釈放者あるいは司法的干渉を終了した人に対する地
域社会における福祉支援や社会参加の必要性を明らかにする。

犯罪をした外国人の支援

(1) 犯罪をした外国人と司法手続

① 日本における外国人の現状

　「外国人」につき，出入国管理及び難民認定法は「日本の国籍を有しない者」
と規定する。この定義のほか，外国籍住民（定住する外国人）と観光や研修・留
学を目的として一時的に入国した外国人（来日外国人）に大別することができる。

外国籍住民とは，永住の在留資格等を有し，日本に定住する外国人で，たとえば，在日韓国・朝鮮人，在日中国人，在日台湾人，在日ブラジル人，在日フィリピン人等をいう。2022年末における「在留外国人（観光客などの3月以内の短期滞在者を除く外国人）は307万5213人，在留資格別では，永住者86万3936人・特別永住者28万8980人に続き，技能実習32万4940人，技術・人文知識・国際業務31万1961人，留学30万638人，国籍，地域別では，中国76万1563人，ベトナム48万9312人，韓国41万1312人に続き，フィリピン，ブラジルの順となっている」（2023年版『出入国在留管理』）。

② 不法残留者の退去強制と施設収容

　在留期間を経過して滞在している不法残留者は2023年1月において7万491人，2022年中に退去強制手続または出国命令手続が行われた入管法違反者は1万300人，退去強制事由別では，不法残留9137人，刑罰法令違反527人，不法入国176人であった（2023年版『出入国在留管理』）。

　入管法以外の犯罪を行った嫌疑がない場合には，警察は被疑者を送検することなく，書類および証拠物とともに，入国警備官に引き渡すことができる（入管法65条）。入国警備官とは，法務省の外局である出入国在留管理庁に所属する国家公務員で，不法入国者・不法滞在者の調査，摘発，収容，送還などを職務とする。これにより，刑事手続を終了し，退去強制手続に移行する。

　退去強制手続は，身柄を収容して行うのが原則とされ，違反調査の結果，退去強制事由に該当すると疑う相当の理由があれば，地方出入国在留管理局の主任審査官が発布する収容令書により，容疑者を収容することができる（入管法39条1項）。収容令書による収容期間は30日以内，主任審査官においてやむをえない事由があると認めるときは，30日を限り延長することができる（入管法41条1項）。さらに主任審査官により発付された退去強制令書に基づく収容は送還可能の時までとされ，収容期間の上限に定めがない。なお，収容令書または退去強制令書により収容されている者については，病気その他やむをえない事情がある場合，300万円を超えない範囲で保証金を納付させ，かつ，「住居及び行動範囲の制限，呼出しに対する出頭の義務その他必要と認める条件を付して」，仮放免することができる（入管法54条2項）。

　収容施設としては，東日本入国管理センター，大村入国管理センターのほか

東京，名古屋，大阪等出入国在留管理局の収容場，国際空港等の出国待機施設がある。2022年中に退去強制手続等を行った入管法違反者は1万300人，このうち被送還者は4795人，退去強制令書が発布されている被仮放免者3391人，なお2021年6月末時点における被収容者164人のうち，退去強制令書に基づく収容期間が6月以上の被収容者は89人であった（2023年版『出入国在留管理』および出入国在留管理庁資料）。

　刑事司法であれば必要とされ適正手続の保障もなく，長期間の身体拘束が行政職員の裁量によって行われている。また，刑事施設の現状は被収容者の尊厳を確保できるほど十分ではないが，少なくとも刑事施設の被収容者と同様な権利と生活が収容施設の外国人にも保障されなければならない。さらに，保証金を納付して一時的に身体拘束が解かれたとしても，就労は禁止され，その一方で国民健康保険に加入することも，生活保護を受給することも許されない。このような現状は，外国人に対する適正手続と福祉支援の迅速な整備を喫緊の課題として求めている。

③外国人犯罪者の司法手続と処遇

　2022年における来日外国人刑法犯検挙件数は8548件，検挙人員は5014人，永住資格を有するなど日本に定住する外国人検挙件数は4899件，検挙人員は3688人であった。来日外国人の刑法犯検挙件数の罪名別構成比は，窃盗が59.1%，傷害・暴行が12.4%，国籍別では，窃盗は，ベトナムが2620件（検挙人員1770人），と最も多く，中国1068件（同468人），ブラジル233件（同123人）の順となった。傷害・暴行は，中国が266件（同327人）と最も多く，ベトナム146件（同160人），ブラジル99件（同106人）の順であった。

　2022年における来日外国人特別法犯検挙件数は6114件，検挙人員は4534人，定住する外国人検挙件数は1192件，検挙人員は1192人であった。特別法犯の多くが入管法違反3970件，そのうち不法残留が2458件であった。

　2022年において被告人に通訳・翻訳人が付いた外国人事件の終局人員は3471人，通訳言語は31に及び，ベトナム語が1209人（34.8%），中国語，タイ語の順であった。日本に定住する者も含め日本語でのコミュニケーションに不安がある外国人被疑者・被告人には，捜査段階から適切な通訳・翻訳人を付けることが，適正手続きの実質的保障には不可欠であり，司法通訳の養成・研修

も重要な課題である。

2022年における外国人の入所受刑者は687人，そのうち，日本人と異なる処遇を必要とする外国人は，F指標受刑者として処遇が行われる。とりわけ，担当制を中核とする日本の行刑においては，外国人受刑者と刑務官との日常的なコミュニケーションは処遇上重要である。少なくとも医療，懲罰，不服申立のような不利益の救済を求める場合には，受刑者が安心して母国語で対応できる体制を整備する必要がある。

(2) 犯罪や非行をした外国人の支援

① 外国人増加の背景

戦後から1970年代において，外国籍住民の圧倒的多数を占めてきたのは，戦前日本が植民地として統治していた，中国，朝鮮半島，台湾の人々である（オールドカマー）。1980年代，バブル経済のもと，外国人労働者に依存する状況が出現し，南アメリカや東南アジアおよび南アジア出身の人々など国籍の多様化が進行した（ニューカマー）。外国人単純労働者を受け入れない基本方針のもと，労働者の受入れは，日系人という身分（ブラジル，ペルー出身の日系人など）を有する者か，技能研修，実習という活動目的を有する研修生に限られた。1993年に，発展途上国への技術移転を目的に設立された，外国人技能実習制度は，定住化を防ぎつつ，外国人労働者を短期的に受け入れる制度であった。2000年，大学・日本語学校には申請書のみで在留資格認定書が発給されることになり，留学生数も増加に転じた。

1991年のバブル崩壊以降も，外国人の低賃金労働に依存した経済体制は維持された。しかし，2008年のリーマンショック，2011年の東日本大震災を契機に，留学生や技能実習生を呼び寄せる力に陰りがみえ，とりわけ重要な供給源であった中国人にとって，本国の経済発展に伴い日本の魅力は低下していた。そこで，留学生を受け入れてきた日本語学校や大学，技術実習生を受け入れてきた団体・企業は中国に代わる供給源を求め，それがベトナムとネパールであった。留学斡旋エージェントに支払う費用，日本語学校の入学金・授業料，生活費などを抱え，アルバイトをしながら学ぶ留学生の期待に応える学修環境の整備が急がれる。

② 共生の課題

　留学生や技術実習生が，雇用する側にとって都合がよい低賃金の労働力とされている現状は否定できない。また，定員確保のために外国人留学生を積極的に受け入れている大学が存在することも否定できない。これらは，外国人・日本人に共通してあてはまる問題であり，いまだ長時間・低賃金を克服していない労働現場，教育産業と堕して恥じない大学をはじめとする教育機関にはその見直しが求められる。また，これらの問題を誘引，拡大，あるいは放置してきた経済政策，労働政策，教育政策の責めも免れることはできない。

　このような動機，背景を併存しつつ，日本社会は外国籍住民や来日外国人を「受入れ」てきた。しかし，経済的格差や文化上の違いなどから，日本社会と外国人コミュニティとの間に葛藤が生じる場合も少なくなく，多文化との共生が焦眉の急となっている。非行や犯罪をした外国人の支援も，このような課題の延長線上にある。異文化に対する相互理解を進めるため，官民が連携して，互いを知り，対話・交流する取組みを行うことはもちろん，根本的には偏狭なナショナリズムを克服し，「単一民族国家」という虚構とは決別することによって，「多文化共生社会」の創生を加速しなければならない。

3 | 社会福祉における更生支援の取組みと課題

再犯防止推進計画の展開

(1) 再犯防止推進計画

　2016年に再犯防止推進法が制定され，政府に「再犯防止推進計画」の策定が義務付けられた。再犯防止推進法第2章が規定する基本的施策に基づいて，再犯防止推進計画は，「7つの重点課題」を掲げた。すなわち，①就労・住居の確保，②保健医療・福祉サービスの利用促進，③学校等と連携した就学支援，④犯罪をした者等の特性に応じた効果的な指導，⑤民間協力者の活動促進，広報・啓発活動の推進，⑥地方公共団体との連携強化，⑦関係機関の人的・物的体制の整備である。

　とりわけ地方公共団体との連携強化のための取組みについては，「地方公共

団体には，犯罪をした者等が抱える様々な課題を踏まえた対応といった支援の
ノウハウや知見が十分でないこと，支援を必要としている対象者に関する情報
の収集が容易でないことなどの課題」を指摘し，①法務省はすべての地方公共
団体に再犯の防止等を担当する部署を明確にするよう働きかける，②法務省は
地域における犯罪をした者等の実情や支援の担い手となりうる機関・団体の
実態把握のために地方公共団体を支援する，③法務省は警察庁，文部科学省，
厚生労働省等の協力を得て，地方公共団体が地方再犯防止推進計画や再犯防止
条例を制定・実施することを支援する，としている。

⑵ 高齢・障害のある犯罪者と再犯防止政策

　再犯防止政策の焦点のひとつは65歳以上の高齢犯罪者にある。刑事司法制
度の各段階に表出する高齢者について，「孤立，経済的困窮，コミュニケーショ
ン能力の低さなど様々な『生きづらさ』を抱えた存在」とし，検察官や裁判官
は，「高齢犯罪者の『社会的排除』を『再犯の危険性を高める要素』」として重
視している（安田恵美（2017）『高齢犯罪者の権利保障と社会復帰』法律文化社）。こ
れら高齢または障がいを有し，適切な帰住先がない受刑者等に対しては，釈放
後速やかに，適切な介護，医療，年金等の福祉支援を受けることができる取組
みとして，2009年から矯正施設および保護観察所が連携して生活環境の調整
を行う「特別調整」が実施されている。また，高齢または障がいを有する受刑
者に対しては，「生活能力（金銭管理や会話スキル，対人スキル等）の習得，動作
能力や体力，健康管理の維持・向上といった，日常生活を送る上で必要となる
基本的な内容に関する指導のほか，更生保護や社会福祉に対する理解を深めさ
せるための指導，再犯防止や出所後の生活設計に関する指導」など社会復帰支
援指導プログラムが，地方公共団体，福祉関係機関等職員や民間の専門家と
連携して，2017年度から全国の刑事施設において実施されている。

　高齢受刑者には多数の認知症傾向のある者も含まれている。認知症のケアの
基本は，「『いつでも，どこでも，その人らしく』暮らせるように支援し，本人
の言動を本人の立場で考えてみること」とされている。とりわけ認知症の高齢
受刑者には，人間らしい処遇を実現する体制を整備し，釈放後の生活再建のた
めの援助を促進することが刑事施設に求められている。また，円滑な福祉への
移行とその後の定着のために，①行政が「ハブの役割」を担える体制の整備，

②受入先につなぐための「一時的な帰住先」の拡充，③出所後の福祉支援を実施する責任の明確化，④出所後の高齢者の権利を擁護する担い手の確保が課題として指摘された（南高愛隣会（2016）「刑務所出所者における認知症者の実態調査と課題の検討」報告書）。

支援における専門職と民間活動の担い手

⑴支援・処遇機関と専門職

① 警察・検察

司法福祉の領域においては，刑事司法と社会福祉の各機関と団体，専門職から民間ボランティアに至るまで様々な人々が関わっている。

警察は自ら中核となり，また，市町村，地域の民間ボランティア，校区のPTAと連携した防犯活動や犯罪被害者等を支援する民間団体と連携した活動を行っている。

最高検察庁が2011年に制定した「検察の理念」は，「刑事司法の外，広く社会に目を向け，優れた知見を探求し，様々な分野の新しい成果を積極的に吸収する姿勢が求められる」とし，「警察その他の捜査機関のほか，矯正，保護その他の関係機関とも連携し，犯罪の防止や罪を犯した者の更生等の刑事政策の目的に寄与する」として，起訴猶予処分と福祉支援が連携した「入口支援」を推進した。

② 裁判所

家庭裁判所の家事事件や少年事件について，家庭裁判所調査官は調査を行う。「事実の調査は，必要に応じ，事件の関係人の性格，経歴，生活状況，財産状態及び家庭環境その他の環境等について，医学，心理学，社会学，経済学その他の専門的知識を活用して行うように努めなければならない」（家事事件手続規則44条）と規定されている。少年事件における調査は，少年や保護者，その他の関係者との面接，少年の資質や性格傾向を把握する心理テストなどの方法により行い，少年鑑別所，保護観察所，児童相談所などの関係機関と連携して，少年の立ち直りに必要な方策を検討する。また，弁護士と社会福祉士や精神保健福祉士が連携し，福祉支援が有効と見込まれる被疑者・被告人を対象とした更生支援計画を作成し，情状証拠として提出している。

③ 刑事施設・保護観察所

　刑事施設においては近年，社会福祉士もしくは精神保健福祉士の資格を有する福祉専門官の配置が進んでいる。刑事施設における社会福祉士の業務とは，㋐福祉支援を必要とする被収容者の選定，㋑被収容者のニーズの把握と帰住地調整の支援，㋒福祉サービスの利用申請などで，これらの業務の一環として，保護観察所との情報共有，連絡調整を行っている。

　保護観察は対象者の居住地を管轄する保護観察所が行い，実際の支援・処遇は保護観察官と保護司によって担われている。また，精神保健福祉士の有資格者など医療観察法の対象となる人の社会復帰を促進するために必要な知識および経験を有する社会復帰調整官が配置され，地域社会における関係機関相互の連携・調整を行っている。

　地域定着支援センターは，高齢または障害により福祉支援が必要な受刑者を，刑事施設と保護観察所が連携して，社会復帰および地域生活への定着を支援することを目的とした厚生労働省所管の相談支援機関である。福祉支援であるため，本人の同意が要件であり，強制力はない。

　更生緊急保護の保護措置として，宿泊を伴う保護については，更生保護施設に委託して，生活指導，就労指導，環境調整などが行われる。また，2009年度から設置された「指定更生保護施設」では，社会福祉士などの専門資格を有する専門職が配置され，高齢または障害により自立が困難な刑事施設出所者等を一時的に受け入れている。

　矯正施設からの釈放後の生活形態としては，高齢者や障害者を支援する福祉施設への入所，精神科病院などへの入院，グループホームのような支援を伴う共同生活，賃貸住宅での単身生活，家族等との同居などの選択肢がある。地域生活への移行に際しては，本人の希望にそって必要な福祉サービスを明らかにし，支援ネットワークを形成することが不可欠である。

④ 社会福祉士

　社会福祉士は，社会福祉士及び介護福祉士法に規定された国家資格で，「専門的知識及び技術をもつて，身体上若しくは精神上の障害があること又は環境上の理由により日常生活を営むのに支障がある者の福祉に関する相談に応じ，助言，指導，福祉サービスを提供する者又は医師その他の保健医療サービスを

提供する者その他の関係者との連絡及び調整その他の援助を行うことを業とする者」である（社会福祉士法2条1項）。検察庁や裁判所の手続に社会福祉士が関与する場合があり，矯正施設や更生支援においても社会福祉士が重要な役割を担っている。また，2007年の法改正により，社会福祉士養成新カリキュラムに，「更生保護制度」が新たに導入された。これは，刑事司法のなかに置かれていた更生保護を，社会福祉の一環としての更生支援にとらえなおすことを意味した。刑事司法領域におけるソーシャルワーカーとしての社会福祉士の存在意義と役割は今後さらに高まるように思われる。さらに2025年度からは，社会福祉士国家試験の試験科目に「刑事司法と福祉」が新設され，これまでの「更生保護制度」に加えて，「刑事司法」，「少年司法」，「医療観察制度」，「犯罪被害者支援」が出題の項目に組込まれた。

(2) 支援・処遇の民間活動の担い手

① 保護司

専門職と連携しながら，地域において，非権力的な立場から，犯罪をした人や非行のある少年の立ち直りと社会参加を支援するボランティアの活動は重要な意義を有する。

保護司は，㋐人格および行動について，社会的信望を有すること，㋑職務の遂行に必要な熱意および時間的余裕を有すること，㋒生活が安定していること，㋓健康で活動力を有することの条件をすべて備えた者のうちから，法務大臣が委嘱する（保護司法3条1項）。保護司の職務の性格としては，保護観察という「処分を守らせる」権力的な側面と，対象者の「社会復帰を支援する」福祉的な側面を併せもつ。それに加えて，「社会を明るくする運動」などの啓発活動にも日常的に協力している。保護司制度については保護司の高齢化への対応と多様な人材の確保が課題とされてきた。2013年の「保護司制度の基盤整備に関する検討会報告書」は，保護司候補者を広く発掘するため，地域や地方行政の関係者から候補者に関する情報を得ること，保護観察対象者の抱える問題の複雑・多様化を踏まえ，福祉関係者からの保護司の委嘱を行うことを積極的に考慮すると述べている。また2024年の「保護司制度の見直しに向けた中間報告書」では，2年の任期を延ばすことや新しく保護司になる人の年齢制限（66歳以下）を撤廃することなどが盛り込まれた。さらに，定住する外国人を支援するため，

コミュニティに居住する外国人を保護司に委嘱することも推進されるべきと思われる。2023年1月において，保護司の現員は4万6956人（定数5万2500人），女性比26.8％，平均年齢65.5歳で，高齢化の問題のみならず，女性保護司の委嘱や実質的に活動できる保護司の委嘱なども，なお課題であり続けている。
② BBS会

　BBS会（Big Brothers and Sisters Movement）は，「特定非営利活動法人日本BBS連盟定款」によれば，「非行に陥った少年の改善更生，又は社会生活への適応に困難を抱える少年の自立を支援し，犯罪や非行のない明るい社会の実現を目指す運動であり，それに取り組む会員の連絡調整及びその活動の充実並びにＢＢＳ運動の強化発展を支援し，もって個人及び公共の福祉の増進に寄与することを目的とする」（3条）。活動の実際としては，㋐非行のある少年の相談相手となって，自立を支援する「ともだち活動」，㋑スポーツやレクレーションを通して少年たちとの信頼関係を築く「グループワーク」，㋒保護観察所と協力して，少年たちとともに社会奉仕活動などに参加する「社会参加活動」，㋓「社会を明るくする運動」など地域での広報活動に協力する「非行防止活動」，㋔研修や会員相互の交流など自己研鑽活動が行われている。保護司会と同様にBBS会においても会員の「高齢化」が課題となっており，「少年と同じ目線でともに考え学び合うこと」のできる担い手の確保が急務となっている。2023年1月におけるBBS会の地区会数は446団体，会員数は4404人であった。
③ 更生保護女性会，協力雇用主，自立準備ホーム，ダルク，犯罪被害者支援団体

　更生保護女性会は女性によるボランティア組織で，子ども食堂の実施，近隣の更生保護施設に対する食事作り等の援助，社会を明るくする運動などへの協力を行っている。2023年4月における更生保護女性会の地区会数は1276団体，会員数は12万7307人であった。

　協力雇用主は，犯罪をした者等の自立および社会復帰に協力することを目的として就労支援を行う。このほか矯正施設収容中から就労支援と採用決定等を行う「職親プロジェクト」がある。2022年10月における協力雇用主は2万5202社，その業種は建設業が過半数（56.3％）を占め，次いでサービス業（16.0％），製造業（9.0％）の順となり，実際に刑務所出所者等を雇用している協力雇用主

数は1024社，被雇用者人員は1384人であった。

　帰住先確保の支援については，更生保護施設に加えて，保護観察所に登録した民間事業者に委託して，宿泊場所や食事の提供，自立準備支援を行う「自立準備ホーム」がある。

　薬物依存症からの回復支援を目的とするNPO法人である「ダルク（DARC：Drug Addiction Rehabilitation Center）」，犯罪被害者支援を目的とする民間団体として，「犯罪被害者支援センター」や「性犯罪・性暴力ワンストップ支援センターが全国各地で運営されている。

刑事制度から離脱した人々の支援

(1) 社会保障

① 住民票

　憲法25条は，国民の生存権と国の保障義務として，社会保障を規定した。社会保障制度は，社会保険，国家扶助（公的扶助），公衆衛生および医療，社会福祉の4分野を統合して実施し，すべての国民が社会の成員たるに値する生活を営むことができるように保障することを目的とする。

　刑事施設釈放者が国民健康保険や生活保護等の社会保障制度を利用する場合や福祉サービス，療育手帳の申請を行う場合，住民票を有していることが前提となる，しかし，刑事施設釈放者には住民票の喪失によって，出所後の社会保障制度の利用につながらない者もいる。そこで，支援を実施する市町村を確定し，釈放後迅速な生活再建に向けた手続を可能とすることが必須となる。

② 年金保険

　年金保険の保険料は，被収容者に代わって納付する者がいない限り，刑事施設被収容者が納付することは困難である。しかし，年金保険の支給には納付要件があり，この要件が満たせない場合には，老齢基礎年金や障害基礎年金の給付を受けることができず，終身，無年金状態となる。住民票を有する市町村に保険料免除申請を行うことによって，刑事施設収容中の受給要件喪失を防ぐことはできるが，年金額の算定においては，免除期間や納付猶予期間に応じて減額が行われるため，出所後，高齢期の生活保障に不利益が生じる。なお，刑事施設入所による受給権の制限はない。

③ 雇用保険

雇用保険の失業給付を受給するためには，被保険者が失業状態であることが前提となるが，刑事施設被収容者は「失業」要件を満たさない者として扱われる。一方で，刑務作業に従事している受刑者は，雇用保険上の労働者とみなされないために，雇用保険の適用対象外となり，刑事施設釈放者は，雇用保険を活用した求職活動や職業訓練を受けることができない。

④ 労働者災害保険

労働者災害補償保険により刑事施設入所前に受給していた休業給付などは，入所により停止される。また，刑務作業を行う受刑者は労災保険上の労働者とされないため，保険給付は適用されない。刑務作業における受刑者の災害補償については，手当金が支給される（被収容者処遇法100条）。しかし，労災保険により一般労働者が保障される金額と比較して低額であり，疾病や障害を有した刑事施設釈放者の生活再建を支えるほど十分ではないとされている。

⑤ 医療保険

刑事施設被収容者には医療保険は適用されず，刑事施設の医療は全額国庫負担で行われる。被収容者に適切な医療を確保するためには，保険適用が不可欠である。

刑事施設釈放者は，在監証明の提出により滞納保険料を減免されるが，出所後の生活において滞納分を完納することは容易ではない。保険料滞納が出所後の生活を圧迫しないためには，刑事施設入所中でも保険料が納付できる収入を被収容者に確保する必要がある。また，刑務作業が労働とみなされることによって出所後に失業給付や求職支援が受けられることになり，それは出所後の生活再建を推進する。これらの課題解決に向けて，刑事施設釈放者を支援するためには，刑務作業への賃金制導入が急がれる。

(2) 社会福祉

高齢・障害のある刑事施設釈放者は，療育手帳，障害者手帳の発給や社会福祉施設への入所など福祉支援とつながることなく出所し，福祉サービス，住居や就労の確保が不十分な状態で地域での生活を余儀なくされ，社会復帰に困難が生じている。高齢・障害のある刑事施設釈放者については，更生保護施設や地域生活定着支援センターに加えて，福祉サービスの実施機関として，地方公

図 8-1　高齢・障害のある刑事施設釈放者の福祉支援に関与する機関

地域生活定着支援センター	・社会福祉施設等のあっせんや福祉サービスの申請支援等 ・受入先施設等に対する助言等のフォローアップ ・関係者からの相談への助言
保健所　医療機関	保健・医療サービスの利用
・地方公共団体福祉関係部局 ・相談支援事業者 ・福祉事務所 ・地域包括支援センター ・その他福祉関係機関	・生活保護の申請・受給 ・要介護認定 ・身体障害者手帳、精神障害者保護福祉手帳、療育手帳の取得 ・障害支援区分認定 ・各種福祉サービスの利用 ・その他相談支援等
・更生保護施設	一時的な住居と特別処遇
・自立準備ホーム	一時的な住居
・社会福祉施設	住居と各種福祉サービスの利用

出典：『平成29年版犯罪白書』7-3-1-5図より筆者作成。

共団体福祉関係部局，福祉事務所，地域包括支援センター，障害相談支援事業者，社会福祉施設などが福祉支援の役割を担っている（図8-1）。地域包括支援センターは，「地域住民の心身の健康の保持及び生活の安定のために必要な援助を行うことにより，その保健医療の向上及び福祉の増進を包括的に支援することを目的とする施設」（介護保険法115条の46）で，市町村または市町村から委託された法人が設置する。社会福祉施設は，保護施設，障害者支援施設，児童福祉施設，老人福祉施設，婦人保護施設，その他の施設に大別することができる。

　高齢・障害のある刑事施設釈放者の福祉支援については，地域生活定着支援センターの設置や矯正施設における社会福祉士の配置によって，刑事司法と社

会福祉の連携がすすみ，確実に拡がりをみせている。一方で，社会福祉施設における受入れについては課題も残る。連携がすすむことによって，社会福祉施設の支援目的に生活支援と再犯防止の混在がみられる。支援の強制や管理的，監視的対応を回避するため，支援の目的を生活上のニーズを満たすこととし，支援の結果が再犯防止につながるという立場を確認することが重要である。不安による拒否が生まれないために，刑事司法や刑事政策を含む研修によって職員の専門性を高め，「元犯罪者」を迎え入れることのできる基盤づくりが求められる。

(3) 刑事制度を離れた人の社会参加と社会的包摂

① 排除から共生へ：更生支援のネットワーク

社会福祉には再犯防止を目的として支援を強制する法的根拠も理論的根拠も存しない。そこで，社会が求める「再犯防止」という視点を，刑事施設釈放者の「立ち直り」支援という視点に置き直すことが提言されている（我藤諭（2018）「出所者支援の不安を語る前に」掛川直之編『不安解消　出所者支援』旬報社）。すなわち，「居場所＝住居」と「出番＝仕事」では不十分で，刑事施設釈放者とその支援者が協働して，就労や余暇で「出番」がある社会的居場所と，安心できる人間的居場所をつくり上げていくことが重要であるとする。

更生支援の基盤に「共生」を据え，市民の理解・協力を求めた先駆けともいえる「明石市更生支援及び再犯防止等に関する条例」は，⑦罪に問われた者等の円滑な社会復帰を促進して共生のまちづくりを推進すること，④市民が犯罪による被害を受けることなく，すべての市民が安全で安心して暮らせる社会の実現に寄与することを目的とし（1条），⑦罪に問われた者等の多くが様々な生活のしづらさを抱える等の事情があるために円滑な社会復帰をすることが困難な状況にあることを踏まえ，地域社会において孤立することなく，市民等の理解と協力を得て，地域社会をともに構成する一員となることができるようにすること，④罪に問われた者等が，地域社会をともに構成する自立した個人として尊重されなければならず，支援等に当たっては本人の意思が尊重されるべきであることの認識のもと，行われなければならないこと，④市，関係機関等および市民等が，それぞれの適切な役割分担を踏まえた相互の密接な連携等のもと，罪に問われた者等が，地域で安定した生活を営むことができるようにな

るまでの間，必要な支援等を，早期に，総合的に，途切れることなく受けることができるようにすべきことを基本理念とする（3条）。

② 地域社会と更生支援：不安解消の取組み

明石市では，「つなぐ」（関係機関等によるネットワーク構築）・「ささえる」（継続的支援のコーディネート），「ひろげる」（市民への啓発活動）を3つの柱とし，明石市更生支援ネットワーク会議は警察・検察・司法・矯正・保護の各機関，福祉・医療の専門団体，当事者団体のほか，地域社会の様々な団体（まちづくり協議会，PTA，商工会議所，商店街連合会等）によって構成されている。

しかし支援を具体化するに際して，ネットワークを構成する福祉や医療の現場，地域社会の団体や地域住民においては，従来，再犯防止や犯罪者処遇との関わりは希薄であったために，更生支援分野における情報や理解は十分ではなく，刑事制度から離脱され，地域社会の入口に帰還した人に対する不安や危惧が存在することは否定できない。すなわち，「支援体制の整備が進む一方 で，出所者にかかわることへの福祉関係者および地域住民の不安やためらい，地域の受け皿や社会資源の不足等，多くの実践上の課題も見えてきている」（「特集 罪を犯した人への福祉支援を考える—地域でいかに支えるか—」社会福祉研究131号，2018年）。このような当事者，支援者，地域住民の不安の原因には「わからなさ」や「心細さ」があり，不安を語る前に実態を「知る」ことが重要であり，「あたかもモンスターかのような『出所者』という虚像が，何となくの不安やスティグマを強化し，刑務所を代表する矯正施設等から出所しているという一つの事実だけが焦点化されて，目の前にいるその人の姿を見えなくしてしまっている」（掛川直之編（2018）『不安解消　出所者支援』旬報社）。「明石市の更生支援の取組み」では，神戸刑務所における地域連携モデル事業として，社会福祉法人による介護指導，明石市からの介護・認知症予防等教材の提供，社会福祉協議会による介護・認知症予防の研修，市内医療機関による介護認定のための診察と意見書作成などが行われている。このような取組みは，福祉・医療関係者が罪を犯した高齢者と接し，理解する機会となり，また，刑事制度を離脱して，地域社会に帰還する高齢者・障がい者を，「元・犯罪者」としてではなく，一般社会福祉業務や医療の対象者として受入れることを推進し，それは，支援者など地域社会で受け入れる人々と当事者（加害者と被害者）の不安を解消することに資す

る。

　不安の解消に加えて，受け皿として地域社会のあり方も重要である。社会福祉や医療制度の狭間に落込んだ人々が刑事制度に不均衡に表出され，刑事制度からの離脱後も，地域社会から排除されてきた人々であることを確認し，受け皿となる支援者や地域住民には，このような現状をまず「知る」，自分たちに何ができるかを「考える」，ともに生きる社会をみんなでつくるために「行動する」ことが求められている。

文献案内

本書を読んで，さらに深く学びたい学習者・読者に向けて，文献を案内します。

● Chapter1　刑事制度
□ 刑事政策の入門書として
河合幹雄『日本の殺人』（筑摩書房，2009）
ティム・ニューバーン（大庭有美・林カオリ訳）『犯罪の科学』（ニュートンプレス，2022）
□ 刑事政策に関する基本文献として
吉岡一男『刑事政策の基本問題』（成文堂，1990）
所一彦『刑事政策の基礎理論』（大成出版社，1994）
□ 法執行機関の研究として
ジェローム・H・スコールニック（斎藤欣子訳）『警察官の意識と行動：民主社会における法執行の実態』（東京大学出版会，1971）
デイビッド・T・ジョンソン（大久保光也訳）『アメリカ人のみた日本の検察制度：日米の比較考察』（シュプリンガー・フェアラーク東京，2004）
□ 犯罪者のライフヒストリーについて
クリフォード・R・ショウ（玉井眞理子・池田寛訳）『ジャック・ローラー：ある非行少年自身の物語』（東洋館出版社，1998）
□ 日本の実証研究として
所一彦他編『日本の犯罪学8　1978-95 II 対策』（東京大学出版会，1998）

● Chapter2　犯罪という現象
□ 犯罪統計について
浜井浩一編著『犯罪統計入門：犯罪を科学する方法〔第2版〕』（日本評論社，2013）
□ 犯罪学の入門書として
岡本英生・松原英世・岡邊健『犯罪学リテラシー』（法律文化社，2017）
□ 犯罪現象について
ハワード・S・ベッカー（村上直之訳）『完訳アウトサイダーズ：ラベリング理論再考』（現代人文社，2011）

206

□犯罪原因論について

瀬川晃『犯罪学』（成文堂，1998）

宝月誠『逸脱とコントロールの社会学：社会病理学を超えて』（有斐閣，2004）

□日本の実証研究として

所一彦他編『日本の犯罪学7　1978-95 I 原因』（東京大学出版会，1998）

● Chapter 3　刑罰制度

□犯罪と刑罰についての最も有名な古典として

チェザーレ・ベッカリーア（小谷眞男訳）『犯罪と刑罰〔増補新装版〕』（東京大学出版会，2024）

□刑罰論について刑事政策的観点から学ぶものとして

前野育三『刑事政策論〔改訂版〕』（法律文化社，1994）

□刑罰論の観点から死刑制度の存廃について深く議論するものとして

井田良『死刑制度と刑罰理論：死刑はなぜ問題なのか』（岩波書店，2022）

□わが国の刑罰の在り方について比較法的に考えるものとして

王雲海『日本の刑罰は重いか軽いか』（集英社，2008）

□裁判員制度施行後の量刑の変化について考えるものとして

日本弁護士連合会裁判員本部『裁判員裁判の量刑』（現代人文社，2012）

日本弁護士連合会裁判員本部『裁判員裁判の量刑 II』（現代人文社，2017）

● Chapter4　犯罪をした人への処遇

□社会における刑務所のあり方について

刑事立法研究会編『21世紀の刑事施設：グローバル・スタンダードと市民参加』（日本評論社，2003）

□被収容者処遇法の成立について

刑事立法研究会編『刑務所改革のゆくえ：監獄法改正をめぐって』（現代人文社，2005）

菊田幸一・海渡雄一編『刑務所改革：刑務所システム再構築への指針』（日本評論社，2007）

□刑務所の中の生活について知る

花輪和一『刑務所の中』（講談社，2018）

河合幹雄『現代 刑務所の作法』（ジー・ビー，2021）

□更生保護制度の基本的理解のために

松本勝編著『更生保護入門〔第5版〕』（成文堂，2019）

□更生保護制度改革について
　　刑事立法研究会編『更生保護制度改革のゆくえ：犯罪をした人の社会復帰のために』（現代人文社，2007）
□保護観察の実際を知る
　　長尾和哉『非行・犯罪からの立ち直り：保護観察における支援の実際』（金剛出版，2021）
□拘禁刑導入について
　　本庄武・武内謙治編著『刑罰制度改革の前に考えておくべきこと』（日本評論社，2017）
□社会復帰と再犯防止について
　　シャッド・マルナ（津富宏／河野荘子監訳）『犯罪からの離脱と「人生のやり直し」：元犯罪者のナラティヴから学ぶ』（明石書店，2013）
　　吉間慎一郎『更生支援における「協働モデル」の実現に向けた試論：再犯防止をやめれば再犯は減る』（LABO，2017）

●Chapter 5　犯罪被害者
□被害者学の基本書として
　　諸澤英道『被害者学入門〔新版〕』（成文堂，1998）
□被害当事者の声に耳を傾けるものとして
　　小林美佳『性犯罪被害にあうということ』（朝日新聞出版，2011）
□被害者と刑事司法制度における損害回復について学ぶものとして
　　太田達也『犯罪被害者への賠償をどう実現するか：刑事司法と損害回復』（慶應義塾大学出版会，2024）
□犯罪被害者を取り巻く状況について様々な観点から学ぶものとして
　　指宿信編『犯罪被害者と刑事司法（シリーズ 刑事司法を考える 第4巻）』（岩波書店，2017）
□犯罪被害者に対する報道のあり方について考えるものとして
　　高橋シズエ・河原理子『〈犯罪被害者〉が報道を変える』（岩波書店，2005）

●Chapter6　非行少年に関わる司法制度と処遇・支援
□少年法に関する教科書として
　　服部朗編『少年法，融合分野として』（成文堂，2021）
　　川出敏裕『少年法〔第2版〕』（有斐閣，2022）

□少年刑事事件の重要問題について
　本庄武『少年に対する刑事処分』（現代人文社，2014）
□世界の少年法制を紹介する文献として
　山口直也編『新時代の比較少年法』（成文堂，2017）
□少年法改正・特定少年新設ついて
　片山徒有編『18・19歳非行少年は，厳罰化で立ち直れるか』（現代人文社，2021）

●Chapter7　刑事司法と犯罪の原因・背景となりうる社会課題へのアプローチ
□DV・虐待等への対応にかかわる制度について
　打越さく良『Q&A DV（ドメスティック・バイオレンス）事件の実務〔第3版〕：相
　　談から保護命令・離婚事件まで』（日本加除出版，2018）
　日本弁護士連合会子どもの権利委員会編『子どもの虐待防止・法的実務マニュアル〔第
　　7版〕』（明石書店，2021）
□家族間の暴力に関する臨床を知る
　信田さよ子『暴力とアディクション』（青土社，2024）
□家族間の暴力の実際を知る
　中村淳彦『私，毒親に育てられました』（宝島社，2023）
　吉川ばんび『機能不全家庭で死にかけた私が生還するまで』（晶文社，2023）
□貧困の研究について学ぶ
　金子充『入門 貧困論：ささえあう/たすけあう社会をつくるために』（明石書店，
　　2017）
　浅井春夫・湯澤直美・松本伊智朗編『子どもの貧困：子ども時代のしあわせ平等のた
　　めに』（明石書店，2008）
□貧困の実際を知る
　石井光太『本当の貧困の話をしよう：未来を変える方程式』（文藝春秋，2022）
□社会的排除について
　岩田正美『社会的排除：参加の欠如・不確かな帰属』（有斐閣，2008）
□治療共同体（Therapeutic Community：TC）や対話について
　藤岡淳子編著『治療共同体実践ガイド：トラウマティックな共同体から回復の共同体
　　へ』（金剛出版，2019）
　市川岳仁編著『アディクト〈依存者〉を超えて—ダルクの体験を経た9人の〈越境者〉
　　の物語』（明石書店，2024）
□日本における治療共同体の実践について
　坂上香『プリズン・サークル』（岩波書店，2022）

文献案内

□**修復的正義（司法）（Restorative Justice：RJ）について**
　ハワード・ゼア著（西村春夫・細井洋子・高橋則夫監訳）『修復的司法とは何か：応報から関係修復へ』（新泉社，2003）
　坂上香『根っからの悪人っているの？：被害と加害のあいだ（シリーズ　あいだで考える）』（創元社，2023）

● Chapter8　罪を犯した人への支援の理論と実践
□**刑事司法と社会福祉の連携について**
　刑事立法研究会編『「司法と福祉の連携」の展開と課題』（現代人文社，2018）
□**社会福祉研究のあゆみについて**
　古川孝順『社会福祉の拡大と限定：社会福祉学は双頭の要請にどう応えるか』（中央法規，2009）
□**司法福祉研究のあゆみについて**
　山口幸男『司法福祉論〔増補版〕』（ミネルヴァ書房，2005）
　加藤悦子『介護殺人：司法福祉の視点から』（クレス出版，2010）
　日本司法福祉学会編『司法福祉〔改訂新版〕』（生活書院，2017）
□**司法福祉の実践的課題として**
　掛川直之『犯罪からの社会復帰を問いなおす：地域共生社会におけるソーシャルワークのかたち』（旬報社，2020）
　金沢真理・安田恵美・高橋康史『再犯防止から社会参加へ：ヴァルネラビリティから捉える高齢者犯罪』（日本評論社，2021）

事項索引

あ 行

RNRモデル ……………………………… 82
明石市更生支援及び再犯防止等に関する
　　条例 …………………………………… 203
明石市犯罪被害者等の支援に関する条例 … 125
アノミー論 ………………………………… 40
暗　数 ……………………………………… 24
威嚇・抑止モデル ………………………… 22
一般予防 …………………………… 11, 52
入口支援 …………………………… 13, 196
医療観察 …………………………………… 188
医療観察制度 ……………………………… 73
医療モデル ………………………………… 18
応報刑論 …………………………………… 52
オーバン制 ………………………………… 57

か 行

改善更生 …………………………………… 93
改善指導 …………………………………… 88
家庭裁判所調査官 ………………………… 134
仮釈放 ……………………………………… 6
観護措置 …………………………………… 141
起訴猶予 …………………………………… 4
行刑改革会議 ……………………………… 83
行刑法定主義 ……………………………… 87
矯正処遇 …………………………………… 88
協力雇用主 ………………………………… 199
国親思想 …………………………………… 132
ぐ犯少年 …………………………………… 128
刑罪刑法主義 ……………………………… 51
刑の一部執行猶予 ………………………… 72
血　讐 ……………………………………… 53
原因論の危機 ……………………………… 47

検挙率 ……………………………………… 27
検察審査会制度 …………………………… 118
検察の理念 ………………………………… 196
行為者主義 ………………………………… 19
行為主義 …………………………………… 21
拘禁刑 ……………………………………… 64
公正（正義）モデル ……………………… 81
更生保護 …………………………………… 91
更生保護女性会 …………………………… 199
公訴時効 …………………………………… 122
交通反則通告制度 ………………………… 74
合理的選択理論 …………………………… 47
国家刑罰権 ………………………………… 53
個別処遇の原則 …………………………… 6, 88
コミュニティ・ジャスティス …………… 177

さ 行

罪刑法定主義 ……………………………… 51
再犯防止推進計画 ………………………… 194
作業報奨金 ………………………………… 86
残刑期間主義 ……………………………… 7
GLモデル ………………………………… 82
資格制限 …………………………………… 75
試験観察 …………………………………… 142
児童虐待 …………………………………… 161
児童自立支援施設 ………………………… 150
児童相談所 ………………………… 149, 161
児童養護施設 ……………………………… 150
司法福祉 …………………………… 132, 182
社会解体 …………………………………… 38
社会契約論 ………………………………… 53
社会的絆理論 ……………………………… 46
社会的排除 ………………………… 168, 186
社会復帰支援室 …………………………… 184

211

社会復帰調整官	188, 197	道徳起業家	35
自由刑	63	特別権力関係	86
——の純化	66, 87	特別調整	157, 184, 195
終身刑	62	特別予防	11, 52
修復的司法	121, 173		

な 行

受動的認知	26	名古屋刑務所事件	83
少年院	152	二次統制	15
少年鑑別所	151	日常活動理論	47
少年警察活動規則	139	日数罰金制度	70
処 遇	78	日本型行刑	87
処遇指標	84	日本司法支援センター	121
処遇調査	6, 84	認知件数	24
処遇要領	6, 84	ネット・ワイドニング	69, 93
触法少年	128	能動的認知	26
自立準備ホーム	200		

は 行

侵害原理	80, 132	パターナリズム	80, 132
推知報道	142	破廉恥犯／非破廉恥犯	64
正義モデル	21	犯罪少年	128
セカンド・レイプ	109	犯罪対策閣僚会議	181
全件送致主義	132	犯罪被害者等基本計画	114
宣告猶予	71	犯罪被害者等基本法	114
選択的法執行	34	犯罪被害者等給付金支給法	108
相対的応報刑論	52, 79	犯罪被害者等給付金の支給等に関する法	
ソーシャルワーク	184	律	108
損害賠償命令制度	114, 115	犯罪被害者等保護関連二法	111
		犯罪被害者の権利宣言	110

た 行

		被害者参加制度	117
ダイバージョン	8	被害者対策要綱	109
ダルク（DARC）	200	被害者等通知制度	110
短期自由刑の弊害	5, 67	PFI刑務所	84
担当制	86	PTSD	115
地域生活定着支援センター	157, 184, 197	BBS会	199
地域包括支援センター	202	非行下位文化理論	41
地方更生保護委員会	7, 13, 102	微罪処分	2, 12
調査前置主義	141	漂流理論	44
懲治場	56	VIS	112
治療（医療）モデル	81	不審判請求	119
治療共同体	170	分化的機会構造論	42
DBS	76	分化的接触理論	39
ＤＶ	163	ヘイト・クライム	187
電子監視	67	ペンシルベニア制	57
同心円理論	37		
動的保安（ダイナミック・セキュリティ）	90		

保安処分 ———— 72	目的刑論 ———— 52
保護観察 ———— 96, 154	

や 行

保護観察官 ———— 100	要保護児童対策地方協議会 ———— 148, 163
保護司 ———— 100, 198	
保護処分優先主義 ———— 134	

ら 行

ま 行

マンデラ・ルール ———— 66, 81	ラベリング論 ———— 44
	略式命令請求 ———— 4

事項索引

213

著者紹介

松原英世（まつばら・ひでよ） chapter **1・2**
関西学院大学大学院法学研究科博士後期課程修了／博士（法学）
現在，甲南大学法学部教授
〔主要業績〕
『刑事制度の周縁：刑事制度のあり方を探る』（成文堂，2014年）
『企業活動の刑事規制：抑止機能から意味付与機能へ』（信山社，2000年）

平山真理（ひらやま・まり） chapter **3・5**
関西学院大学大学院法学研究科博士後期課程単位取得退学
現在，白鴎大学法学部教授
〔主要業績〕
『検察審査会：日本の刑事司法を変えるか』（岩波書店，2022年／共著）
『民主的司法の展望：四宮啓先生古稀記念論文集』（日本評論社，2022年／共編著）

森久智江（もりひさ・ちえ） chapter **4・7**
九州大学大学院法学府民刑事法学博士後期課程単位取得満期退学
現在，立命館大学法学部教授
〔主要業績〕
『日本の青少年の行動と意識：国際自己申告非行調査（ISRD）の分析結果』（現代人文社，2024年／共著）
『「司法と福祉の連携」の展開と課題』（現代人文社，2018年／共編著）

前田忠弘（まえだ・ただひろ） chapter **6・8**
関西学院大学大学院法学研究科博士後期課程単位取得退学
現在，甲南大学名誉教授・社会福祉士
〔主要業績〕
『司法福祉：罪を犯した人への支援の理論と実践〔第2版〕』（法律文化社，2018年／監修）
『刑事法理論の探求と発見：斉藤豊治先生古稀祝賀論文集』（成文堂，2012年／共編著）

刑事政策をつかむ

2024年11月5日 初版第1刷発行

著 者 　松原英世・平山真理
　　　　　森久智江・前田忠弘

発行者 　畑　　光

発行所 　株式会社 法律文化社

〒603-8053
京都市北区上賀茂岩ヶ垣内町71
電話 075(791)7131　FAX 075(721)8400
https://www.hou-bun.com/

印刷：西濃印刷㈱／製本：㈱吉田三誠堂製本所
装幀：白沢　正
ISBN 978-4-589-04367-2

Ⓒ2024 H. Matsubara, M. Hirayama, C. Morihisa,
T. Maeda Printed in Japan

乱丁など不良本がありましたら、ご連絡下さい。送料小社負担にて
お取り替えいたします。
本書についてのご意見・ご感想は、小社ウェブサイト、トップページの
「読者カード」にてお聞かせ下さい。

JCOPY　〈出版者著作権管理機構　委託出版物〉
本書の無断複写は著作権法上での例外を除き禁じられています。複写される
場合は、そのつど事前に、出版者著作権管理機構（電話 03-5244-5088、
FAX 03-5244-5089、e-mail: info@jcopy.or.jp）の許諾を得て下さい。

岡本英生・松原英世・岡邊 健著

犯罪学リテラシー

A 5 判・210頁・2860円

著者それぞれの専門領域―社会学・心理学・法学―を活かしたスタンダードなテキスト。古典的な基礎研究から実証的な研究の紹介，方法論までを解説。犯罪の「原因」，「統制」，「犯罪学の研究方法」の 3 部10章構成。

松宮孝明編

ハイブリッド刑法 総論〔第3版〕 各論〔第3版〕

総論：A 5 判・338頁・3630円
各論：A 5 判・400頁・3960円

豊富な事例を素材に，条文解釈，判例の位置づけ，通説など，基礎知識を丁寧に解説。刑法と関連する重要知識をとり上げるTopicコーナー，重要論点を深掘りするFurther Lessonコーナーを設け，講義から司法試験対策まで幅広く活用できる。

小島秀夫編

刑 法 総 論
―理論と実践―

A 5 判・264頁・2970円

最先端の刑法理論を踏まえつつ，基本判例や実例などを用いて解説する入門書。「因果関係」「故意」「過失」など，初学者がつまずきやすいところを詳しく説明。通説に偏らず反対仮説も解説することで多様な考え方を学ぶ。

愛知正博編

アクティブ刑事訴訟法

A 5 判・290頁・2970円

初学者がつまずくことなく基本を理解できるよう，わかりやすさにこだわった入門テキスト。基礎的な事項から丁寧に解説のうえ，少しレベルの高い内容までも習得できるよう対応。さらに，ウェブ上の情報を活用してアクティブ(能動的)に学習を深める工夫も試みた。

中川孝博著

刑事訴訟法の基本〔第 2 版〕

A 5 判・322頁・3520円

アクティブラーニング型の新しい教科書。コンパクトかつ司法試験の準備にも使える情報量を収載。講義動画をYouTubeにアップ，ウェブサイトにて基本的知識の理解・定着を助ける資料を公開。反転授業，独習にも最適。21年少年法改正，22年刑法改正に対応。

―――法律文化社―――

表示価格は消費税10％を含んだ価格です